Lorenz Wagner
Zusammen ist man weniger alt

GOLDMANN
Lesen erleben

Lorenz Wagner

# ZUSAMMEN IST MAN WENIGER ALT

Ein Mehrgenerationenhaus und die
wissenschaftliche Antwort darauf,
wie wir gesund und glücklich altern

**GOLDMANN**

Dieses Buch schildert eine persönliche Geschichte und beruht auf Erfahrungen, Erlebnissen, Recherchen und Aufzeichnungen. Der Autor gibt hier seine persönliche Sicht wieder, die keinen Anspruch auf Vollständigkeit hat. Alle Informationen und Angaben in diesem Buch wurden von Autor und Verlag sorgfältig erwogen und geprüft. Die geschilderten medizinischen Erkenntnisse und Selbstversuche, wie beispielsweise die Einnahme von Nahrungsergänzungsmitteln, sind kein Ersatz für ärztlichen Rat und sollten nur unter professioneller medizinischer Betreuung durchgeführt werden. Eine Haftung des Autors beziehungsweise des Verlags und seiner Beauftragten für Personen-, Sach- und Vermögensschäden ist daher ausgeschlossen.

Sollte diese Publikation Links auf Webseiten Dritter enthalten, so übernehmen wir für deren Inhalte keine Haftung, da wir uns diese nicht zu eigen machen, sondern lediglich auf deren Stand zum Zeitpunkt der Erstveröffentlichung verweisen.

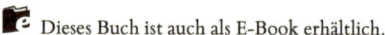 Dieses Buch ist auch als E-Book erhältlich.

**MIX**
Papier aus verantwortungsvollen Quellen
**FSC® C014496**
FSC www.fsc.org

Penguin Random House Verlagsgruppe FSC® N001967

1. Auflage
Originalausgabe Mai 2021
Copyright © 2021 by Wilhelm Goldmann Verlag, München,
ein Unternehmen der Penguin Random House Verlagsgruppe GmbH,
Neumarkter Straße 28, 81673 München
Copyright © 2021 by Lorenz Wagner
Umschlaggestaltung: UNO Werbeagentur, München,
unter Verwendung eines Fotos von © FinePic®, München
Illustration im Innenteil: Shutterstock/anemad
Redaktion: Regina Carstensen & Marion Preuß
MP · Herstellung: kw
Satz: Vornehm Mediengestaltung GmbH, München
Druck und Einband: GGP Media GmbH, Pößneck
Printed in Germany
ISBN: 978-3-442-31611-3
www.goldmann-verlag.de

Besuchen Sie den Goldmann Verlag im Netz:

*Für*
*Franziska, Helga, Sophia, Susanna & Willi*

# Inhalt

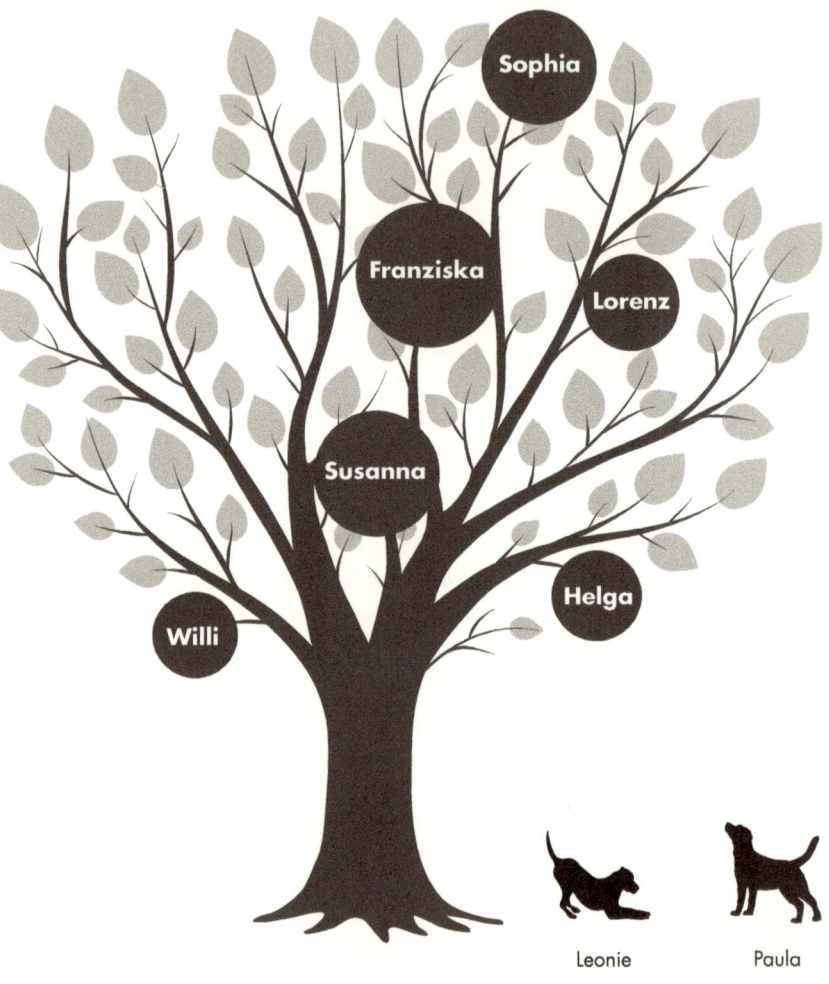

Sophia

Franziska

Lorenz

Susanna

Helga

Willi

Leonie

Paula

# 1

# Das Paket

»… und Professor Sinclairs Wundermoleküle«

Unbemerkt hatte ich das Paket in den ersten Stock getragen, ins Damenzimmer.

Wie ich dieses Wort mag! In ältlicher Schrift hat es der Architekt im Jahr 1908 in den Grundriss geschrieben, der seit einigen Wochen ausgebreitet auf einem alten Ahorntisch im Erker liegt. Umrahmt von staubigen Kladden, vergilbten Fotos und hölzernen Kisten, in denen sich Dokumente verstecken, die ich noch nicht gesichtet habe: mein Recherchetisch.

Vor hundert Jahren diente das Damenzimmer der Frau eines weltbekannten Forschers als Rückzugsort, als ihr Boudoir, in dem sie sich ankleidete, vor ihrer Poudreuse saß, und, so wurde mir zumindest erzählt, Briefe las und Tagebuch schrieb. Kinder hatte das Paar keine. Und als der Forscher vor mehr als einem halben Jahrhundert starb, ließ die Frau die Skulpturen, für die sie Modell gestanden hatte, aus dem

Garten bringen und verkaufte ihr Haus an Franziskas Großeltern, Willi und Helga. Diese ließen, da sie fünf Kinder hatten, eine Eckbank und den Ahorntisch in den Erker zimmern
und machten aus dem Boudoir ihr Esszimmer, das heute nur
noch an Weihnachten genutzt wird. Dann, wenn Willi seine
Festtagshose anzieht und Helga für die ganze große Familie ihr berühmtes Rehragout schmort. Fünfundachtzig und
fünfundneunzig Jahre sind die einst jungen Eltern nun alt.

Das Damenzimmer ist der ruhigste Fleck im Haus, versteckt hinter der Bücherstube, die Tür stets verschlossen. Und
so habe ich eine Tischplatte zwischen Heizung und Fens-
tersims geklemmt, das Hundebett daruntergeschoben und
diesen vergessenen Ort zu meinem Arbeitszimmer gemacht.
Auf dem Erkertisch lagern meine Recherchen, die, seit ich an
diesem Buch schreibe, der Decke entgegenwachsen.

Vor drei Tagen hatte ich das Paket hinaufgetragen und hinter die Stapel geschoben, zu den beiden anderen Paketen, die
ich dort schon länger versteckte. Seitdem blieben sie unbe-
rührt.

Nun ist Sonntagabend, eine ungewöhnliche Ruhe liegt
über dem Haus, vier Generationen leben unter diesem löch-
rigen Dach: Franziska und ich. Unsere Tochter Sophia. Franziskas Mutter Susanna. Und Franziskas Großeltern, Willi
und Helga. Es mag sie geben, die Augenblicke, in denen
in dem Haus gerade keiner spricht, ruft, läuft, lacht, weint,
hopst, tanzt, niest, schnarcht, hustet, Staub saugt, musiziert
oder – zwei Hunde sind auch dabei – bellt. Aber erlebt habe
ich sie noch nicht, auch jetzt, wo ich die Ruhe genieße, höre
ich Helga mit dem Geschirr klappern, das sie mal wieder lieber von Hand abwäscht, als in den Geschirrspüler zu räumen,
der dieses Werk einfach nicht so gut wie sie zu verrichten

vermag. Und aus Willis Räumen, die im selben Stockwerk wie das Damenzimmer liegen, klingt leise Filmmusik, das Thema aus *Der Pate*. Ennio Morricone, ihr Komponist, ist gestorben, Jahrgang 1928, drei Jahre jünger als Willi. »Nun auch schon tot«, hat er trocken zu mir gesagt, »ein netter Mensch.« Neben *Spiel mir das Lied vom Tod* ist *Der Pate* Willis Lieblingsfilm. Hunderte Male hatte er ihn gesehen, erstmals 1972, den Rohschnitt, als Willi Freund und rechte Hand von Charlie Bluhdorn war, dem Gründer des legendären Firmenverbunds Gulf & Western und damit auch Besitzer des Filmstudios Paramount, das den Film produzierte.

150 Unternehmen zählten zu Charlies Reich: Stoßstangen und Sportstätten, Zink und Zucker, Pferde und Rinder, Filme und Bücher, Madison Square Garden und der ehrwürdige Verlag Simon & Schuster. Charlies unternehmerisches Meisterstück war das Geschäft in der Dominikanischen Republik, wo er Land gekauft hatte. Es fühlte sich an, als gehöre die ganze Insel Gulf & Western, der Besitz war so groß, dass sie ihn mit dem Hubschrauber abfliegen mussten, wenn sie an einem Tag alles sehen wollten: Wälder und Berge, Buchten und Strände, Weiden und Plantagen. 90 000 Morgen Land, das nach dem Kauf in nur zehn Jahren seinen Wert verfünffacht hatte, nach heutiger Kaufkraft ein Gewinn von zwei Milliarden US-Dollar. Dazu kamen die Erlöse aus der Zucht von Rindern und Polopferden, dem Anbau von Tabak und Zuckerrohr, aus den Hotels und Resorts. Charlie hatte das Land dem Tourismus geöffnet, den Reichen und Mächtigen, den Kennedys, Fords, Brynners und Sinatras. Eine Idee nach der anderen sprang aus Charlies Kopf, wenn er in seinem Haus am Strand saß und nachdachte, was als Nächstes kommen müsse: eine eigene Landebahn, eine Baufirma, ein Ze-

mentwerk. Dann sagte er: »Willi, take care of it.« Und Willi kümmerte sich, suchte Bauland, schuf Lagerflächen, empfahl einen Konsul, ja, und nebenbei half er im Filmgeschäft mit, verkehrte mit Kirk Douglas, Romy Schneider und Robert Redford; er bereitete Filme vor und trat selbst als Produzent auf. Was war der Pate für ein wichtiger Film, zusammen mit Blockbustern wie Love Story und Saturday Night Fever erhob es sie – in den Kinokartenverkäufen – von der Nummer neun zur Nummer eins unter den Filmstudios. Bevor Charlie sein Okay gab, hatte Willi in Neapel den Autor Mario Puzo getroffen, um zu schauen, ob das Buch was taugt. Hatte mit dem Regisseur durchgespielt, wie solch ein Film aussehen könnte, Mafia-Filme galten zu der Zeit als altbacken. Hatte Schauspieler beurteilt, ob sie für die Rolle passen. Einen der Kandidaten mochte Charlie erst mal überhaupt nicht: Marlon Brando. Zu teuer! Abgehalftert! Und überhaupt: Der ließ sich doch von keinem Regisseur was sagen. Und für diesen Film hatten sie Francis Ford Coppola verpflichtet, schüchterne zweiunddreißig Jahre alt. Wie sollte das gehen?

»Charlie, give him a chance«, hatte Willi geraten. Gerade hatte er Coppola in Venedig gesehen, und der hatte ihm mit erfreuten Augen erzählt, welche Ideen Brando hätte. Er wollte sich Stoff in die Wangen stecken, um seine Aussprache zu verfremden. »Coppola«, sagte Willi zu Charlie, »weiß von Anfang an, dass Brando mitreden will. Und der steht darüber, der ist anders als die altmodischen Regisseure, die etwas vorgeben und sagen: ›Das ist das Gebet.‹«

Ich lausche der Tür zwischen unseren Räumen entgegen, ob Brandos Stimme hindurchklingt. Nein, leider nicht.

Das ersehnte Paket! Fett prangt ein Stempel drauf. Sechs Wochen hatte es im Frankfurter Zollamt gelegen. Die Beamten hatten gezögert, es ins Land zu lassen. Her mit der Schere, es aufgeschnitten: fünf kleine weiße Dosen, eingeschweißt. Die Folie nestele ich weg und schraube die Dosen auf: ein weißes Pulver, pludrig und kristallin zugleich. Ich feuchte meinen Finger an, tauche ihn ein. Schmeckt sauer-bitter, mein Mund zieht sich zusammen, ich muss niesen:

Professor Sinclairs Wundermolekül.

\* \* \*

David Sinclair habe ich vor einem guten Jahr in der Schweiz kennengelernt, auf einem Kongress in Montreux, wo sich Wissenschaftler und Investoren begegneten, darunter Nobelpreisträger und Milliardäre. Und der Professor hat wie kein Zweiter die Blicke auf sich gezogen. Sein Aussehen hat etwas Rätselhaftes, es passt nicht zu Geburtsdatum und Lebenslauf: Er ist um die fünfzig Jahre alt; aber er wirkt jünger, fast jungenhaft. Kein Graustich im Haar, keine Falten im Gesicht, und es sieht nicht so aus, als helfe er mit Farbe oder Botox nach.

»Kennst du David?«, hatte mich Kamila gefragt, eine Freundin, Hirnforscherin und Unternehmerin, die neben mir stand und wusste, dass ich, seit ich in einem Haus mit vier Generationen wohnte, viel über das Altern nachdachte. »Ich muss ihn dir unbedingt vorstellen.« Sie zwinkerte: »Er hat eine Pille erfunden, die dich jünger macht.«

Eine Traube Menschen stand um Sinclair herum. Niemand müsse sich in sein Alter fügen, sagte er gerade in die Runde, genetisch, nach einem Bluttest, sei er 31,4 Jahre alt. Alles habe sich in den letzten fünf Jahren in der Altersforschung verändert. Er jedenfalls habe vor, hundert zu werden, gesund hundert – und dann mal sehen. Ich lauschte erstaunt. Was war das für eine Gaukelei? Aber niemand widersprach, auch Kamila begegnete ihm mit großem Ernst. Nach einer Weile stellten wir beide uns ein wenig abseits und tauschten ein paar Worte. Und schon musste er los, ein Investor warte auf ihn und danach sein Vortrag ... – Ja natürlich, was ist denn das Thema? – Die Lebensuhr zurückdrehen. – Wie? Verjüngen? – Ja, genau. Lassen Sie uns später sprechen. Er reichte mir seine Karte, seine wichtigen Daten waren:

## DAVID A. SINCLAIR
Lehrstuhl für Genetik
Co-Direktor des Zentrums für die Biologie des Alters
Harvard Medical School

Während der Investor ihn mit wichtiger Miene wegführte, setzte ich mich auf eine Treppe im Foyer und las, was im Netz so über Professor Sinclair zu finden war. Seit fünfundzwanzig Jahren, sein halbes Leben lang, erforscht und bekämpft er das Altern. Seine Arbeit wurde vielfach ausgezeichnet, das *Time Magazine* hatte ihn in die Top 100 der einflussreichsten Personen der Welt aufgenommen, und der Präsident der Nationalen Akademie der Medizin nannte Sinclairs Buch *Das Ende des Alterns* »meisterhaft«. Auf acht Faktoren des Alterns hat sich die Medizin verständigt. Zu jedem dieser Faktoren entwickelt Sinclair Medikamente. Sie sollen das Altern nicht nur bremsen, sie sollen uns verjüngen. Sinclairs erste Testperson: er selbst.

\* \* \*

Lange hatten Sinclair und ich nach seinem Vortrag über seine Erkenntnisse gesprochen.

Ich hörte ihn sagen, das Leben ließe sich wie Musik betrachten. Wie Musik altere das Erbgut nicht. Es sei in der DNA niedergeschrieben. Unsere Gene seien wie die Tasten eines Klaviers. Sie müssten nur richtig gespielt werden.

Ich hörte ihn sagen, es gebe Gene, die unsere Zellen schützen, und Gene, die unsere Zellen reparieren. Diese Gene würden angeschlagen, erklingen, wenn wir frieren, hungern und flüchten. Kurzfristig würden sie unser Überleben sichern, langfristig würden sie uns gesund halten. Deshalb lebt länger, wer ab und zu Sport treibt, fastet oder in die Sauna geht.

Leider sind wir faul und verfressen. Und so hatte Sinclair sich vor fünfundzwanzig Jahren auf die Suche nach Stoffen gemacht, die diese Gene auch so erklingen ließen …

Und dann hörte ich ihn wiederholen, dass die Medizin gerade eine Revolution durchlaufe. Ihnen im Labor und in den Kliniken Dinge gelängen, von denen er vor fünf Jahren nur zu träumen gewagt hätte.

Er sprach von Molekülen, die den Körper glauben ließen, er treibe Sport, faste oder fröstele. Von Medikamenten, die das Altern nicht nur bremsten, sondern auch gleich verjüngten. Von Spritzen, die uns innerlich erneuerten.

Dazu zeigte mir Sinclair Bilder aus dem Labor, zwei Mäuse: die eine braun, keck, mit kräftigem Schwanz und klaren Augen, die andere grau, mager, struppig, die Ohren papierdünn und die Augen trübe – geboren waren sie am selben Tag. Man müsste nur die richtigen Gene erklingen lassen …

Er erzählte von sehr alten Mäusen, die, mit seinen Molekülen behandelt, im Laufrad Rekorde brachen, weil sie Kapillaren gebildet hatten, winzige Blutgefäße, die Sauerstoff in die Zellen hinein- und Gifte wieder hinausleiteten, und damit eine entscheidende Ursache für Gebrechlichkeit bei Mensch und Tier umkehrten.

Er erzählte von Mäusen und Pferden, die im Alter wieder fruchtbar wurden.

Und ich sagte: »Schön und gut. Aber Menschen sind keine Mäuse. Würde uns heilen, was Mäuse heilt, wären längst Krebs und Alzheimer besiegt.«

Und ich hörte Sinclair antworten: »Stimmt. Aber hier ist es anders. Die Ursachen des Alterns sind überall gleich.« Seine Forschung, so seine Logik, sei an das Leben selbst gebunden, egal ob Mensch oder Tier – und diese Moleküle wirkten in allen. Und er berichtete mir von all den Kollegen, die diese Mittel nähmen. Und die Geschichte von einem Studenten, der zu ihm kam:

»David, haben Sie einen Augenblick Zeit? Es geht um meine Mutter.«

»Geht es ihr gut?«

»Nun ja …« Er wurde leise: »Die Sache ist die: Sie hat wieder, hm, ihren Zyklus.«

»War sie schon beim Arzt?«

»Die Ärzte sagen, ihr fehlt nichts. Es sieht wie eine normale Periode aus.«

Und schließlich erzählte er mir von seinem Vater Andrew, Biochemiker, auch er kennt den Unterschied zwischen Mensch und Maus, zweifelte lange an Davids Molekülen. Vor einiger Zeit wurde Andrew Witwer, er verlor sein Lächeln, und das Alter kam zu ihm. Er hörte schwer, sah schlecht und begann, sich in Gesprächen zu wiederholen. Als er zuckerkrank wurde, vor etwa fünf Jahren, wollte er doch auch mal

16

nehmen, was David nahm. »Ich spüre nichts«, hatte er bald geschimpft. Aber eines Tages festgestellt, dass seine Freunde ihm bei ihren Spaziergängen nicht mehr hinterherkamen. Auch hier zeigte Sinclair Fotos: Andrew bei einer Radtour, beim Wildwasserfahren, auf dem höchsten Berg Tasmaniens. Weil ihm langweilig war, begann er wieder an einer Universität in Australien zu arbeiten. Vollzeit.

# 2

# Soll ich's nehmen?

»… und meine Familie«

Nun stehen also eines dieser Moleküle und zwei weitere Pakete vor mir. Und mit ihnen im Raum die Frage, die ich in den vergangenen drei Tagen vor mir hergeschoben habe: Soll ich es nehmen? Oder bleibe ich vorsichtig wie dieser Direktor des Max-Planck-Instituts, der zu mir gesagt hatte: »Also, ich würde solche Mittel nicht schlucken.«

Nach der ersten Begegnung mit Sinclair tauchte ich ein in die Altersforschung, in die Mysterien dieser Mittel und Moleküle, denen viele eine große Zukunft vorhersagen. »A cure for aging«, titelt der New Scientist, und die *Financial Times* nennt es »The biggest business opportunity of the 21th century«. Selbst nüchterne Forscherseelen sprechen von »Meilensteinen« und »Durchbrüchen«, aber sagen auch Sätze wie der Direktor vom Max-Planck-Institut. Nicht weil sie nicht wirken. Im Gegenteil: Es sei die Wirkung, die ihnen Angst mache.

Die Stapel auf dem Erkertisch sind gewachsen und gewachsen, Studien, Bücher, medizinische Papiere. Und daneben, gleichberechtigt, das gesammelte Wissen über dieses Haus, über meine Familie: die alten Grundrisse, Jahrzehnte in Fotos, Willis Aufzeichnungen, unsere Gedanken, wie wir dieses Zusammenleben empfinden, das bei unseren Freunden und Bekannten oft Sehnsüchte weckt, manchmal auch Kopfschütteln. Kalt jedenfalls lässt es keinen; kommt Besuch, drehen sich die Gespräche schnell um diese Familienaufstellung.

»Schreib das auf!« Als Erstes hatte Alexander das zu mir gesagt, unser Freund aus Berlin, als wir an Sophias erstem Geburtstag im Garten saßen. »Wer weiß, wofür du das noch brauchst.« Und ich schrieb einiges auf, ohne zu wissen, wofür. Ein Jahr später fiel dieses »Schreib das auf!« noch einmal. Andrew J. Scott sagte es, Oxford-Professor, Autor des Weltbestsellers The 100-Year Life: Beiläufig war ich auf unser Haus zu sprechen gekommen, ein Nebensatz, der eine Frage einleitete, und Scott merkte auf: »Wie? Sie leben in einem Vier-Generationen-Haus?« – »Ja.« – »Das ist ja wundervoll«, sagte Scott und fing seinerseits an, Fragen zu stellen. »Wir müssen bald wieder reden«, sagte er zum Abschied. »In unserer alternden Gesellschaft ist die Art, wie Sie zusammenleben, ein Modell der Zukunft.«

Viele Tage hallte dieser Satz in mir nach. Ich erinnerte mich, dass Sinclair ähnlich reagiert hatte, er hatte es nur weniger deutlich ausgesprochen, lieber erklärt, was in den Zellen geschieht, wenn Jung und Alt zusammenleben.

Und mir wurde bewusst, wie diese zwei Geschichten zusammenhängen, Sinclairs Kampf gegen das Altern und das Zusammenleben in diesem Haus, in dem sich die Jüngste auf das Leben und der Älteste auf den Tod vorbereitet; in

19

dem das Altern ständiger Mitbewohner ist, mal lächelnd, mal bedrückend, aber immer gegenwärtig. Machen wir Brotzeit, sitzen sechs Lebensjahrzehnte am Tisch, das erste, dritte, vierte (bald fünfte), sechste, achte und neunte, wobei das erste Jahrzehnt mit seinen drei Jahren meist nicht lange sitzen bleibt, lieber um uns tanzt und ab und an das Schnäbelchen aufsperrt, um einen Happen einzusammeln.

Wobei: »Ich habe kein Schnäbelchen«, pflegt Sophia mich zu verbessern. »Ich habe einen Mund. Ich bin doch keine Ente.«

\* \* \*

Gerade wird sie oben gebadet.

Sophia ist sanft, klug und voller Leben. Ihr Haar leuchtet in der Farbe der Mittagssonne. In der Früh vertieft sie sich in Bücher. Weint darin ein Kind, blättert sie schnell weiter. Gehen wir mit unserem Hund Gassi, hüpft sie voran, und alle zwanzig, dreißig Hopser macht sie kehrt und rennt in meine Arme, damit ich sie umschließe.

Ein Spaziergänger!

Ein fremder Hund!

Ein Flugzeug!

Oder: Unser Hund stellt was an. Dann klettert sie mir quietschend bis zur Schulter hinauf, drückt ihr Köpfchen in meine Halskuhle und gluckst, betont langsam: »Papa. Was macht die Leonie da?« Und bevor ich antworten kann, stößt sie sich ab und rennt Leonie hinterher, um auch was anzustellen, auch ins Gebüsch zu springen, in fremde Gärten zu dringen, wo sie nichts zu suchen haben. Schimpfe ich ihnen hinterher, lässt sie ihre Augen blitzen, hebt das Kinn und sagt: »Nicht uns anschimpfen. So ein Zirkus hier!«

Den ganzen Tag lang singt und tanzt sie und greift sich jedes Instrument, das ihr in die Finger kommt: Harfe, Ukulele, Gitarre, Trommel, Klangschale, Flöte, das große schwarze und das kleine rote Klavier. Und ihre Großmütter schauen ihr nach und sagen: »Wie ihre Mama.« Ja, wie ihre Mutter ist Sophia, Musik und sonnige Freude.

Franziska war ich begegnet, als ich den Ziach-Spieler Herbert Pixner bei einer Tournee durch die Alpen begleitete, das war 2010, als er noch nicht den Circus Krone oder die Elbphilharmonie füllte. Ich lebte noch in Hamburg und verstand weder Pixners Musik noch seinen Südtiroler Dialekt, aber ich mochte beides, und Franziska, Gast bei einem der Konzerte, übersetzte und erklärte mir beides. Sie hatte die wildesten Locken, weiche Lippen, fuhr Motorrad, trug zum Dirndl Lederjacke, und wenn sie ihre Harfe auspackte, die sie auf der Schulter und in Fahrradanhängern transportierte, sammelten sich Musiker aller Stilrichtungen um sie, bayerische Wirtshaus-Musikanten, türkische Oud-Spieler, afrikanische Marimba-Künstler, Münchner Philharmoniker und Berliner Popstars, einfach wer gerade Zeit und Lust hatte und per Chat oder SMS davon erfahren hatte.

Als die Reportage über Pixner erschien, schrieb ich ihr. Sie lud mich zu einem Musikabend ein, Ostermontag, im Hofbräuhaus, ich sagte zu meinen Hamburger Freunden: »Ich glaube, ich habe ein Date.« Ich fuhr nach München, saß pünktlich im Bräustüberl, zwischen 300 Gästen und fünfzig Musikanten. Aber Franziska hatte keine Zeit, natürlich nicht, sie musste ja spielen, auch am nächsten Abend spielte sie. Drei, vier Sätze wechselten wir an den beiden Tagen, und als ich mich in der zweiten Nacht verabschieden wollte, berauscht von zwei Tagen unglaublicher Musik und ernüchtert von der

Erkenntnis, dass es wohl doch kein Date war, zu dem sie mich eingeladen hatte, sagte sie: »Morgen zeige ich dir München.«

Ich ließ mein Ticket verfallen, meinen Champions-League-Abend, Schlag zwölf trafen wir uns am Viktualienmarkt, und wie eine Stadtführerin schleppte sie mich durch München: Englischer Garten, Eisbach, Haus der Kunst. Am Monopteros, dem Ziertempel im Englischen Garten, hätte ich sie gerne geküsst, sie zeigte mir lieber die beste Chocolaterie der Stadt, die älteste Getreidemühle, die neueste Kaffeerösterei. Schnell schlüpfte sie mit mir durch einen Seiteneingang in die Oper, nahm mich mit in die Katakomben des Gasteigs, wo wir aus dem Kühlschrank der Philharmoniker ein Helles tranken. Schließlich bestellte sie mir Sushi und Nürnbergerle beim einzigen bayerischen Japaner der Welt und nahm mitternachts eine Einladung zu einer Feier im Hofbräuhaus an, wo mich Michi, der Wirt, mit einem kleinen roten Schlüssel Bier aus den riesigen silbernen Tanks zapfen ließ. Immer noch kein Kuss.

Am vierten Tag, inzwischen Donnerstag, meldete ich mich noch mal bei ihr. Mein Flug sollte am Abend gehen. Wir verbummelten den Tag an den Isarauen, plauderten, dösten gemütlich-müde, im Blick die Uhr der St.-Maximilian-Kirche, die Zeit tröpfelte, aber im Laufe der Stunden begannen die riesigen goldenen Uhrzeiger zu rennen: noch zwei, noch eine, noch dreißig Minuten, noch fünfzehn. Franziska legte ihren Lockenkopf auf meinen Bauch, noch fünf, und als ich »Jetzt muss ich aber wirklich los« sagte, küssten wir uns.

Franziska schloss mir eine neue Welt auf. Die Musik, die bayerische Kultur. Und ihre Familie.

Ihren Vater Franz, herzensgut und so bayerisch, dass ihm der Kragen schwoll, wenn ich Worte wie »lecker« oder

»Tschüss« sagte. Ein »Sauguat« und ein »Pfia di« wäre ja wohl nicht zu viel verlangt. Vor dreißig Jahren hatte sich Franziskas Mutter von ihm getrennt, und der einzige Grund, warum es auf unserer Hochzeit keine Reden geben durfte, war, damit Franz die Gelegenheit nicht dazu nutzen konnte, seiner Ex-Frau Susanna noch einmal zu verzeihen. Er wohnt im Gegensatz zu den anderen nicht im Haus, kommt aber oft zu Besuch.

Susanna ist dreiundsechzig. Mit vierundzwanzig bekam sie Franziska, und als ihre Ehe zerbrach, war sie nach Spanien gezogen und hatte ihr Geld als Puppenmacherin verdient. Echtes Haar, Porzellangesichter, sie verkaufte in die ganze Welt. Doch die Finanzkrise schlug ihr Geschäft in Stücke, die wichtigen amerikanischen Kunden wandten sich ab, und als auch noch ihr Lebensgefährte starb, kehrte Susanna ins Haus ihrer Eltern zurück. Sich sammeln. Auch begannen Helga und Willi alt zu werden, brauchten eine Hilfe, die Einkaufstaschen den Weg zum Haus hochtrug, die den Garten pflegte, die sonst noch tat, was getan werden musste.

Susanna ließ sich als Heilpraktikerin ausbilden, Spezialgebiet Alterserkrankungen, und versorgt die Familie mit Tees und Tinkturen, die sie in einer Labornische in ihrem Bad anrührt. Fast täglich bringen Paketboten Pulver und Ampullen, von denen ich – skeptischer Wissenschaftsjournalist – Franziska immer abriet. Was sollen ein paar Kräuter schon bewirken bei dem komplexen Vorgang des Alterns? Auch Willi beäugt die Mittel mit Argwohn, wobei da vor allem die Kosten eine Rolle spielen. Helga aber nimmt sie fröhlich und mit Fleiß, wie man in Bayern sagt, so wie sie in ihrer Küche Gesundheits-Zeitschriften häuft, von der Apotheken Umschau bis zum Achtsamkeitsmagazin Flow, in denen

Diabetes erklärt, Kuren besprochen oder einfach auch mal biochemisch dargelegt wird, warum Freundlichkeit nicht nur anderen guttut.

Die fünfundachtzigjährige Helga ist Tochter eines Porzellanfabrikanten, war für kurze Zeit Willis Sekretärin, was dazu führte, dass sie Mutter von fünf Mädchen wurde, für die sie alles, wirklich alles tut, was sie wahrscheinlich so jung gehalten hat. Sehen unsere Freunde sie auf alten Bildern zusammen mit Franziska, halten sie Helga für ihre Mutter. Und auf Franziskas Konzerten und Volkstanz-Abenden staunen nicht wenige Gäste über diese Dame mit den glitzernden Schuhen und weißesten Haaren im Saal. »Wer ist denn das?«, wurde ich schon oft gefragt.

Manchmal erzähle ich darauf die Geschichte, wie Helga mit uns zum Zelten nach Italien fuhr. Und nur abwinkte, als wir »Jungen« unsere orthopädischen Matratzen ausrollten. Sie schlief im Auto, auf dem Beifahrersitz. Größer und gewaltiger als Helgas Herz und Lebensfreude sind nur noch ihr Kleiderschrank und ihr Niesen, das der Grund dafür sein muss, dass einer unserer beiden Schornsteine abgebrochen ist.

»Das Geheimnis unserer siebzigjährigen Ehe«, sagte Willi einmal zu mir, »ist, dass ich die Hälfte der Zeit nicht da war.« Doch wenn Helga und Willi sich gemeinsam erinnern, wie sie sich kennengelernt, das Haus gekauft, die Kinder großgezogen haben, wie sie mit Romy Schneider Kaffee tranken, wie sie, Willi war da schon siebzig, auf dem Mount Everest zelteten, spürt man, dass sie in dieser »Hälfte der Zeit« mehr geteilt haben als andere, die jeden Tag ihrer Ehe zusammen sind.

Willi hat ein verschmitztes Lächeln und die gewaltigsten Augenbrauen, die ich je gesehen habe, was beides in seinem Leben sicher hilfreich war, verließ sich doch Charlie Bluhdorn auf ihn, wenn es darum ging, im richtigen Augenblick zu lächeln oder streng zu schauen, also wenn mal wieder eine Firma entschuldet, ein Vorstand geprüft oder Alfred Hitchcock an das Filmbudget erinnert werden musste. Ab und zu erzählt Willi davon, wenn er – im Jogginganzug der Filmcrew des Blockbusters Beverly Hills Cop – in seinem Garten sitzt, mit den hundertjährigen Bäumen, den unzähligen Pflanzen und Tieren, im Sommer ein einziges Rauschen, Wispern, Summen, Zwitschern und Grillen-Geigenspiel. Ja, sein Garten, als er den noch selbst pflegen konnte. Denkt er daran, trübt sich sein Blick. Das hat ihm das Alter genommen, die vergangenen fünf Jahre. Er sitzt nicht mehr auf seinem gewaltigen Rasenmäher, den er sich noch mit einundneunzig gekauft hat, auch stutzt er nicht mehr die Wildrosen. Ab und an nimmt er im Schatten der Fichte Platz und kneift zusammen mit Sophia die Zapfen klein, die der Baum abgeworfen hat. Zum Anfeuern im Winter. »Fichte sticht, Tanne nicht«, sagt er dann zu Sophia, und sie nickt wissend.

»Das Leben ist schön zu mir gewesen«, sagte mir Willi, kurz nachdem wir eingezogen waren. »Sollte ich jetzt sterben, ist alles gut.« Hundert Jahre alt werden? »Ach nein.« Warum ein Leben verlängern, das einem die großen Freuden vorenthält? Diese Einsicht raubt ihm den Sinn für Susannas Tinkturen und Helgas Ratgeber. Als ich ihm von Professor Sinclair erzähle, lächelt er. Eine Pille, die jünger macht? Nun, wenn er damit wieder gärtnern könnte, wieder reisen, wenigstens nach Italien …

\* \* \*

Ich höre ein Tapsen auf der steilen Treppe. Sophia kommt mich holen, zum Gute-Nacht-Sagen.

Gleich wird sie die Klinke niederdrücken, reinstürmen und auf meinen Schoß klettern. »Buchstaben schreiben.« Ich werde die Großtaste drücken, sodass das grüne Lichtlein leuchtet und sie mit dem Zeigefinger die Buchstaben zu ihren liebsten Worten suchen kann. MAMA, SOPHIA, BREZN, PAPA. In dieser Reihenfolge.

Wie Sophia unser aller Leben verändert hat. Ohne sie gäbe es kein Vier-Generationen-Haus, säße ich nicht vor diesen Molekülen, hätte ich mich nicht so tief in die unbekannten Verästelungen der Altersforschung vorgewagt. Dieses Wesen auf meinem Schoß, das weiß ich heute, ist der wahre Grund meiner Suche. Ein schlummerndes Bündel war sie, als diese Geschichte begann, an einem regnerischen Sommermorgen vor drei Jahren, als Franziska und ich mit Kind, Hund und Harfe vor diesem Haus vorfuhren.

# 3

# Das Haus

»… und die Frage, ob das wirklich eine gute Idee ist?«

Wie ein altes, gebrechliches Tier stand das Haus da und schaute mich mit seinem Dreiecksgesicht an. Von unten her wirkte es größer, als es war. Eine seltsam verwachsene hundertjährige Villa. Aus der hohen ergrauten Giebelfront wuchs – etwas niedriger – nach links ein Ziegeldachgebilde heraus, das auf Efeu zu ruhen schien. Nichts war von den Mauern und Fenstern zu sehen. Das Dach fiel sachte ab, hinten gerundet, gefleckt in allen rostroten Tönen.

Hier also würden wir einziehen, zu Franziskas Familie, meine lebte weit entfernt, im Saarland.

War das wirklich eine gute Idee?

Ging man einmal um das Haus herum, zeigte jede der vier Seiten ein eigenes Gesicht, einen neuen Charakter, als wären es vier Häuser. Irgendwie passend, wo nun vier Generationen hier wohnen sollten. Von vorne begrüßte einen wie gesagt das Dreiecksgesicht, der Dachkörper, das Efeudickicht und zwei verwitterte Säulen, ein Anblick, der – wie ich bald hinter meinem Schreibtischfenster feststellen würde – die Passanten auf der Straße verharren ließ. Einige blieben nur stehen, um zu schauen, viele aber hoben ihre Handys vor ihre Nasen und machten Fotos. Wie im Zoo, dachte ich. Aber wann bekam man solch ein verwachsenes Haus-Tier schon mal zu sehen?

Unter dem Efeu verbarg sich eine Loggia, der »Opa-Vorraum«, wie Helga und Willi sie nannten, weil Helgas Vater, als sie das Haus vor sechs Jahrzehnten kauften, die Räume dahinter bezogen hatte. Damals, noch nicht mit Efeu und wildem Wein verhangen, eröffnete die Loggia noch einen Blick in die Ferne, nun saß man darin wie in einer Zwischenwelt, einer Art Mausoleum, der Stein feucht und kühlend, das Licht mit grünem Stich. Wo früher Opa Fritz gepflegt wurde, lebte inzwischen Helga, die Seele des Hauses, umgeben von einem Klavier, Klangschalen, asiatischen Kunstwerken, einem Zimmerbrunnen und Büchern, die sich auf dem Boden stapelten.

Die linke Seite des Hauses bewachten zwei bemooste Steinlöwen, sie rahmten zwei Erker und eine Veranda. Eichen und Buchen tauchten die Hausseite in ihre Schatten, wie ein Waldhaus lag das Gebäude da, vor der Tür Nussschalen und Sonnenblumenkerne, die aus Nestern und Kobeln rieselten. Susanna, die hier wohnte, liebte Tiere über alles. Ihren Labrador Paula, dem sie Pansen kochte, sodass es im Haus wie im Kuhstall roch; Pferde, für die sie einst sogar nach Spanien gezogen war; Esel, die sie für eine Freundin hegte und mit homöopathischen Mitteln gesund hielt; Hühner, denen sie ein Stückchen Garten abgezäunt und ein rot beheiztes Häuschen gezimmert hatte (»unseren Hühnerpuff«, wie Helga ihn nannte); und eben Eichhörnchen, Haselmäuse und alle Sorten Vögel, die sie, seit sie aus Spanien wieder in ihr Elternhaus gezogen war, mit gleich zwei Futterhäuschen versorgte. Zwei Stock über Susannas Veranda sollte unser Schlafzimmerfenster liegen, umgeben vom Rauschen der Blätter und dem Summen der Hornissen, die sich unter dem First ein gemütliches Nest eingerichtet hatten.

Von hinten, von Westen her betrachtet, wandelte sich das Gebäude in ein alpines Holzhaus, die Fassade schwarzbraun wie Schneewittchens Haare. Oben lag die Küche unserer Dachwohnung, mit Blick auf den weiten Garten und eine Fichte, die zu König Ludwigs Zeiten zu wachsen begann und das Haus um das Doppelte überragte. Willis liebster Baum.

Von allen Bewohnern war mir Willi am meisten fremd, bei unserem Einzug blieb er in seinen drei Zimmern im ersten Stock, die er auf 35 Grad heizte und von denen eines nach vorne und zwei nach hinten lagen. So hatte er alles im Blick: seine Fichte, die Straße und die Berge am Horizont.

Die warmen Monate verbrachte Willi im Hausgarten, also vor der vierten Gebäudeseite, die einen vergessen ließ, dass hier überhaupt Mauern standen. Wilder Wein hatte die Fassade überwuchert, sie fügte sich ein in ihre Umwelt aus Bäumen, Sträuchern, Hecken, Wiesen. Ein weiteres Grün in diesem blätterflüsternden Garten. So tief hingen die Weinblätter, dass sie das Gesicht streiften, wenn man durch die Eingangstür treten wollte, und das Küchenfenster, vor dem Willi gerne saß, war zu einem Bullauge geschrumpft, der Sims davor ein Raschelnest für kugelrunde Mäuse mit eigener Speisekammer aus halb vollen Blumensamen-Tütchen. Oben zu sehen: eine Dachgaube – Sophias Zimmerchen. Wir hatten es weiß und blassrosa gestrichen, mit unseren ersten Familienbildern und einer Blumenlampe geschmückt, es als Erstes und bisher Einziges möbliert, obwohl wir es, abgesehen vom Wickeltisch, als Letztes brauchen würden. Mit ihren vier Monaten schlief Sophia bei uns.

Sie schlummerte noch im Auto. Franziska saß blass und schwach neben ihr. Nach der Geburt war Franziska erkrankt, sogar in die Klinik musste sie zurück, schwere Tage, am schwersten für sie war, dass Sophia nicht bei ihr bleiben durfte. Nur langsam kehrte ihre überquellende Lebendigkeit zurück. Den Umzug würde ich alleine bewältigen.

Die Familie wartete im Eingang. Sophia war in ihrem Maxi-Cosi das Erste, was wir in das neue Heim trugen. Franziska ging mit ihr durch zur Waldseite des Hauses, in Susannas Reich. Mit ihrer Tochter legte sich Franziska in ihrer Mutter Bett. Als ich später hinzutrat, in der Hand die Wickeltasche, sah ich, wie sich Franziska um Sophia, Susanna um Franziska und Helga um alle kümmerte. Töchter und Mütter unter sich. Mich beschlich, bei allen Zweifeln, eine Hoffnung, wie es auch sein könnte, wenn vier Generationen unter einem Dach leben.

\* \* \*

Wie es zur Entscheidung, zu diesem Einzug kam, die unser Leben verändern sollte, kann ich gar nicht genau sagen. Die Wege in dieser Familie sind verschlungen. So weiß ich auch nicht genau, wie ich zu einem Hund kam. Da sind zumindest die Fakten klar: Ich war mit Franziska und Susanna zum Züchter gefahren, hatte selbst einen Hund ausgesucht, der Züchterin meine EC-Karte gegeben und meinen Namen in der Besitzurkunde eintragen lassen. Die gefühlte Wahrheit sieht aber anders aus: Der Besuch bei der Züchterin – einer Bekannten Susannas – war mir beiläufig angekündigt worden. Ob ich nicht mitkommen wolle? Frau Wiedmann hätte wieder braune Labrador-Welpen, wie damals der Leo, den Franziska und ich mal für einige Wochen zur Pflege hatten. Gerne fahre ich mit, sagte ich.

Vor Ort wurde ich in eine karge Bauernhofkammer geschoben, wo sich ein halbes Dutzend bunter Halsbänder auf meine Schnürsenkel stürzten. Und eines, das orangefarbene, kletterte auf meinen Schoß und weiter auf meine Schulter und schlief schnarchend ein. Auch mein Puls regelte sich herunter, es war Freitagabend, eine lange Woche lag hinter mir, ich war kurz vorm Wegdösen, als mich der Satz erreichte, der für alle, außer für mich, schon seit der Abfahrt in der Luft lag:

»Welchen willst du nehmen?«

»Wie? Nehmen?«, antwortete ich.

Es folgte eine Pause.

»Wie süß der sich an dich kuschelt«, durchbrach Susanna die Stille.

»Also den?«, fragte Franziska.

»Äh …«

»Was?«

»Also, ich bin so viel unterwegs.«

»Dann bin ich da.«

»Und wenn wir in Urlaub fahren wollen …«

»Nimmt Mama ihn.«

»Gerne«, sagte Susanna entzückt.

»Wollen wir das nicht morgen, in Ruhe …?«

»Morgen ist er weg«, beschied Franziska kurz.

Sie habe viele Vorbestellungen, ergänzte aus der Ecke die

Züchterin, die das Schauspiel beobachtet hatte, ohne auch nur einen Gesichtsmuskel zu regen. Vermutlich hatte sie dergleichen schon hundertfach erlebt. »Überlegen Sie es sich gerne noch«, sagte sie zu mir. »Ich räume schon mal auf.«

Zehn sprachlose Minuten saß ich da, auf der Schulter, wärmend und schnarchend, das Tierchen mit dem orangefarbenen Halsband. Endlich, als Franziska vorschlug, wir könnten auch den mit dem weißen Fleck auf der Brust nehmen, der ihr ins Auge gestochen war, fiel meine Entscheidung.

Im Rückblick sehe ich Susanna als Treiberin dieser Verschwörung. Sie hatte zwei Motive: die Aussicht auf einen Welpen, um den sie sich nicht immer kümmern musste; und die mütterliche Sorge um Franziska, die vor lauter Arbeit nicht mehr zum Sport kam. »Wer einen Hund hat, bewegt sich«, dozierte Susanna. »Und wer sich bewegt, bleibt jung und schlank.« Und wer wollte schon alt und vor allem dick werden, nur weil er keinen Hund hat?

Urheberinnen der Vier-Generationen-Idee jedenfalls waren auch die Mütter und Töchter. Wer den Satz gesprochen hatte, der alles in Gang brachte – ich hatte mal danach gefragt –, wusste keine mehr. War es Franziska mit einem: »Könnten wir vielleicht?« Helga, die anbot: »Wollt ihr nicht?« Oder Susanna, die vorschlug: »Wie fändet ihr es denn, wenn …?« Es war wohl eine Mischung aus allem, solche Ideen reifen, liegen in der Luft. Und so war ich nicht überrascht, als Franziska das Gedankenspiel zu mir trug. Und ich wusste gleich, worum es ihr eigentlich ging: um Sophia.

Als Franziska schwanger wurde, wuchs in ihr eine ungekannte Unruhe. Ich hatte sie immer als Stadtmenschen wahrgenommen. Sie war so Teil der Münchner Kulturszene, dass kaum ein Tag verging, wo wir nicht in einem Konzert oder einer Aufführung saßen. Seit sie zwanzig war, lebte sie in der Stadt, erst nah der Isar, in einem Musikerhaus: Geige, Cello, Klarinette, Harfe. Später zogen wir in die Nähe der Theresienwiese, wo wir im Spätsommer zuschauen konnten, wie die Zelte in den Himmel wuchsen, und im September in Mandelduft, Achterbahngekreische und das Getöse der Zelte eintauchten. Auf einmal aber begann Franziska, die Stadt als Feind zu betrachten. Sie sah die Zäune um die Spielplätze, die Scherben auf der Theresienwiese, hörte den Lärm der Straßen, roch den Gestank der Autos und erinnerte sich an den 22. Juli 2016, als sie aus der Bahn evakuiert wurde und vom Marienplatz nach Hause schlich, verängstigt, weil in den Nachrichten Anschläge vermeldet worden waren. Nein, hier sollte ihr Kind nicht zur Welt kommen. Es sollte auf dem Land aufwachsen, wo Weiden umzäunt sind, nicht Spielplätze, wo es nach Kühen riecht, nicht nach Autos, und wo einen keine Straßenschluchten gefangen nahmen. Ich hörte es widerspenstig an. Keine Lust hatte ich, zwei Stunden in die Redaktion zu pendeln. Ich brauchte Bahnhöfe und Flughäfen, liebte das Licht und die Musik der Stadt, die ich durch Franziska erst richtig kennengelernt hatte. Und so kamen wir überein, dass wir die Stadt verlassen, aber nicht in eine Einöde ziehen würden. Wir suchten einen Ort, an dem noch die S-Bahn hält, ein ländliches Haus mit Garten. Und den schönsten Garten, den man sich denken konnte. Er lag an einer S-Bahn-Station, eine halbe Stunde von München entfernt. Mit Bäumen so dick, dass Franziska und ich zusammen sie nicht umarmen konnten, mit Beeten und Blumeninseln, mit Wiesen zum Spielen, einem Hügel zum Schlittenfahren und genug Platz für Schaukel, Sandkasten, Planschbecken, Trampolin.

Opa und Oma würden sich freuen, sagte Franziska. Helga war Familienmensch durch und durch, die Vorstellung, eine Urenkelin in ihrer Nähe zu haben, erfüllte sie mit Aufregung. Und Willi, dem, weil er nicht mehr im Garten arbeiten konnte, die Zeit lang wurde, freute sich auf Abwechslung: Sophia beim Spielen, Franziska beim Gärtnern zuzuschauen; Besuche, Leben im Haus. Und es wäre dann immer einer da. Er war nicht gerne allein, fürchtete, wenn Helga und Susanna gleichzeitig unterwegs waren, Helga beim Tanzen, Susanna bei den Eseln. Fiel Willi hin, kam er nicht mehr alleine hoch.

Ihre Mutter, fuhr Franziska fort, habe vorgeschlagen, dass sie nach unten zieht, wir könnten also unter dem Dach wohnen. Susanna war es nicht leichtgefallen, sich von drei auf einenhalb Zimmer zu verkleinern, aber sie war eben Mutter, und ein wenig half bei diesem Opfer, dass ihr Labrador Paula, »die alte Heugeige«, wie Helga sie nannte, mit ihrem wackligen Geläuf kaum mehr die Treppe hochkam. So eine Terrassentür hatte gewiss ihre Vorteile, besonders um sieben in der Früh, wenn man einen Hund besaß, der nicht mehr gut Treppen steigen konnte und dreißig Kilogramm wog. Was musste ihre Mutter Paula auch immer Hundekekse zustecken! Damit musste Schluss sein.

\* \* \*

»Da rauf?« Entsetzt schaute mich der Möbelpacker an. Steil schlängelte sich der Weg den Hügel hinauf. Als er drinnen die steile Treppe sah, mit hölzernem Geländer, niedrigen Decken und 180-Grad-Kehren, setzte er sich hin. »Bis unters Dach?«, fragte er. Ich fuhr dann mal Bier und Brezen kaufen.

Und so ging der Tag dahin, vom Wagen zum Haus. Pause. Durch die Eingangstür, den Wilden Wein streifend. Weiter in den Flur, Rechtsschwenk, auf die Treppe, die Rücken gebeugt. Pause im ersten Stock, neben Bücherstube und Damenzimmer, gegenüber von Willis Zimmern. Die Möbel wieder auf den gekrümmten Rücken, hoch in die Dachwohnung, fluchend über die kleine Schwelle im Türrahmen. Immerhin, das größte Möbelstück durfte im ersten Stock bleiben: das Sofa, unser Beitrag fürs gemeinschaftliche Wohnzimmer, der bei Helga und Susanna kreischendes Gelächter ausgelöst hatte, und von dem Willi, aus guten Gründen, noch nichts ahnte. Sofa war das falsche Wort für dieses Ungetüm, selbst der Verkäufer hatte es nicht so genannt, er nannte es erst »Kissenlandschaft«, später »Wohlfühloase«, schließlich, unvergessen, »eine Elementgruppe, die die Schwerkraft überwindet und pure Leichtigkeit freisetzt«. Und da wir genau das im Wohnzimmer wollten, die Schwerkraft überwinden, Toben, Klettern und Übereinanderliegen, hatten wir zugeschlagen. Eine Investition, die wir nie bereut hatten, war es doch während der Schwangerschaft unser liebster Ort, den wir am Wochenende nur verließen, um mal in die Küche, aufs Klo oder Gassi zu gehen. Das Sofa war mit Samt und Velours überzogen, die Grundfarben waren orange und lindgrün, einige der Kissen geblümt, Millefleurs, Gelb, Grün, Orange, Gold, Blau, Braun, Lila, Violett, alle Farben, nur eine einzige war nicht darin verarbeitet: Weiß. Also die Farbe von Willis Sofa, das bestens geeignet war, um darauf mit gespreizten Fingern einen Fünf-Uhr-Tee zu nehmen, und das nun weichen musste.

Abend, endlich alles oben, ich saß auf dem Balkon unserer neuen Küche, in der Hand eine Flasche Bier, jeder Knochen erinnerte mich daran, dass ich auch schon siebenundvierzig war. Von unten hörte ich einen aufgeregten Mix aus Stimmen, Franziska, Helga, Susanna, Willi, dazwischen Sophias Quietschen. Das sollte also das Hintergrundrauschen meines neuen Lebens werden. »Es wird schon gut werden«, sagte ich mir und hielt das kühlende Glas gegen meinen Daumen, der mir übelnahm, dass ich ihn zwischen Wand und Kühlschrank platziert hatte. Da kam von unten Franziska hochgelaufen, das Gesicht in tiefer Sorge.

»Opa hat das Sofa gesehen.«

# 4

# Es knirscht

»... und warum es das auch muss«

In einer perfekten Welt, sagte mir mal eine kluge Frau, die
seit Jahrzehnten die Menschen erforscht, in einer perfekten
Welt wären wir alle allein. Solch eine Mühe, diese Welt mit
anderen zu teilen, solch eine Mühe, unseren Tag mit anderen
in Einklang zu bringen. Die einen mögen dies, die anderen
das; und am Ende tust du, was du nie wolltest. Wie schön,
träumte die Frau, eine Anthropologin, wie schön wäre es,
wir stünden in der Früh auf und könnten einfach tun und
lassen, was wir wollen.

Und sie hat recht. Es ist nicht leicht, sich Welt und Tages-
lauf mit Fremden zu teilen; doch weit schwerer ist es, ein
Haus zu teilen, Türklingel und Briefkasten, Aufgang und
Garten, Eingang und Garderobe, Speicher und Keller, Treppe
und Wohnzimmer, Sofa und Waschmaschine. Du musst
nicht nur den Tag, du musst dein ganzes Leben mit anderen
in Einklang bringen.

Und so war vor dem Einzug – bei aller Vorfreude – in uns ein Unbehagen aufgestiegen, erst im Bauch, dann im Kopf. Nur Willi und Sophia hatte es nicht beschlichen, die beiden mussten wegen ihres Alters in nichts zurückstecken.

Susanna beschlich das Gefühl zuerst. Ihr Blick hatte sich verdüstert, und er färbte sich schwarz, wenn sie ihr Hab und Gut aus ihrer Dachwohnung ins Erdgeschoss trug. Wie lange sie dafür brauchte! Lange Wochen trug sie ihre paar Dinge herab. Ich konnte das nicht verstehen. Wir wollten doch den rauen Sisal rausreißen, der Sophia die kleinen Knie aufreißen würde, wenn sie in einigen Monaten das Krabbeln lernte. Und wir wollten Streichen, ihr Zimmerchen einrichten, die ersten Strampler und Lätzchen einsortieren. Wir warteten und warteten, und ich begann, den Kopf zu schütteln, bis ich sie eines Tages bei einem unserer Besuche vor ihren Sachen sitzen sah. Vor ihren Puppensachen, den Stoffen, dem Echthaar und den Porzellanköpfen, aus denen sie einst so erfolgreich Kinderspielzeug gefertigt hatte und die sie nicht verkaufen oder wegwerfen konnte, als ihr Geschäft zugrunde gegangen war; vor ihren Büchern über Architektur, die sie sich gekauft hatte, als sie plante, ihr Traumhaus in Andalusien zu bauen, mit Blick aus der Küche über das rotgoldene Tal. Bücher, die Jochen ihr geschenkt hatte, Architekt, die zweite Liebe in ihrem Leben, dessen Herz vor elf Jahren einfach aufgehört hatte zu schlagen, er war doch nur Joggen …

Ich sah es und verstand. Susanna brauchte die lange Zeit nicht zum Einräumen, sondern zum Loslassen. Nicht einmal die Hälfte würde sie in der neuen Bleibe unterkriegen. Auch für sie begann ein neues Leben, ein neues Heute. Ihr altes Heute war dabei, sich vor ihren Augen in ein Gestern zu verwandeln. Und ihr altes Gestern, das in den Kisten vor ihr lag, in ein Vorgestern, verräumt, im Keller, auf einem stählernen Regal, aus dem Alltag entfernt, es fühlte sich an, als verschwände es endgültig in der Vergangenheit. Es waren nicht nur Kisten, die Susanna tragen musste, für uns tragen. Wie schwer es wog!

Von Helgas Sorgen erfuhren wir über Umwege. Jeden Sommer feiern die fünf, sechs Häuser um uns herum ein kleines Fest. Ein Grill wird vor die Garage geschoben, Biertische aufgestellt, eine Wanne mit Eis und Flaschen gefüllt, die Hunde heben die Nasen und winseln vor den Gartentüren, und alle kommen mit ihrem Geschirr, ihren Salaten und Steaks heran, im Abendlicht wird geplaudert, während der blauen Stunde gelacht und im Mondschein die letzten Flaschen geleert und wortreich die Welt neu geordnet.

Wie es denn so sein würde, mit einer Generation mehr unterm Dach, fragte ein Sitznachbar.

»Ich weiß nicht«, sagte Helga. »Es ist eine Umstellung. Aber man muss eine junge Familie ja unterstützen.« So sah sie es. Zu uns hatte sie das nie so gesagt, vielleicht, weil wir sie nie gefragt hatten.

Helga ist eine Frau, die ihr Leben lang gegeben hat. Ihren Vater hatte sie gepflegt, fünf Kinder aufgezogen, kam Besuch, brachte sie Kaffee, Kuchen oder was auch immer fehlen mochte. Sie sah, was wundervoll ist, die anderen. Aber sie sah sie manchmal mehr als sich. Sie empfing uns also, um zu geben – was mir Sorgen bereitete, mehr Sorgen als Willi, der da ganz anders war.

Auch er war großzügig, hatte sein Leben lang die Kinder und Enkel unterstützt, wie es selten ist in dieser Welt. Aber er hatte auch gelernt zu nehmen. Er nahm uns auf, weil er auch etwas bekam, weil wir nicht nur nehmen, sondern auch geben wollten. Er freute sich auf Unterhaltung im Haus, vor zwei Jahren hatte er sich aus der Welt zurückgezogen, seine Beine, seine Blase zwangen ihn dazu, nur mehr über das Fernsehen bewegte er sich aus Haus und Garten heraus, auf Dauer wurde das schon fad, auch wenn die erwachsenen Kinder, Freunde und Bekannte zu Besuch kamen, auch wenn Susanna und Helga um ihn waren, sie viel zu besprechen und auch zu lachen hatten. »Keine Kinder mehr, jetzt sind wir ein Altenheim«, hatte er vor einer Weile mal zu Helga gesagt, bitter lächelnd. Und nun diese Aussicht: Eine Musikerin, deren Fernsehsendungen er immer aufnahm, und ein Schriftsteller, der ihn nach seinem Leben fragte, wissen wollte, wie es war, als er Hitchcock damals das Wiesn-Orchester dirigieren ließ oder als Bundeskanzler Helmut Schmidt bei ihnen zu Besuch in der Dom Rep war. Das versprach Klang und Farbe und verfliegende Nachmittage.

Ja, und dann war da noch der Plan, der reifte, nachdem der Einzug beschlossen war. Sein Leben lang hatte Willi Geld besessen, aber er war älter geworden, als er es sich erträumt hatte, und es wurde knapp, er wollte Rücklagen haben. Wer weiß, ob er eine Pflege bräuchte. Nicht Helga, nicht Susanna sollten das tun, und er dachte darüber nach, eine Hypothek auf das Haus aufzunehmen. So verfielen wir auf den Gedanken, ob wir nicht das Stück des großen Gartens kaufen konnten, der eine eigene Flurnummer hatte, auf dem ein Baurecht lag. Wir wollten auf Dauer was Eigenes haben, wollten Sophia nicht aus ihrer kleinen Welt reißen, wenn, eines Tages, Willi nicht mehr sein würde, wenn das Haus vererbt würde, vielleicht verkauft, dann würden wir eben bauen, bleiben können, zusammen mit Helga und Susanna. Und so kam nicht nur Leben ins Haus, sondern auch Geld. Beide Seiten waren glücklich und zufrieden.

Helga aber konnten wir erst mal weniger geben. Sie sorgte sich nicht um die Zukunft. Und sie lebte noch draußen in der Welt, Tag für Tag ging sie einkaufen, nicht immer zu Willis Freude, der die Kaufzettel mit demselben Interesse las wie Helga zuvor in den Zeitungen die Angebote. Wie? Handtücher? Die alten fadenscheinigen waren doch noch gut! Und zweimal die Woche fuhr sie in die Stadt, ging Tanzen, besuchte Ausstellungen, Konzerte, gerne nahm sie die letzte S-Bahn, saß im letzten Wagen, zwischen den Teenagern, die aus den Diskos nach Hause fuhren. Zu Hause hatte sie jedoch gerne ihre Ruhe, ihr Geregeltes, die Routinen, die sich eingeschlichen hatten. Und die brachten wir durcheinander. Wie sollte sie, da ein Baby einzog, von nun an die Musik auf volle Lautstärke stellen und durch die Zimmer tanzen? Wo sollten ihre griechischen Freunde Kyriakos und Assimina schlafen, die sie einmal im Jahr besuchten, wenn Susanna das Apartment und wir das Wohnzimmer besetzten? Unglücklich stand sie vor den Flurschränken im ersten Stock, die sie für uns räumen würde. Wohin mit Staubsauger und Putzeimer? Den Tischdecken, Servietten und Kerzen? Von Opas Sofa ganz zu schweigen. Sie hatten doch keinen Platz. Sie entschied sich für den Schrank in ihrem Atelier, das durch Staffelei und Bilder so vollgestellt war, dass eh kaum mehr hineinging. Helga war eine gute Malerin, von Meistern unterrichtet, von Künstlern geachtet; ihr Talent aber hatte sie der Familie untergeordnet. Am Tag vor dem Umzug ging Helga in ihre Küche, und ich räumte die Flurschränke für sie leer. Als sie zwei Stunden später wiederkam, bedankte sie sich, dabei waren wir es, die sich zu bedanken hatten.

Und schließlich war da Franziska, zu meiner Überraschung sah ich in ihr noch mehr innere Spannung wachsen als in Susanna und Helga. War nicht sie es gewesen, die in dieses Haus wollte? Zu ihrer Familie? Wieder verstand ich erst mal nichts. Dachte nicht daran, dass Kinder sich von ihren Eltern abgrenzen und lösen müssen, nur so können sie frei und unabhängig werden, ein eigenes Wesen.

Franziska hatte sich früh von ihren Eltern gelöst, mit sechzehn Jahren, halb gewollt, halb gezwungen. Ihre Mutter ging nach Spanien, ihr Vater lebte in der Musik, und sie wollte weder das eine noch das andere, sich nicht weiter in die Eigenarten ihrer Eltern fügen. Sie wollte einen eigenen Weg gehen, zog zu ihrer Lieblingstante Vera, entdeckte das Filmen für sich, die klassische Musik, Dinge, weit weg von den Eltern. Und sie fand ihren Weg, im Filmgeschäft, später, als sie ein Individuum war, in der Musik. Vieles hatte sie dort vom Vater übernommen, aber mehr noch hatte sie es anders gemacht, andere Genres, andere Spieltechnik, mehr Gesellschaftsmusikerin als Solistin. Und spielten Tochter und Vater mal zusammen, spielte für die jungen Zuhörer nicht der Franz mit seiner Tochter, es spielte Franziska mit ihrem Vater, über sie entdeckten sie den wunderbaren Harfenisten.

Nun also sollte Franziska mit sechsunddreißig noch mal mit ihrer Mutter zusammenziehen, zwanzig Jahre nachdem sich ihre Wege getrennt hatten, zwanzig Jahre, in der sie sich zu einer Frau entwickelt hatte, mit eigener Familie, eigenem Leben, alles hatte sich in diesen Jahren geändert, nur nicht der Ton der Mutter. Einmal Tochter, immer Tochter – es war in dieser Familie nicht anders als in allen anderen. »Herzchen«, nannte Susanna ihre Tochter. Und missfiel ihr etwas, suchte sie nicht die Diskussion, sondern duldete keinen Widerspruch. Und wie Mütter so sind, machte sie sich Sorgen, um Ernährung und Gewicht, um Schlaf und Gesundheit ihres Kindes, nun auch noch ihres Enkelkindes. Schnell war sie mit Rat zur Seite. Hatte sie nicht zwei Kinder großgezogen? Franziska und ihren Bruder? War sie nicht medizinisch gebildet? Sie konnte ihre Tochter doch nicht in ihr Unglück rennen, ihre eigenen schlechten Erfahrungen machen lassen. Kurz, es war so, wie fast alle Kinder es kennen, es steckt in den Genen, manchmal ist es die Pest, meist ist es wunderbar, Mutterliebe. Sie machte dieses Konstrukt erst möglich. Nur für Franziska war Susanna bereit, ihr altes Leben in Kisten zu räumen. Nur für Sophia ging Franziska die Mühe ein, sich ein zweites Mal von der Mutter freikämpfen zu müssen, denn dies, ihr Unterbewusstsein wusste es, stand ihr bevor.

Ich sprach Franziska Mut zu. Aber auch ich begann zu krampfen. »Also, mir wäre meine Freiheit da zu wichtig«, hatte Martin, ein guter Freund, zu mir gesagt, als er von unseren Plänen hörte. Mein bester Freund Benjamin schwieg nur, ich empfand es als das Lauteste, was ich je von ihm gehört hatte. So langsam begriff ich warum: Unser Leben würde ein anderes werden. Und an diese große Feststellung knüpften sich unendlich viele kleine Fragen, die an mir nagten, mich aufzufressen drohten:

Werden wir zusammenfinden? Ton, Rolle, Umgang miteinander — alles wird sich ändern müssen.

Was bedeutete das für unsere Zweisamkeit?

Und was für unsere Dreisamkeit? Sophia, Franziska und mich?

* * *

»Das Sofa ist doch schön«, hörte ich Helga sagen, als ich nach der ersten Nacht im Haus die Treppe runterkam. In der Luft lag Röstduft, Willi saß auf seinem Platz, Helga kochte Kaffee. Die Küche ist eng, zehn Meter im Quadrat, gefüllt mit Schränken und Anrichten, mit Herd, Spülbecken, Geschirrspüler, Kühlschrank, gleich zwei Kaffeemaschinen, einem Tisch und vier Korbstühlen, wovon zwei immer besetzt sind, der Platz neben Helga durch die Apotheken Umschau, der Platz neben Willi durch Medikamente.

Ich stellte mich neben die Heizung. »Lorenz, magst du einen Kaffee?«, fragte Helga die Frage, die sie in den nächsten drei Jahren Hunderte Mal hervorbringen wird.

»Nein danke, ich habe noch nichts gegessen«, antwortete ich, wie ich in den nächsten Jahren noch Hunderte Mal antworten würde, mit dem Gefühl, Helga umarmen zu wollen.

»Das Sofa gefällt dir nicht?«, fragte ich Willi zögernd.

»Das ist ein Sofa für ein Loft«, schimpfte er, seine Hand zitterte. »Aber nicht für unser Wohnzimmer.«

»Also, wenn es gar nicht geht …«

»Das Sofa ist doch schön«, tönte es wieder, diesmal fröhlich von hinten. Susanna trat hinzu. Sie setzte sich Willi gegenüber.

Helga schaute tadelnd auf die Tasse in ihrer Hand. »Ich dachte, du wolltest mit uns Kaffee trinken. Ich habe dir ein frisches kleines Tässchen …«

»Also das Sofa ist zu groß«, unterbrach Willi, mit amtlich abschließendem Ton.

Rutschendes Getrappel auf den Fliesen. Zwei Labradore zurück vom Gassi, im Wettlauf zu Willi: Paula, schwarz, fast so hoch wie der Tisch. Sie legte sich zu Willis Füßen, faltete die Vorderpfoten und blickte das Glas mit den Hundekeksen an, die Willi wie die Kronjuwelen verwaltete. Leonie, schokoladenbraun, hockte sich vor Willi, hob bettelnd die Pfote, um sie auf sein Bein zu legen.

»Untersteh dich!«, schimpfte Willi, wie er in den kommenden drei Jahren noch Hunderte Mal drohen würde.

Es quäkte fröhlich aus dem Flur. Sophia, auf Franziskas Schulter. Behutsam setzte sich Franziska auf den Holzschemel neben der Speisekammer. Sophia war gleich neben Willis Gesicht. Erste Vollversammlung, die Küche rettungslos überfüllt: zwei saßen, zwei standen, zwei hockten, zwei lagen.

»Das Sofa ...?«, begann Franziska.

»Ist schrecklich ...«, erklärte Willi.

»Nein, das ist doch schön«, widersprachen Susanna und Helga, Susanna um des Sofas, Helga um des lieben Friedens willen.

Leonie, die sich um das alles nicht scherte, die allerdings, hätte man sie gefragt, eindeutig Position für das Sofa bezogen hätte, wo sie eine eigene Liegefläche besaß, legte mit Blick auf das Hundekeksglas die Bettelschnauze auf Willis Bein.

»Runter! ... Also, das Sofa ist viel zu ...«

Quäken von der Seite. Sophia reckte Leonie die Ärmchen entgegen, und Franziska hob sie einfach auf Willis Schoß, zu Paulas und Leonies Entsetzen: Sie wird doch nicht ihre Hundekekse ... Auch Willi erstarrte – und streckte Sophia die Zunge raus, und sie begannen, sich gegenseitig nachzumachen.

»Wenn du mit dem Sofa nicht leben kannst«, meinte ich, »können wir natürlich ...«

Aber Willi war mit Sophia beschäftigt.

»Wenn ich nicht über neunzig wäre«, sagte er milder, »könntet ihr gleich wieder ausziehen.«

Schweigen. Susanna und Helga lächelten.

»Für Weihnachten stellen wir auch das weiße rein.«

Alle mussten lachen, wissend, dass dies nie geschehen würde.

★ ★ ★

Und so nahm das neue Leben seinen Anfang. Wie im Zeitraffer liegt es nun hinter uns: das Gefühl, in einer Puppenwohnung zu wohnen, die Decken so niedrig, dass man eine Mücke ohne Mühe dagegenklatschen konnte. Bei klarem Wetter Blicke in die Berge vom Balkon, den Franziskas Vater einst gebaut hatte und dessen mittlerer Balken verdächtig morsch aussah. Müde Eltern, helfende Omas, sumsende Gartentage, allgemeines Babyglück, hinterm Haus Familientreff zur Glühwürmchen-Stunde, Rasenmähen, Rosenstutzen, Tischtennis gegen Helga. »Wehe, du lässt mich gewinnen.« Die Bäume im Garten färbten sich, der erste Schnee, das erste Weihnachten, Willi kam, von zwei Generationen gestützt, eine links, eine rechts, nach oben, zum ersten Mal seit vielen Jahren.

»Schön habt ihr es.«

»Danke, dass wir hier wohnen dürfen.«

»Ach was. Schön, dass ihr da seid.«

Jede Generation hatte ihr Reich, eigenes Bad, eigene Küche, eigener Fleck im Garten, doch Zentrum war Willis und Helgas Küchentisch. Nach und nach stießen alle hinzu, wenn die beiden um neun Uhr frühstückten und um drei Uhr nachmittags Kaffee tranken. Schien die Sonne, verlagerten sich die Treffen in den Hausgarten neben der Küchentür, an den Tisch, dessen Decke so alt war, dass sie auf die Hundeköpfe bröselte, wenn Paula und Leonie darunterlagen. Hier stellten wir im ersten gemeinsamen Frühling Planschbecken und Sandkasten auf, hier stand der Grill, hier servierte Helga ihren Erdbeerkuchen, den sie über Wochen hinweg fast täglich backte. Schließlich waren die Beeren im Angebot, und um Geld zu sparen, mussten sie gekauft werden. Die Früchte im Kuchen waren aufgetürmt, die Zwischenräume mit püriertem Beeren-Estrich versiegelt, so reichhaltig, dass keiner mehr den Kuchenboden aß, den kriegten die Hühner. Dazu zwei Schüsseln Schlagsahne, die Willi beim Herantragen über die »familiäre Maßlosigkeit« schelten ließ und Susanna geloben, heute das Abendessen ausfallen zu lassen und noch joggen zu gehen, worauf Willi, wie immer, wenn über Sport und Diäten gesprochen wurde, erklärte, dass er in seinem Leben weder was von Sport noch von Diäten gehalten hätte. »Alt bin ich trotzdem geworden.«

Im Frühling war es dann auch, als die ersten Streitereien aufkamen, der familiäre Honeymoon war vorbei.

»Franziska! Wie sieht es hier aus?«, tadelte Susanna.

»Franziska, räum bitte meinen Geschirrspüler nicht mehr ein.« − »Warum?« − »Du machst das nicht richtig.«

»Lorenz! Man darf die Waschmaschine nicht so vollmachen. Und sie hat ein Kurzprogramm.«

»Lorenz! Wo sind wieder die Hundeleinen?«

»Was ist da für ein Lärm vor meiner Tür? Ich bin am Arbeiten. Könnt ihr Sophia nicht einfach mal hochtragen?«

Und sie hatten ja recht. Im Eingang Windeln, auf dem Rasen Spielzeug, und der Sandkasten war am Abend nicht mit den Paletten abgedeckt worden.

Aber:

Waren sie blind?

Sahen sie nicht, wie es ist mit Einkaufstüten in der Hand, Sophia auf der Schulter, Leonie zu den Füßen? Wie viel Sinn für Ordnung du behältst, wenn Sophia vor Hunger schreit und es schnell gehen muss? Wie viel Achtsamkeit du dir bewahrst, wenn du vor Müdigkeit im Gehen einschläfst, weil du Sophia in der Nacht drei Stunden durch deine drei Zimmer getragen hast? An diesen Tagen ist dir die Ordnung der Schuhe im Eingang egal, die akkurate Verräumung des Spielzeugs oder der Schutz des Sandkastens – ein Katzenschutz, dass die nachts nicht reinscheißen, absurd in einem Haus mit zwei Hunden, in dem einer das Katzenjagen zu seinem größten Hobby erkoren hat. Leonies Beine und Ohren flogen nur so, wenn sie eine sah.

Und das sagten wir auch: Dass sie mal Verständnis zeigen müssten, auf ihren Ton achten, auch verstehen, wenn Eltern Dinge anders machen als sie vor fünfzig Jahren. Dass es, wenn wir schon beim Thema sind, nicht in Ordnung ist, Sophia mit Eis und Schokolade zu überhäufen. Dass unsere Tür nicht ohne Grund verschlossen war. Wer nachts nicht dazu kommt, auch mal mittags schläft, ohne sich dafür Sprüche anhören zu wollen.

*  *  *

Ach, hätte ich damals gewusst, was ich jetzt weiß, es wäre einfacher gewesen, für alle. Ich hätte gewusst, wie normal das ist, was da geschieht, unausweichlich, auch nicht schlimm. Ich hätte gewusst, in welche Fallen du geraten kannst, das Zusammenleben ist schwierig, in der Familie ist es noch schwieriger, dafür können wir nicht mal was, es ist keine bewusste Nachlässigkeit, keine Missachtung. Im Gegenteil, es ist Ausdruck von Nähe, Vertrauen, Liebe, war für uns Teil des Prozesses. Anna Machin, Oxford-Professorin, Anthropologin, die kluge Frau, die mir einst sagte, dass wir in einer perfekten Welt alleine leben würden, hat es mir erklärt, vor Kurzem erst. Hätte sie es mir schon vor zwei Jahren erzählt, als ich sie kennenlernte, hätte es mir vieles erleichtert.

Ich rief Machin damals an, weil ich im New Scientist über sie gelesen hatte, der über ihre aufregende Väterforschung schrieb. Väter sind für die Entwicklung des Kindes viel wichtiger, als angenommen wurde. Es gibt im Leben eines Kindes Zeiten, in denen es für seine Entwicklung und Gesundheit wichtig ist, dass es auch ein enges Band mit dem Vater hat, oder mit einem anderen Mann, Großvater, Onkel, Freund der Familie. Und da ich für Sophia der beste Papa – oder wie sie sagt: »Papili« – sein wollte, musste ich darüber mehr wissen. Was konnte ich tun, damit Sophia gesund und glücklich wird?

Als wir miteinander sprachen, erzählte mir Machin, dass sie sich über Umwege der Väterforschung näherte. Seit vielen Jahren ergründet sie die Liebe. Die Liebe in allen ihren Facetten: die erotische Liebe, aber auch die Liebe zwischen Freunden und in der Familie. Natürlich gibt es da große Unterschiede. Schon die Bindung zwischen Vater und Kind unterscheidet sich elementar von der zwischen Mutter und Kind, die Gegensätze zeigen sich im Gehirn, in den Hormonen, in der gesamten Biochemie und damit auch im Verhalten. Väter lieben und erziehen anders als Mütter. Er füttert das Kind anders, er bringt es anders zu Bett. Und das ist gut so, sagt Machin, von der Evolution gewollt: So lernt ein Kind mehr, als handelten beide Eltern immer gleich.

Da wir damals über Sophia und mich redeten, versäumte

ich es zu fragen, wie es mit der Familienliebe aussehe, was es bedeutet, wenn vier Generationen unter einem Dach leben. Darüber sollten wir erst später sprechen. Und vieles sollte mich verblüffen.

»Wir sehen im Hirn-Scan, wie und wo Liebe entsteht«, sagte sie. »Wir erkennen auch Unterschiede zwischen verschiedenen Formen der Liebe. Es macht einen Unterschied, ob wir es mit einem Freund oder einem Mitglied der Familie zu tun haben. Beides platonische Liebe, und doch erkennen wir deutliche Unterschiede in der Hirnaktivierung, in der Aufmerksamkeit, die wir schenken, und in der Kraft, die wir aufbringen, um diese Beziehung zu erhalten. Wenn wir jemanden bitten, mit Freunden zu interagieren, nehmen wir auf dem Bildschirm eine viel, viel größere Aktivierung wahr, als wenn er mit der Familie interagiert. Es erfordert mehr kognitive Kraft, Freundschaften zu erhalten, also wenden wir dafür mehr Zeit auf, und wir sind wachsamer. So achten wir darauf, dass Geben und Nehmen ausgewogen sind, dass wir nicht ausgenutzt werden. In der Familie bringen wir weniger Kraft und Zeit auf, Geben und Nehmen in Balance zu halten. Weil wir genetisch verbunden sind, vertrauen wir mehr in diese Beziehung.«

Und weil wir nicht achtsam waren, weil wir uns biochemisch schon zu sicher waren und weil wir uns – Familie hin oder her – erst einmal zurechtruckeln mussten in unserem neuen gemeinsamen, veränderten Leben, kam es, dass im Hausgarten öfter mal der Familienrat tagen musste.

Wir redeten. Und zum Glück hörten wir uns zu. Und wurden weniger blind.

Franziska und ich hielten mehr Ordnung.

Füllten weniger Wäsche in die Maschine.

Bauten einen Flaschenzug, der das Geschirr über den Balkon in unsere eigene Küche brachte.

Und Helga sagte uns, wenn sie Sophia ein Eis gab.

Und Susanna regelte ihren Ton neu, von der Mutter zur größeren Schwester. Wobei »Herzchen« blieb, was aber nur mir auffiel, für Franziska scheint es eine ganz normale Anrede zu sein.

Und wenn wir doch wieder was falsch machten, weil wir Menschen sind, eine Familie sind und zu einer Familie Streit gehört, übten wir, uns zu entschuldigen. Wir waren auf einem guten Weg. Am Ziel aber noch lange nicht.

.

# 5

# Es wächst

»… und Fragen, die nie gestellt wurden«

»Wo ist mein Rollator?«

Willi lehnte an der Tür, in der Hand das Geländer, das ihn die beiden Stufen in den Hausgarten führte. Eine magere Hand, gefleckt, die Finger lang und fein. Ab und an, wenn Willi aufstehen oder sich setzen wollte, auf seinen Lehnstuhl mit den beiden dicken Polstern, wenn ihm das zu lange dauerte, seine Beine zu sehr zitterten, ergriff ich eine dieser Hände und war immer erstaunt: Wie glatt sie sich anfühlten, als trüge Willi lederne Handschuhe.

Willi schaute nach links. Schaute nach rechts. Und sein Blick hellte sich auf: Sophia.

Da wackelte sie im Blumenbody auf der Wiese, Rücken zu ihm, die Arme weit, eine Hand an der linken, eine an der rechten Rollator-Stange, die Hinterräder höher als ihre Hüften. Sie stemmte sich, ein Schritt, noch einer, daneben, wachend und wedelnd, die Hunde.

Ja, kleine Sophia, lauf, lauf. Mit seiner Gehhilfe, das Gefährt, mit dem er die letzten Schritte seines Lebens laufen würde, sie lief damit ihre ersten.

Willi reichte mir den Arm, ich fasste die Beuge. Langsam stieg er die erste Stufe hinunter, die zweite Stufe, umdrehen, zum Stuhl hin, rückwärts die Lehnen tasten, endlich saß er, an den Füßen Wollsocken, den blässlichen Blick wieder gehoben, auf Sophia. Und Sophia lief, den Kopf gesenkt, eine Brise zauste ihre Haare. Vor der Hecke zum Nachbarn blieb sie stehen, schaute sich um. Ja, wir haben es gesehen, alle.

Der Sommer konnte kommen, Sophia von Station zu Station tapsen, Mama, Papa, Oma Susanna, Oma Helga, Opa Willi, die Menschen ihres Universums, alle gehörten hinein, hatten ihren Platz, niemand durfte fehlen. Wo ist die Leonie? Wo die Paula? Wo Oma Susi? Bald nach ihren ersten Schritten und ersten Worten kamen diese Fragen auf.

Sophia hatte uns in dieses Haus gebracht. Und Sophia brachte uns über das erste Jahr, über alle Klippen. Wir sahen ihr beim Wachsen zu und merkten gar nicht, wie wir mit ihr wuchsen. Unsere Rücksicht wuchs, unser Verständnis, unsere Gemeinschaft. Wir wuchsen zusammen. Es geht nicht von allein, viel musst du dafür tun, Sophia nahm uns viel Arbeit ab. Sie eroberte das ganze Haus, krabbelnd, schwankend, schließlich laufend, das erste, das zweite Jahr.

»Dieses kleine Ding. Sie hält hier alle auf Trab«, machte sich Willi lustig. »Zwei Omas, eine Mutter, der Vater, alle rennen.«

Wir hätschelten und trösteten, brachten Schnuller und Milchreis, klebten Pflaster, sangen Lieder, lasen Bücher. Eine Tonne Sand trugen wir in den Garten, den verflixten Hügel hoch; wir bauten ein Trampolin auf, so groß, Sophia könnte damit über die Zweimeterhecke unserer Nachbarin springen. Und eine Schaukel hängten wir auf, rund, gewaltig, schlafen ließ sich darin. Willi hatte sie spendiert und zeterte, als sie vier Wochen im Eingang herumlag, weil so viel anderes vorher getan werden musste. Das Beet mit den moosigen Randsteinen musste gejätet, geharkt, mit Muttererde gefüllt und mit dem Pflanzholz bepflanzt werden; das Schwimmbecken aufgeschlagen, einen Tag und eine Nacht lief das Wasser, bis es voll war. Auch die »Alm«, das Gartenhäuschen, wurde leergeräumt, ein Tischlein und zwei Froschstühle hineingestellt, daneben ein halbes Dutzend Bücher gelegt. Sophia pflegte zwischen zehn und elf Uhr eine Stunde zu lesen, oder, lieber noch:

»Oma Helga!«

»Ja?«

»Hier vorlesen!«

Die Geschichte der Maus Frederick, die Farben und Sonnenstrahlen sammelte. Und das Abenteuer von Johnny Mauser, Franz von Hahn und dem dicken Waldemar. Und, jahreszeitlich verirrt, das Weihnachtswimmelbuch. Ächzend erhob sich Helga danach vom niedrigen Froschstuhl.

Und so ging es für alle, den lieben langen Tag:

»Oma Susi!« – »Ja?« – »Hüpfen.« Rauf aufs Trampolin.

»Opa Willi!« – »Ja?« – »Trompete spielen.« Her mit dem Instrument. »Papa« – »Ja?« – »Schnell laufen.« Die Hunde müssen mitlaufen. Und »die Mama« war eh Privatbesitz, und nach dem, was ein Tag so brachte, nach dem Vorlesen, Kochen, Füttern, Wickeln, Buggyschieben, Wettlaufen, Geschichtenerfinden, Tränentrocknen und hundertfachem Treppensteigen, waren am Abend, wie Susanna es nannte, alle »aufgearbeitet«. Willi schmerzten Finger und Ohren, Helga Arm und Knie, Susanna Ellenbogen und Schulter, und Franziska und mich überhaupt alles. Teilnahmslos lagen wir da, während Sophia, die, bevor sie ins Bett ging, noch eine Turnstunde brauchte und Willi, der ein Stockwerk tiefer seinen heiligen Abendfilm anschauen wollte, auf dem Kopf herumhopste. Er nahm es hin, am nächsten Tag lachte er darüber. Aber wehe, Helga kam zehn Minuten zu spät, wobei man sagen muss, dass sie jeden Tag zehn Minuten zu spät zur Filmvorführung kam, weil sie kochen, schwimmen, tanzen oder was auch immer machen musste. Die bitterste Miene setzte er auf, schließlich waren die ersten Minuten entscheidend, die ganze Geschichte war darin angelegt, das war bei seinem Duzfreund Roman Polanski nicht anders als bei Rosamunde Pilcher, die sie sich oft anschauten. Und er ließ sich auch nicht besänftigen, wenn Helga, wissend über die Miene, die sie erwartete, schon beim Reinkommen in sein Zimmer vom schönen Sonnenuntergang erzählte, den sie sich mit ihrer Freundin Ruth noch hatte anschauen müssen. Um es ihr heimzuzahlen, schwieg Willi einfach, auch, wenn sie fragte, wer im Film wer ist und was vorher geschehen ist, oder, wenn er besonders sauer war, gab er falsche Antworten. Über Sophia aber verhängte er den Bann nicht, dieses einjährige, zweijährige, bald dreijährige Mädchen, das mit offenem Mund vor ihm stand, wenn er, zu Franziskas Ärger, vor ihr seine Grimassen schnitt. Sophia merkte es sich und begann, Fremden die Zunge rauszustrecken.

Nur das rote Stoppschild, das Susanna an ihre Klinke hängte, wenn sie ihre Ruhe haben wollte oder live vor der Kamera ihre Gesundheitsseminare gab, durfte Sophia nicht übersehen – damit nicht Kind, Hund und Kegel ins Bild stürmten.

Vergaß sie es einmal, gab es zwei Stunden schlechte Laune. Aber wenn Sophia ihr ein gemaltes Bild oder ein »Hundebonbon« brachte, verrauchte die Wut. Es war wie beim ersten Streit im Haus, dem Sofa, Sophia heilte alles. Sie war unser Kitt, unser Katalysator.

Gerhard Ertl, Nobelpreisträger der Chemie, großer Geist der Katalyse hatte mir einmal erklärt, wie bedeutsam Katalysatoren sind. Sie formten unsere Welt. Ohne sie keine moderne Chemie, keine industrielle Revolution, kein Benzin, kein Kunststoff. Ohne sie keine Biochemie, kein Denken, kein Verdauen, kein Altern, kein Leben. So wie es Katalysatoren braucht, um aus Erdöl Benzin zu machen, es Katalysatoren braucht, um aus Nährstoffen Lebensenergie zu machen, etwa das Coenzym NAD, ohne das wir innerhalb von dreißig Sekunden tot wären und über das wir noch lange sprechen werden, so benötigt unser Zusammenleben Katalysatoren, die uns helfen, zusammenzufinden und zusammenzubleiben. »Ein Katalysator ist wie ein Bergführer«, sagte Professor Ertl. »Er kennt den günstigsten Weg über den Pass und bringt den Wanderer am schnellsten rüber.«

Sophia war unser Bergführer, unser Katalysator. Und der zweite war Willi. Es sind am Ende die Schwächsten, die eine Gesellschaft zusammenhalten.

\* \* \*

Als ich Willi das erste Mal begegnete, besuchten wir ihn in Italien. Willi liebte die Sonne, und über fünfundzwanzig Jahre hinweg verbrachte er den Spätherbst in einer Bucht vor dem Lido di Venezia, der ihm zweite Heimat wurde, als er Jahr für Jahr zum Filmfest flog, diese heiteren Tage, als sie die

Tage in Strandkabinen aus weißem Segeltuch verbummelten und abends im Hotel Excelsior Frack, Kleid und Schmuck anlegten und in Vaporetti mit Mahagonisitzen zu Partys und Empfängen schipperten, wo Willi mit Mario Puzo und Dino De Laurentiis und vielen anderen seine Geschäfte einfädelte, während Helga mit Silvana Mangano und Caterina Valente Champagner trank.

Alle empfingen sie lächelnd, zugewandt, aber Willi vergaß nie, wem dieses Lächeln wirklich galt: seiner Funktion, seiner Firma. Er beeinflusste, wer eine Rolle bekam. Und er konnte als Produzent den Geldbeutel öffnen oder verschließen. Nur wenige hatten den Humor eines Louis de Funès, der sich, im Spot über das Getue und die gespielte Freundlichkeit, vor Willi hinkniete, die Hände in Bettelpose, um ihm das Foto davon als Abschied nach dem gemeinsamen Film *Die Abenteuer des Rabbi Jacob* zu schenken. Nein, Willi wahrte Distanz, nur zu Volker Schlöndorff und Roman Polanski war das Band enger.

Als Franziska und ich Willi besuchten, verbrachte er seine September nicht mehr im Hotel Excelsior, sondern auf einem Campingplatz. »Dei Fiori« hieß er, und in ihm wuchsen tatsächlich noch mehr Blumen und Bäume als in seinem eigenen Garten. Ich war frisch mit Franziska zusammen, und sie wollte bei einer Reise nach Venedig einen Stopp bei »Opa« einlegen, der einen festen Campingwagen dort hatte. Wir schliefen in seinem Vorzelt. In der Früh um sechs, von der Sonne geweckt, verschwand Franziska im Meer und dann am Pool. Und ich saß da mit Willi, und er begann zu erzählen, von seinen Reisen, seiner Zeit im Reich von Gulf & Western, über Stunden redete er. Ich lauschte und lernte, allein die Geschichte, wie er den Milliardär und späteren Pleitier

Leo Kirch dazu brachte, seine Schulden bei der Paramount zu zahlen. Allzu oft mussten sie dem Geld hinterherrennen. Also hielt Willi einfach mal eine Filmrolle zurück, als er Kirch einen Blockbuster schickte, der auf RTL laufen sollte. Kurz vor der Ausstrahlung rief erst Kirchs Büro, dann Kirch selbst an, empört, aufgeregt: »Wo ist denn die Filmrolle?« – »Wo ist denn unser Geld?«, antwortete Willi. Schnell war es da.

Ja, und die Geschichte, wie Charlie die Rohfassung von *Love Story* eingelegt hatte, eine Etage in seiner zweistöckigen Wohnung in Manhattan hatte er zum Kino umbauen lassen, acht oder zehn Zimmer. Schweigen herrschte, als nach knapp zwei Stunden das Licht wieder anging. Was sollte das sein? Ein reicher Jurastudent, der eine arme und am Ende sterbende Musikstudentin gegen den Willen ihres Vaters heiratete. Sätze, die vor Schmalz trieften: Liebe bedeutet, niemals um Verzeihung bitten zu müssen. »Wie viel haben wir dafür gezahlt?«, fragte Bluhdorn. »Äh, zwei Millionen Dollar.«

Wir können das nicht rausbringen. Das ist nicht Paramount. Wie heißt der Autor? Segal? Gut, er muss ein Buch dazu schreiben. Und das puschen wir. Verkauft sich das Buch, verkauft sich auch der Film. 160 schnulzige Seiten. Der Verleger wollte 6000 Exemplare drucken. Sie zahlten ihm 25 000 US-Dollar, damit es mehr werden, am Valentinstag kam es heraus, beworben mit Taschentuchpäckchen. Anschließend promoteten sie das Buch in ihrem Geflecht aus 150 Firmen und kauften so viele Exemplare, bis es ein *New-York-Times*-Bestseller war. Am Ende hatten sie mehr Geld für die Werbung als für den Film ausgegeben. Und er spielte mehr als 100 Millionen US-Dollar ein. 30 Millionen Dollar Gewinn – einer der größten Erfolge der Filmgeschichte.

Nach der Nacht im Vorzelt fuhren Franziska und ich

weiter, und Franziska sagte: »Du Armer, hat der Opa zu viel geredet?«, und ich sagte: »Nein, es war atemberaubend«, und fragte: »Wusstest du, wie *Love Story* ein Erfolg wurde?« Und erzählte auch unseren Freunden von Willi, am Lido, wo wir Franziskas dreißigsten Geburtstag feierten, am Strand, neben dem Palazzo del Cinema mit seinem leuchtenden Himmel und tiefroten Teppich, mit Blick auf das Excelsior, in das wir uns vom Strand her hineinschlichen, an die Bar, umgeben von Marmor, Spiegeln und Abendkleidern, in der Ecke Quentin Tarantino und Milla Jovovich, heute so bekannt wie De Laurentiis und Mangano zu Helgas und Willis Zeiten.

In den folgenden Jahren dachte ich manches Mal an Willis Geschichten am Campingtisch. Aber ich führte die Gespräche nicht weiter, sooft wir uns begegneten, Weihnachten, Ostern, zum schnellen Besuch im Sommer, nie mehr entspann sich zwischen uns solche Nähe, es war das Zeltdach, das wir teilten, das uns verbunden, dazu geführt hatte, dass Willi sein Herz und ich meine Ohren öffnete.

Es sollte sieben Jahre dauern, bis wir uns wieder unter einem Dach vereinten, diesmal einem richtigen, und nach einer Weile begannen wir, das Gespräch wieder aufzunehmen, und während ich Willi erneut zuhörte, wie damals, fühlte ich mich blind und dumm: Wieso habe ich damit sieben Jahre gewartet? Es war ein Segen, dass er noch erzählen konnte, jedes Gespräch konnte das letzte sein. Aber so ist der Mensch. Sind Kinder, Enkel und Urenkel. Sie versäumen es zu fragen, wenn die Zeit dafür wäre. Bemerken es, wenn die Zeit verflogen ist. Ich hatte Glück. Der Einzug hatte mich beschenkt. Es macht alles anders, wenn du zusammenlebst. Und bald saßen auch Franziska, Susanna und Helga daneben.

Und Helga sagte manchmal, wenn Willi allzu sehr in seinem Gehirnkasten kramen musste, nach Namen, Daten, Erlebnissen, müde, angestrengt: »Lorenz, du hättest früher kommen müssen.« Und ich wusste darauf keine Widerrede. Und zu Willi sagte sie: »Hast du das nicht aufgeschrieben? Hast du diese Dokumente wirklich weggeworfen?«

Ab und zu rettete sie nachts Erinnerungen aus dem Altpapier, vergilbte Artikel von Klatschreportern, die Willi aus seinem Leben räumte. Warum er so viel weggeworfen hat? »Der Lorenz ist der Erste in dieser Familie, der sich dafür interessiert«, schimpfte Willi. Das stimmte natürlich nicht. Alle hatten seinen Geschichten gelauscht. Aber es war auch nicht falsch. Es war kein Zufall, dass ausgerechnet der Außenstehende anfing, diese Fragen zu stellen. So wie Familienmitglieder sich untereinander weniger bemühen, weil sie, genetisch verbunden, sich ihrer Nähe sicher sind. So fragen sie weniger, weil sie die Antworten ahnen, oder weil sie zu dicht dran sind, so nah, dass sie nichts mehr sehen.

Die Fragen, die ich Willi noch stellen sollte, über das Leben und den Tod, habe ich meinen Großeltern nicht gestellt, Eugen und Hedwig, die mit dreiundneunzig und neunundneunzig Jahren gestorben sind, leider nicht. Und ich werde mich beeilen müssen, sie meinen Eltern zu stellen. Wie viel und doch so wenig ich über sie weiß.

# 6

# Willi

»... und das Glück«

Willi, wie er so vor mir sitzt, die Augen blaues Wasser, das
Haar schlohweiß, borstig, gepflegt, Susanna hat sie ihm
gestern geschnitten. Die Spitzen düngen nun den kleinen
Apfelbaum neben dem kleinen Brunnen, wo er so gerne im
Schatten sitzt. Viel Sonne hat Willis Haut in ihrem Leben
getrunken, die Kopfhaut gefleckt, drei verkrustete Male, »das
müsste sich mal ein Hautarzt anschauen«, sagt Susanna. Er
lacht. Susanna stimmt ein.

»In der Schule wurde ich nur Maroni genannt«, sagt er.
»Ich glaube, die anderen kannten nicht mal meinen Namen.«
Der Lateinlehrer sagte, er sehe nicht aus wie ein Arier.

Mit einzelnen Sätzen versteht Willi es, dich in eine andere
Zeit zu katapultieren. In dem Jahr, in dem er auf die Welt
kam, wurde Paul von Hindenburg zum Reichspräsidenten
gewählt, wurde in den USA ein Lehrer verurteilt, der in der
Schule nicht die Schöpfungsgeschichte, sondern die Evolu-

tion unterrichtete, erschien Franz Kafkas Der Prozess, übertrug Professor Max Dieckmann das erste Funkbild der Welt und lief in den Lichtspielhäusern Charlie Chaplins Goldrausch. Als er ein Kind war, löschte der Nachtwächter abends noch das Licht in der Straße.

Willis erste Erinnerung ist, dass er auf dem Sofa hüpfte. Bis seine Mutter kam. Und schrie und schlug. Er war drei Jahre alt. Kurz darauf fuhr Onkel Möhrle in seinem holzbetriebenen Lastwagen vor, er führte eine Firma für Schmierstoffe in Bayern, Willi hatte ihn zuvor nie gesehen. Der Kinderarzt hatte verfügt, dass Willi zur Kur aufs Land sollte, weil er so schmal und schwächlich war, und so brachte ihn Onkel Möhrle zu seinen Großeltern nach Göggingen bei Augsburg. Sein Opa hatte auf den Bauernhof verzichtet, dafür bekam er ein Legat, also Woche für Woche Speck, Eier, Milch, Butter, Holz, ein Anteil an allem, was der Hof hergab. Willi bekam eine Lederhose, endlich genug zu essen und empfing erstmals Liebe – die der Großmutter. Seine Mutter sah Willi erst wieder, als er mit neunzehn aus dem Krieg heimkehrte. Sie hatte sich in den Kriegswirren nach Göggingen geflüchtet. Sie wollte ihn nicht mal sehen, hatte einen amerikanischen Freund und schämte sich, dass sie solch einen alten Sohn hatte. Sein Erbe – ein Neuwagen der Auto Union, mit dessen Schlüssel in der Hand sein Vater gestorben war, an einem Herzschlag – hatte sie in Zigaretten umgetauscht. Als seine Mutter alt war, nahm Willi sie mit in dieses Haus auf. Kein Wort sprach er mit ihr.

Sein Leben, sagt Willi, war vor allem eines: glücklich. »Immer«, sagt er, »habe ich Glück gehabt.«

Mit siebzehn musste er in den Krieg. In seiner Kaserne tauchte eines Tages ein Oberst auf, der Hauptmann kam gerannt, alle legten die Hand an die Hosennaht, Willi aber sagte: »Hallo, Onkel Hermann.« – »Hallo, Bua'le.« Der Bua durfte darauf alle Führerscheine machen und wurde nach Paris in die Bäckerei-Kompanie versetzt, lenkte einen Backofen auf Rädern, war Herr über Croissants und Kuchen. Schließlich wurde er Schirrmeister, Treibstoff besorgen, Fahrzeuge warten. Nie musste er an die Front, nie schießen, das Bua'le hatte ein eigenes Büro, in dem er auch schlief. Und als der Frieden nahte, als in seiner Kompanie noch zweiundzwanzig von 200 Mann lebten und der Oberstleutnant eigenmächtig »Entlassen« in ihre Wehrpässe stempelte, standen sie tatsächlich vor Augsburg. Ganze zehn Kilometer musste er laufen, bis er zu Hause war, auf dem Bauernhof, einer der wenigen Häuser der Gegend, in dem nicht gehungert wurde.

Als später die Amerikaner einen Gemeinde-Delegierten suchten, einen, der Englisch sprach, schickte ihn der Bürgermeister ins Headquarter nach Augsburg. Willi stellte sich vor, und der Amerikaner antwortete was, und Willi schaute leer: »Sorry, I don't understand.« Da sagte der Amerikaner: »Kleiner, reden wir halt Deutsch.« Er war ein Jude, der nach seiner Flucht für die Alliierten gekämpft hatte. Willi bekam einen Ausweis, der ihm ein Schlaraffenland eröffnete, den Eintritt in die PX, die amerikanischen Supermärkte: Peanut Butter, Toilet Paper, Mars, Snickers und schwarze Kaugummi, und alles verbilligt. In Göggingen war er derweil vom Filmrollen-Tauscher zum Kino-Direktor aufgestiegen, vier Vorstellungen am Tag, um vierzehn, sechzehn, achtzehn und zwanzig Uhr, alle Säle, alle Filme ausverkauft. Er stellte eine Frau ein, die Eis und Schokolade verkaufte, er besorgte sie im PX und schlug auf den Einkaufspreis einfach das Doppelte drauf. Das

Geld steckte er, so gar nicht deutsch, in Aktien, BMW, Messerschmitt, das Wirtschaftswunder riss ihn mit nach oben. Die amerikanischen Filme seines Kinos bezog er von Frau Niederhofer aus München, Lizenznehmerin, Besitzerin eines Opel Kapitäns, aber keines Führerscheins. Bald fuhr Willi sie zum Tennis, zum Baden, zu Partys. Ihr Verlobter fand das nicht so gut, er leitete den Verleih aller amerikanischen Filmfirmen in Deutschland, sieben insgesamt, Paramount, Universal, Metro-Goldwyn-Mayer und wie sie hießen. Und da er Willi weghaben wollte von seiner Verlobten, nahm er ihn mit in seinen Verleih, und als bei Paramount in München der Posten des Filialleiters frei wurde, vermittelte er ihn dahin, der jüngste Filialleiter Paramounts auf der ganzen Welt, und bald Generaldirektor. Da saß er nun in einem großen Büro mit einer hübschen Sekretärin, Helga hieß sie, und sie saß nun fast sieben Jahrzehnte später noch immer neben ihm, eine schöne Frau, in allem zeitlos, im Denken, in der Frisur, im Kunstverstand, sie ist die Starke in dieser ewigen Beziehung, die ihr Dasein als Fünfundachtzigjährige mit mehr Leben füllt als viele Vierzigjährige. Tanzen, Turnen, Singen, Reisen, Malen, Feiern, allein das jährliche Kostümfest bei ihrer Freundin Helma, auch Künstlerin, schon die Wohnung ein Rokoko-Gemälde, nie im Leben habe ich so etwas gesehen, jeder Fleck bemalt, Blumen, Büsche, Wälder, die Donau, ein Vogelhimmel, Stromkabel verfremdet als Käferbeine, und die Kostüme, die sie in dieser Entourage trugen, hätten Helgas und Willis guten Bekannten Gunter Sachs erblassen lassen. Für Willi aber riss sich Helga graue Stunden aus ihrem bunten Leben, in der Früh beim Ankleiden Hemd und Socken reichen, alle Mahlzeiten bereiten, Müsli, Wurstsalat und Honigbrot, in die Wanne helfen, samstags das Bett neu beziehen, danebensitzen, auch wenn er mürrisch ist. »Es ist nicht immer leicht«, sagte sie einmal zu mir, als ich neben ihrem Zimmerbrunnen auf dem Boden saß, »aber das macht uns Menschen aus: in guten und in schlechten Zeiten.« Und der graue Alltag hat auch seine schönen, warmen, unbezahlbaren Momente, und über die schweren hilft die gemeinsame Erinnerung hinweg, meist still, nur leise schwelgend, und ab und an selbst erstaunt, was in ihrem und in Willis Leben so geschehen war. »Und dann hattest du wieder Glück«, sagt sie, als er beim Erzählen kurz überlegt, was wohl die nächste Station seines Lebens war. »Charlie.«

✶ ✶ ✶

Eines Tages hatte das Telefon geklingelt: Nathan, Paramounts Europachef, aus Paris. »Willi, der Big Boss kommt nach München.« Willi erschrak. Charlie Bluhdorns Ruf war verheerend. »Der Verrückte«, nannte ihn das Magazin Life, das ihm eine Titelgeschichte widmete. Wo Bluhdorn auftaucht, hieß es bei Paramount, fließt Blut. Der schmeißt Leute raus, nur weil sie eine falsche Antwort geben.

»Ausgerechnet zu mir«, sagte sich Willi, als er auflegte. Aber er straffte sich. »Von dem lass ich mir nichts gefallen.« Er war auch wer. Paramounts jüngster Generaldirektor, vier Millionen Mark setzte er im Jahr um, war so erfolgreich, dass Universal ihn abwerben wollte. Bluhdorn konnte ihn gerne feuern.

Der Besuch rückte näher. Willi mietete einen Mercedes 600, und ein Flughafen-Mitarbeiter, den er kannte, ließ ihn ans Rollfeld fahren. Der Big Boss stieg aus dem Jet. Keine Passkontrolle? »Well done« – Zeit gespart. Bluhdorn wollte

BMWs Vorstandschef treffen, eine seiner Firmen stellte Stoßstangen her, aber am Abend hatte Bluhdorn frei – er lud Willi
in den Bayerischen Hof ein.

Ein gutes Steak, ein noch besserer Rum, Geschäftsgeplau-
der, die Zahlen wären ja erfreulich, es plätscherte dahin – bis
Bluhdorn diese Frage stellte, eine ungewöhnliche Frage, wie
Willi fand, eine, die nach Rausschmiss roch, zumindest stellte
Bluhdorn sie in eigentümlich ernstem Ton: »Sag mal, Willi,
lieben die Deutschen die Amerikaner?« Willi dachte eine
Weile nach, schaute Bluhdorn in die Augen und sagte: »No,
Charlie, not at all. We don't like them, we need them, need
them badly. They are better than the Russians.«

Bluhdorns Blick wurde starr, seine Frau Yvette fuhr hoch.
»Charlie«, rief sie in spitzem Pariser Akzent, »hörst du das?
Die Wahrheit! Jetzt hörst du mal die Wahrheit.«

Erst Jahre später würde Willi verstehen, was Bluhdorn so
verblüffte und Yvette entzückte. Für Mächtige ist Wahrheit
ein knappes Gut. Die Menschen treten ihnen verstellt entgegen, gerade die eigenen Angestellten. Je wichtiger die Manager, desto mehr maskieren sie die Wahrheit; und Widerworte
finden sie gar keine mehr. Das ärgerte Bluhdorn so, dass er
begonnen hatte, Widerspruch zu erzwingen. Einmal saß er
mit Paramounts Präsidenten im Whirlpool und schleuderte
ihm groteske Filmideen entgegen. »Wie wäre es damit: Sit-
ting Bull trifft Adolf Hitler?« Oder: »Eine Folge der Baseball-
Kinderserie Die Bären sind los – und Fidel Castro erzielt den
entscheidenden Home Run?« Schaler Einwand des Topma-
nagers: Vielleicht wäre es besser, die Amerikaner gewännen,
nicht der Kubaner.

Der Angestellte Willi aber hatte Bluhdorn gesagt, was
er wirklich dachte, nicht, was der hören wollte – wie es ein

Freund tut oder ein Mitarbeiter von Format. Der Ton des Gesprächs änderte sich. Charlie erzählte von seiner Kindheit in Wien, von der Flucht seiner Eltern vor den Nazis, von der ersten Million, die er machte; und Willi von seinen Kindern, fünf Mädchen, von der hundertjährigen Fichte hinter seinem Haus. Ab und an fehlte Willi der englische Begriff, dann kramte Charlie in seinem Jugendwortschatz und half aus. Und später gab er Willi den Schlüssel des Wagens, den BMW ihm geschenkt hatte, und Willi fuhr im 3er mit Zollnummer nach Hause und mit Charlies Einladung nach Washington, wo er einem Senator mal seine Meinung zum Ruf der Amerikaner erklären müsse, und überhaupt, im Geschäft müsse er auch mehr Verantwortung übernehmen, Charlie würde auf ihn zukommen.

Eine kleine Ehrlichkeit hatte Willis Leben verändert.

Von da an saß er oft als Beisitzer in den High-Level-Treffen des Managements, und nachdem alle ihre hochbezahlte Meinung gesagt hatten, fragte Charlie: »Willi, what do you think?« Und so wie Willi sich nicht scheute, über Brando, den fast alle ablehnten, zu sagen: »I like him«, stellte er sich gegen diesen italienischen Verleger, den alle mochten und der ihnen seinen Großverlag verkaufen wollte: »I don't trust him.« Und beide Male hatte Willi recht. So wie Brando ein glänzender Pate wurde, stellte sich bei den Italienern später heraus, dass ihre Bilanzen gefälscht waren. Viele Millionen kostete das Charlie; als Willi ihn mal darauf ansprach: »Wie konntest du nur?«, sagte Charlie: »Willi, wer nicht bereit ist, Millionen zu verlieren, wird niemals Milliarden gewinnen.« Und Willi verstand, dass er ein guter Ratgeber war, aber kein guter Entscheider. Sein Platz war im Schatten. Aber seine Ehrlichkeit bewahrte er sich, auch wenn viele High-Level-

Manager die Augen verdrehten, wenn er die Stimme erhob. Dieser »Kraut«, er gab ihnen ein Rätsel auf, kein Titel, nur der Name stand auf seiner Visitenkarte, und in ihrem Turm am Central Park, wo die Wichtigkeit von unten nach oben wuchs, saß er, der nicht mal ein eigenes Büro besaß, einfach bei Charlie, ganz oben, im siebenunddreißigsten Stock, über allen, drei Stockwerke über Vice President Jerry Sherman. Einige hielten Willi für Charlies Bruder. So wie sie im Doppelpack angestürmt kamen und mit eigenem Fahrstuhl nach oben rauschten! Gleiche Größe, gleich alt, graue Anzüge, das Gesicht fleischig, dunkel gerahmt von Haaren, Brillen und buschigen Brauen. Beide hatten diesen harten Akzent und übersprangen brüsk jeden Small Talk, der eine, weil ihm die Zeit, der andere, weil ihm der Wortschatz fehlte.

\* \* \*

Während Willi und ich so sprachen, dehnten sich die Kaffeepausen bis in den Abend. Ab und an schwiegen wir zusammen, ich brachte Willi eine Decke, kochte ihm einen Kaffee, schmierte ihm sein Honigbrot, was sonst Helga, Susanna oder Franziska taten. Irgendwann mussten wir auch nicht mehr im Gespräch sein, dass ich solche kleinen Dinge für ihn übernahm. Wenn ich mit meinem Rechner im Garten saß und er durch die Tür trat, konnte ich sehen, was er brauchte.

Es war die nächste Stufe beim Zusammenwachsen, das, was wir selbst leisten konnten, was nicht Sophia für uns erledigen musste. Oh, es regnete draußen, in Schnüren, der Himmel grämlich grau, die Wiesen matschig, in der Früh noch vorm Kaffee leise die Tür zu Susannas Apartment geöffnet, »Paula« geflüstert, und los ging es, im Südwester, den Kragen hochgestellt, das Wetter trotzdem ein Schlag ins Gesicht, und die Rückkehr, in der Hand ein Handtuch, acht verdreckte Pfoten, Schlamm bis zum Fellbauch, in der Eingangstür, gebeugt, schwitzend, beschlagene Brille, die Hunde auf ständiger Flucht. Oder Helgas Kastenwagen fuhr vor, zwei Tüten hebt sie hinaus, voll bis oben, Tomaten, Erdbeeren, eine Ananas, Orangensaft, Willis Radler, Dosensuppen, Hering in Sahnesoße, griechischer Joghurt, Zimt-Milchreis, Zwiebeln, Olivenöl, ein Kilo Hack für die Fleischpflanzerl, die auch Sophia, Susanna, Franziska und Lorenz so gerne essen, Schlagrahm, Gouda, Eis am Stiel, sehr viele Birnen, sie waren im Angebot, jede Tasche zehn Kilo schwer, und niemals käme Helga auf die Idee, Franziska oder mich zu bitten. In Etappen würde sie die Tüten den langen Weg hinaufschleppen, mit ihrem Arm, den sie sich, bei Eis und Schnee, auf dieser Treppe gebrochen hatte, der leidlich zusammenwuchs, weil mit achtzig die Knochen nicht mehr sind, was sie mal waren. Also weg vom Schreibstuhl, ihr entgegen, »Ach Lorenz, das geht schon, ist eigentlich ganz leicht«, ihr die Tüten aus der Hand genommen. »Stell sie einfach vor die Tür.« Die Taschen durch die Tür getragen, auf den Tisch gestellt, neben das Glas mit den Hundebonbons und die flache Box mit Willis Medikamenten, zwölf Pillen jeden Tag, so konnte Helga zur Linken den Hering, den Joghurt und den Gouda in den Kühlschrank räumen und die Erdbeeren, die Zwiebeln, Flaschen und Dosen zur Rechten in ihre legendäre »Speise«, die Kammer, die der Architekt hinter eine weiße Holztür zur Außenwand hin gebaut hatte, nicht ahnend, was da alles reinpassen würde. Und während sie so räumte, ging ich und fühlte mich besser, und Helga, dachte ich mir, sich auch.

Ja, warum die Menschen zusammenleben, wenn es so viel Mühe bedeutet, wenn die anderen immer wollen, was man selbst nicht will, wenn sie einem ihren Willen, ihre Kamellen, ihre Ängste, ihre Sorgen aufzwingen, wenn sie unmöglich sind, einem über dem Kopf herumtrampeln, so laut niesen, lachen und telefonieren, wenn sie wie Susanna Kuhpansen kochen, wie Helga auf der Herdplatte Brezn aufbacken wollen und sie über einem Telefonat verkohlen lassen oder wie wir Sophias Windeln im Eingang vergessen, die Frage, was von allem am schlimmsten riecht, ist im Haus noch nicht geklärt – warum also, fragte ich Anna Machin, nehmen wir das auf uns? Mit anderen zu leben, antwortete sie, mag vielleicht mühsam sein, aber ohne sie zu leben, ist unmöglich. »Living with other people may be tiring, but living without them is impossible. We need it to survive.«

Die Liebe, sagt Anna Machin, hat einen einzigen Zweck: unser Überleben. Sie ist in der Evolution angelegt, jede Form der Liebe; alleine ist der Mensch verloren. »Früher mussten wir uns zusammentun, um zu jagen, Wasser zu finden, Werkzeuge zu bauen. Und um zu lehren und lernen. Um Kinder aufzuziehen.« Das hat sich nicht geändert. Und wenn wir uns binden und bleiben, besticht uns die Natur, belohnt uns dafür. Durch einen Cocktail aus Substanzen, durch Botenstoffe im Gehirn, die uns beruhigen und antreiben, die uns schneller, schlauer, gesünder und glücklicher machen. Der erste Botenstoff: Oxytocin. Er entspannt, beruhigt das Angstzentrum im Gehirn, schenkt uns damit Mut. Schüttet der Körper Oxytocin aus, mischt sich Dopamin hinzu, der Stoff, mit dem dein Körper dich belohnt, wann immer du etwas Schönes tust, Schokolade naschen, einen Kuss tauschen. Zusammen schenken die beiden Stoffe Glücksgefühle, wirken wie Dopingmittel.

Sie bringen die Nervenzellen dazu, sich zu verändern, sie steigern, wie Hirnforscher sagen, die Plastizität des Gehirns.

Es knüpft Verbindungen, wächst. Besonders gedopt werden Stellen, in denen das Lernen und Erinnern sitzen. So lernen wir Menschen kennen und erinnern uns, ob sie gut oder schlecht zu uns waren. Die beiden Stoffe bringen dich in die Waage, von einem beruhigt, vom anderen angetrieben. Als dritter Stoff mischt sich Serotonin hinzu, Helfer gegen Schwermut, aber auch Ursache für Zwänge. Nicht gut, wenn Menschen besessen sind; aber in Grenzen besessen ist gut, es lässt uns eine Sache oder einen Menschen mögen, wir bleiben dran.

Nun wirkt Oxytocin nicht auf Dauer. Wir gewöhnen uns daran und brauchen, um lange zusammenzubleiben, einen vierten Stoff: Beta-Endorphin, das Opiat des Körpers. Es lindert, beruhigt, stärkt, hält gesund. Und es belohnt dich, wenn du jemanden berührst oder riechst, wenn du singst, tanzt, all diese Dinge machst, die Menschen verbinden.

Und so halfen diese vier Stoffe Susanna dabei, ihre Kisten im Keller zu vergessen, das Neue zuzulassen; als Sophia anfing zu krabbeln, stellte sie sogar ein Tischlein und einen Marienkäfer-Stuhl und einen Spielzeughof mit Kühen, Schafen, Eseln, Pferden in ihre kleine Wohnung. Und Sophia gelang es bei ihren zunehmenden Besuchen, die ganzen fünfunddreißig Quadratmeter mit Figuren, Karten, Bildern zu übersäen, aus Geschenkbändern konnte sie mit ihrer winzigen Schere Hunderte Schnipsel schneiden, ein Albtraum selbst für den Dyson-Staubsauger, den Helga und Susanna sich nach unserem Einzug anschafften. Albtraum und zugleich ein Lachen, das Susanna nicht gelacht hätte, wäre Sophia nicht in ihre vormals adrette Wohnung gekommen. Keine kleine Sache, wenn man bedenkt, dass unsere erwachsenen Tage im Schnitt nur fünfzehn Lacher kennen, ein Kind lacht im Schnitt vierhundertmal. Machen Lachfalten nicht jung, Susanna?

# 7

# Was stinkt hier so?

»… und zwei weitere Geschichten aus dem Haus«

»Helga, ist der Joghurt noch haltbar?«

»Ja, bis Ende Juli.«

»Welches Jahr?«

»Was?«, schimpfte Helga. »Du Bösewicht!«

Susanna lachte, Helga lachte mit.

Der Witz war ein bisschen unser Running Gag, wieder und wieder neckte ich Helga so, und wieder und wieder fiel sie darauf herein. Begonnen hatte es, als ich, lange bevor wir einzogen, einen Joghurt aus dem Kühlschrank nahm, im Juni, abgelaufen war er im November.

»Mama!«, rief Susanna, die mit dem Ohr bei uns war. Ganz Helga eben.

Zwei Eigenheiten hatte Helga. Gab es etwas im Angebot, kaufte sie es in solcher Menge, dass die Becher, Dosen, Packungen in langen militärischen Reihen in Kühlschrank oder Speisekammer standen, und manchmal eben eine von ihnen vergessen wurde. Und brachte ein Zufall sie nach vorne, ein, zwei oder sieben Jahre nach dem Ablauf dieses Datums, das den Namen »Mindesthaltbarkeit« trug, so hatte sie den Drang, das Gute in der Dose zu sehen: »Wollen wir doch mal schauen, ob das wirklich abgelaufen ist.«

Als wir eingezogen waren, sah ich Susanna öfter durch die Küche rennen, auf die Tür der Speisekammer zu: »Was stinkt hier wieder so?«

Ein kleiner Raum, zweieinhalb Meter hoch, eineinhalb Meter tief, an der Wand ein Regal mit sieben Fächern, jedes Brett so hoch und tief, dass Paula und Leonie sich darin zum Schlafen legen könnten, was sie bei diesem Geruch liebend gerne machen würden. Einmal hatte Leonie, als Helga die Tür offen gelassen hatte, zwei frisch gebratene Enten erbeutet, einen ganzen Nachmittag lag sie kugelrund und lächelnd im Garten, bewacht von Susanna, die bei der geringsten Bewegung eine bedrohliche Magenumdrehung befürchtete. In dem mittleren der sieben Fächer hätte Helga fünf Ein-Liter-Packungen Hafermilch neben neun überdimensionierte Marmeladegläsern, acht Flaschen Karottensaft, sechs Dosen Nudelsuppe und zehn große Gläser »Bio-Buttergemüse mit Hühnchen« stellen können, was sie natürlich auch gemacht hatte – und damit nicht mal ein Drittel dieses einen Fachs gefüllt. Rosinen, Kokosmilch, Kokosflocken, Kürbiskerne, Leinsamen, Johanniskraut, Johanniskraut-Tee, Hafer, Haferkleie, Haferflocken, Sesam, Hanfsamen, Mehl, Minolis, Linsen, Nudeln, Agavendicksaft, brauner Zucker, weißer Zucker – neun (!) Kilo-Packungen, wo ihr der Arzt Zucker verboten hat.

Der Geruch kam von rechts, wo auf weiteren drei Etagen, ergänzend zu dem weltgrößten Obstkorb auf dem Küchen-

73

tisch, »Frisches« lagerte, Netze mit Tomaten sortiert von fest (hinten) bis matschig (vorne), Karotten, sprießende Zwiebeln, Knoblauch, Zucchini, Radieschen, Gurken, oh, schon ein wenig faltig. Aber nein, das war es nicht, da, da hinten, das Graue, mit den langen Trieben, was zur Hölle, mit den spitzigsten Fingern, das Gesicht zur Seite weggeneigt, hinlinsend. »Ein … ein … ein … ein Weißkohl!«

»Mama!«

* * *

Helga. Nie werde ich vergessen, wie wir zusammen in den Urlaub fuhren, zum Camping, in ihrem Auto, 575 Kilometer. »Sechs Stunden dreiundzwanzig Minuten«, zeigte das Navi an, Franziska fuhr, Helga saß auf der Rückbank, und ich drehte meinen Kopf nach links, und wir redeten, dies und das. Nach ein, zwei Stunden sprach nur noch Helga, und auf einmal waren wir da. Sie erzählte aus ihrem Leben, sie drehte an der Zeit, verlangsamte sie, reiste mit uns in die Vergangenheit und beschleunigte so die Gegenwart. Wie die Straßen, Berge, Felder und Häuser zogen die Minuten vorbei. Helga war, wie auch Willi, ohne Mutter aufgewachsen. Sie starb bei ihrer Geburt. Ihr Vater war ein solcher Despot, dass seine Schwester sich nur noch zu helfen wusste, indem sie mit dem Jagdgewehr auf ihn schoss. Als seine erste Frau ihn verließ, fuhr er ihr heimlich hinterher und entführte aus dem Garten ihre beiden Kinder. Danach schwängerte er das Kindermädchen, das er rauswarf, als sie sich heimlich die Nase richten ließ. Helgas ältere Halbschwester Friedel kam auf die Welt, auch sie nahm er zu sich, behütet vom nächsten Kindermädchen, neunzehn Jahre alt, das er wieder schwängerte. Heidelinde kam auf die Welt, und das Kindermädchen wurde nun mit Helga schwanger, aber bevor sie geboren wurde, zerbrach alles. »Dieses Kind werde ich nicht überleben«, sagte sie voraus und starb zehn Tage nach Helgas Geburt. Dieses Kind aber, das den Vater im Gegensatz zu den anderen Entführten gebraucht hätte, nahm er nicht zu sich, ein Jahr lang ließ er Helga im Heim, ohne einen Grund zu nennen, als verschüchtertes Würmchen zog sie schließlich in die alte, für Erwachsene gebaute Villa ein, empfangen vom nächsten Kindermädchen, der grauhaarige Kommerzienrat hatte keine Zeit, er beschäftigte in seiner Porzellanmanufaktur 500 Menschen, ihr Porzellan hatte 1904 auf der Weltausstellung in St. Louis die Goldmedaille gewonnen. Als ich von Hamburg nach München zu Franziska zog, befanden sich in ihrem WG-Schrank Teller und Tassen, von denen keines zu dem anderen passte. Franziska hielt sie heilig, Geschirr, feiner, als ich es kannte, mit Goldrand und mit Rosen bemalt, von Urgroßvater Fritz. Was für ein Mensch er war, wusste sie nicht. Familie ist nicht immer gut.

Ich sah Helgas Sehnsucht nach großer, heiler Familie in neuem Licht. Ihr selbst war sie als Kind versagt. Ihr Vater sah sich allein in der Rolle des Versorgers. Spielzeug und Reitstunden, den drei Mädchen mangelte es an nichts, außer an Wärme und Fürsorge. Alles, was der Vater neben der Fabrik verdiente, Dividenden oder Aufsichtsratsbezüge, legte er für die Töchter an. Heidelinde steckte das Geld in Haute Couture, einen Porsche, Champagner und Zigaretten, worüber sie früh den Tod fand. Friedel lebte ein Hippie-Leben, wandelte frei durch die Welt. Helga bezahlte damit ihr Reihenhaus bei München, dann lasen sie und Willi im Winter 1961 eine Annonce: »Haus im Grünen,

Stadtnähe, zwölf Räume, renovierungsbedürftig, Grundstück 3000 Meter im Quadrat«, und Helga und Willi stiegen in ihren Opel und fuhren hin, eine lange Straße, auf der Anhöhe alle fünfzig Meter eine Villa. Eine ältere Dame öffnete ihnen, ihr Mann, ein bekannter Wissenschaftler, war vor einem halben Jahr gestorben, Kinder hatten sie keine. Was brauche sie zwölf Räume?, sagte die Dame. Wofür einen solchen Garten?

Ah, Sie haben Kinder! Und der Großvater zieht auch mit! Nun, da will ich Sie gerne unterstützen. Zahlen Sie mir einfach den Wert des Grundstücks. Das Haus muss eh renoviert werden. Ob sie das Grundstück gegenüber auch wollten? Für 30 000 Mark?

Ach nein, sagte Willi, muss man sich nur drum kümmern. Rasen mähen, Schnee schippen. Nun ja, hatten sie halt einige hundert Tausender verschenkt. Wer konnte auch wissen, wie sich die Grundstückspreise bei München entwickeln würden.

Am 21. November unterschrieben sie beim Notar die Urkunde, die Familie wuchs, das Leben war ohne Schwere. Helga malte, reiste, durch Willi lernte sie aufregende Menschen kennen, Burda wollte sie als Mannequin, ein Maler als Muse, ein Professor sah in ihr eine Künstlerin. Sie verzichtete, die Familie war ihr wichtiger, ab und an spielte sie in Filmen mit, und sie liebte es, unerkannt einkaufen zu gehen, in Paris, nach einem Kaffee mit Romy Schneider einen Regenschirm, in Rom nach dem Baden mit Claudia Cardinale einen Kissenbezug, in New York, während Willi und Charlie mit bitterer Mine neben ihrer Gulfstream II standen und auf die Uhr schauten, ein Joghurteis und einen Pullover in Übergröße, sie liebte Übergrößen, und Amerika war ein Paradies für Wallegewänder. Wie die Frau

76

sie musterte, zu der sie in den Kaufhausaufzug gestiegen war: »What are you doing here?«, fragte sie spitz. Charlies Chauffeur Owen hatte in der Zwischenzeit im Hotel ihre Sachen gepackt und auf die letzte Sekunde an den Flughafen gebracht.

Helga, Franziska und ich waren auf dem Campingplatz angekommen, und während ich mit dem Blasebalg die beiden Matratzen aufblies, breit, rückenfreundlich, man ist mit Mitte vierzig schließlich nicht mehr der Jüngste, errichtete Helga mit Franziskas Hilfe eine Lounge: roter Teppich, lila Stühle knallgelbe und türkise Tücher. Danach schwebte sie im Wallegewand zum Strand, die Nacht würde sie ja im Auto schlafen, nach einem Abendessen aus Quark und Leinöl, Ernährungskur nach Dr. Budwig. Schadet nichts, ein paar Kilo zu verlieren, wenn man so jung bleiben möchte, wie man sich verhält. Mit ihrer Art hätte sie gut mit den »Fridays for Future«-Schülern zelten können, die ich vergangenes Jahr für eine Reportage für die *Süddeutsche Zeitung* begleitet hatte. Vieles hatte sie mit ihnen gemein. Ihren freien Geist, ihre Lebensfreude und die Frage: Warum bestimmt eigentlich das Mindesthaltbarkeitsdatum, wann du ein Nahrungsmittel wegwirfst? Ein verantwortungsvoller Mensch wirft nicht einfach weg, erst recht kein Essen.

Nein, es gibt keinen Grund, sich über ihre Speisekammer lustig zu machen. Lieber was lernen von den Alten. Ihr gelebtes Wissen steht auf einer Stufe mit neuer Wissenschaft. Ein gekühlter, geschlossener Naturjoghurt hält länger als ein Jahr. Und sich das Essen anschauen und daran schnuppern, ist natürliche Klugheit, so überlebten Helga und die Menschheit die Zeit vor 1981, also vor der Erfindung des Mindesthaltbarkeitsdatums.

Ich änderte meinen Ton, wenn ich was zu Helgas Vorräten

sagte, es steckte Wohlwollen, Respekt darin. Und ein bisschen liebevolle Neckerei. Ich mag ja so sehr ihr: »Du Bösewicht!«

* * *

Alte Alben entdeckt, in Willis Büro. Runter damit in die Küche, Fotos anschauen. Jahrzehnte auf dem Tisch. In Farbe, in Schwarz und Weiß, staubig, gelbstichig. Franziska, Susanna, Helga, Willi – alle reden durcheinander.

»Wie weiß das Haus ist, ohne das Efeu.«

»Alle Fenster haben wir neu machen lassen. Mit Doppelglas. Sind leider nicht mehr die schönen Sprossen drin.«

»Früher lag viel mehr Schnee als heute.«

»Im Garten hatten wir die ganzen Kinder der Nachbarschaft zu Besuch. Manchmal zwanzig Jungen und Mädchen auf einmal.«

»Ist das Kirk Douglas?«

»Ja.«

»Robert Redford?«

»Mit ihm haben wir in Österreich gedreht. Downhill Racer.«

»Wo ist denn das mit Hitchcock?«

»Im Bayerischen Hof. Der hat beim Essen jeden Gang doppelt bestellt: Suppe und Vorspeise, Steak und Fisch, Eis und Kuchen.«

So geht die Zeit dahin. Jeder hat was zu sagen, auch Sophia.

»Papa?«

»Ja?«

»Die ... die ... die ...«, hebt sie an, die Stimme dünn, sie bringt die Gedanken in die richtige Reihenfolge.

Alle warten geduldig, zehn Ohren gespitzt.

»Ja?«, ermuntere ich.

»Die ... Leonie hat Pfotenschuhe an.«

»Jaaaaah.« Glückliche Gesichter, unten und oben. Und keiner Erwähnung wert, wäre nicht dieser Augenblick, einige Minuten später. Wieder reden alle, diesmal hebt Willi an.

»Als ... als ...«, sagt er, die Stimme dünn, die Gedanken in die Reihe bringend.

Stille. Es dauert. Und schon spricht einer weiter.

»Schau mal, wie viel Schnee damals noch lag.«

So ist es, wenn Kinder sprechen. Und so ist es, wenn Greise sprechen. Den Kindern schenken wir Aufmerksamkeit.

Vielleicht hätten wir was von Willi gelernt. Vielleicht hätten wir gelacht; er erzählt gute Witze. Vielleicht hätten wir etwas gehört, was wir nicht wussten, einen kleinen Skandal, eine verborgene Verrücktheit. Oder wir hätten eine der Geschichten gehört, die wie ein familiärer Geheimcode sind, die allen das Herz öffnen, uns verbinden, die nur auffallen, wenn sie nicht da sind, wie am Geburtstag der gedeckte Apfelkuchen, wie an Weihnachten die ewig gleiche Liederfolge oder Sonntagabend die ewig gleiche Krimireihe. »Als euer Vater ...« – »Als eure Mutter ...« – »Als ihr ...« – »Als die Oma ...« – »Als die Helga ...«

Ja, seine Helga.

Als sie mal wieder den Deckel nur drauflegte auf die Ketchup-Flasche, und Willi hat geschüttelt ...

Als ihr Film Frühstück bei Tiffany Premiere hatte, mit großer Tombola, Tiffany hatte eine Perlenkette gespendet. Und wer zog das große Los?

Als sie die Handtasche mit allen Gagen über den Stuhl hängte – und vergaß.

Als … als … als … Geschichten, die alle lieben. Man muss ihnen nur eine Chance geben, das Alter respektieren und nachsichtig sein.

So aber schwieg Willi.

★ ★ ★

Im Garten. Die Hunde im Schatten, Sophia in ihrem Tipi, Bilderbücher um sich herum. Susanna an der Kaffeemaschine, Franziska im Pool, wie wir das aufblasbare Becken für 100 Euro aus dem Baumarkt nennen. Helga auf der Holzliege, über den Augen ein ovaler blauschwarzer Sonnenschutz, wie ein lustiges Insekt sieht sie damit aus. Und Willi, thronend, auf seiner erhöhten Liege. Da fehlte doch irgendwas.

»Wo hast du denn deine Kreuzworträtsel?«

»Die mache ich nicht mehr.«

»Was?«

»Weil ich's nicht mehr lesen kann.«

»Wie?«

»Meine Gesichtslähmung.«

Ja, er hatte mal davon erzählt. Eines Morgens wurde er wach, die linke Seite hing, und er roch und schmeckte nichts mehr. Er erholte sich, die Züge rutschten wieder dahin, wo sie hingehörten.

»Das ist wieder schlechter geworden. Wenn ich länger lese oder fernschaue, fällt das Lid runter. Ich muss dann so machen …« Mit Zeigefinger und Mittelfinger hielt er das Lid nach oben.

»Und der zweite Grund: Dass so viele Wörter abgefragt werden, die ich nicht kenne. In den vergangenen zwanzig

Jahren ist eine neue Sprache entstanden, Wörter, die ich nicht mehr kenne.«

»Oh«, sagte ich. »Seit wann machst du keine Rätsel mehr?«

»Seit Herbst.«

Ich schwieg und schämte mich. Weihnachten hatten wir ihm Kreuzworträtsel geschenkt.

Ach, würden alte Menschen solche Sachen doch gleich erzählen.

Oder besser: Würden wir mehr hinschauen, damit sie solche Sachen gar nicht erst erzählen müssten.

# 8

# Altern für Feiglinge

»… und ein Anzug«

Nach dem Gespräch hatte ich beschlossen, mehr achtzugeben.

Am Morgen, bevor ich aus dem Haus eilte, mit offener Jacke, den Schlüssel oder den Geldbeutel vergessend, der S-Bahn entgegen, streckte ich nun den Kopf in die Küche, ob Willi schon dasaß, mit seinem Müsli und seinem Orangensaft. Und am Nachmittag, wenn Helga unterwegs war und er noch nicht unten, schaute ich in sein Zimmer rein.

»Kein Kaffee?«

Neben seinem Schlafzimmer ein gerahmtes Foto an der Wand, er und Charlie im Gespräch, Willi in meinem Alter, Trenchcoat, Anzug, Krawatte, breite Brust, ebenes Gesicht, Sonnenbrille, der Schopf dicht, Charlie lauscht, ihre Gulfstream wartet, gleich fliegen sie los, Geschäfte machen, Geld bewegen und die Welt.

Derselbe Mann ein halbes Jahrhundert später: im Bett,

im langen Unterhemd, die Brust schmal, der Hals zu dünn für den Kopf, das Haar weiß und dünn, ein Lid hing ein wenig. Seine Zähne: gerade. Einer davon echt. Das Gesicht fahl, fahler, als es mir lieb war, fahler als noch vergangenes Jahr.

Wie lange er brauchte, um sich aus dem Bett zu heben. Wie seine Hand den Rollator suchte, ihn Zentimeter für Zentimeter näher an sich heranzog. Wie er sich darauf stützte, bis zur Tür, dann der Türrahmen, das Holzgeländer. Ging er einen Schritt, lief er wie in Zeitlupe. Die Treppe. Stufe für Stufe, stapfend, Willi musste hören, dass die Füße ankommen. Sein Rückgrat quetschte einen Nerv, die Leitung zu den Füßen war gestört, die Haut unter seinen Sohlen fühlte sich an wie ein Schwamm. Mit dem Klang des Aufsetzens vergewisserte er sich, ob seine Füße fest auf dem Boden standen. Jeder Schritt eine Gefahr. Er ging auf Wolken.

Wie lange er brauchte, um vom Flur zur Küche zu gehen, zum Garten, dort, gestützt auf den zweiten Rollator, zum Stuhl, rückwärts einparken, aah, Füße hoch.

Grauweiße Wollsocken in flirrender Sonne.

»Ist dir nicht zu warm?«

»Ach, bis ich die wieder anhätte …«

Er nestelte mit zitternder Hand am Reißverschluss seiner Jacke.

»Soll ich helfen?«

»Das muss ich schon noch alleine machen.« Nach einer Minute gab er auf.

Er schaute auf seine rechte Hand, die in seinem Schoß tanzte. »Ich kann der Sophia winken, ohne die Hand zu bewegen.«

Er lächelte.

»Und wie Sophia trage ich eine Windel.«

»Eigentlich habe ich nur zwei Probleme«, sagte er weiter. »Meine Füße und meine Blase.« Eine Faltenblase. Sie sammelte nicht mehr. Und es lief nach, ohne dass er es merkte.

»Zur allgemeinen Belästigung meiner Mitbewohner«, sagte Willi, nicht mehr lächelnd.

»Nein, Willi, du belästigst nichts und niemanden. Du bist bald fünfundneunzig.«

»Was ich nicht gedacht hätte: dass das Alter auch mein Reden verändert.«

»Weil du langsamer sprichst?«

»Nein, ich kann nicht mehr alle Worte sprechen.« Seine Zunge erstarrte vor Worten, so wie seine Füße vor dieser schmalen Bodenleiste zwischen Flur und Küche kapitulierten. Einst huschte er drüber, ohne sie zu gewahren.

Und als ich Willi so sah, auf alten Fotos und heute, und als ich Willi so zuhörte, von seinem Leben früher und heute, empfand ich mit, und ich begann zu begreifen, was ich zwar gewusst, aber doch nie wirklich verstanden hatte.

Das Alter ist ein Räuber. Und Willi hat es geradewegs ausgeplündert.

Den sicheren Gang hat es ihm geraubt, auch auf die Toilette.

Und das Reisen. Die Sommer in Dei Fiori, wo ihn Alexandra und Ali, die Rezeptionistin und der Handtuchverkäufer, noch heute Jahr für Jahr grüßen lassen. Die Winter auf Gran Canaria, wo er Vorsitzender der Apartmentanlage war, lauter Deutsche um sich herum, in der »Calle Bremen«, die nicht verstanden, was er, der Vielgereiste, verstand, andere Länder, andere Sitten. Wer einen Handwerker wollte oder einen Bescheid der Behörde, durfte nicht, wie im Sauerland, den direkten, den offiziellen Weg gehen, er musste etwas von Umwegen kapieren, von den richtigen Worten und der richtigen Zahlung im richtigen Augenblick. Wie damals, als er als Aufsichtsrat der größten Zuckerfabrik der Welt mit Russlands Apparatschiks eine Absprache treffen musste, die zwar nicht ganz legal, aber für beide Seiten erfreulich war.

Ja, und seine Zähne hatte ihm das Alter geraubt, seinen Geruchssinn, seinen Geschmack.

Und damit das Essengehen, seine liebsten Speisen, Steak, Salat. Abends nun legte Sophia die Hände über die Ohren, wenn Helga den Mixer anwarf, Reis, Erbsen, Fleischpflanzerl, Ravioli, nichts, was nicht für Willi gemixt werden konnte. Nur gemixter Wurstsalat, der war, wie Helga sagte, »eklig«. Und wenn es schnell gehen musste, gab es für Willi Hipp-Gläschen, noch eine Sache, die er mit Sophia teilte, wobei sie, musste man sagen, mit drei Jahren da rausgewachsen war.

Wir saßen in der Küche, drei Stunden, und sprachen und sprachen. Kalt war es, er trug ein Fleece mit Katzengesichtmotiv über die Schultern, Leonie wollte raus, sie musste warten, er wollte nicht unterbrechen, ich wollte nicht unterbrechen. Auch über den Tod redeten wir, ob er nicht hundert werden wolle. Nein, sagte er, überhaupt nicht.

»Im Verhältnis zu dem, was ich die letzten achtzig Jahre gehabt habe, ist das jetzige Dasein unerfreulich.«

Pause.

»Ich kann nicht mehr lesen, ich kann nicht mehr richtig fernsehen. Ich kann keine Rätsel mehr lösen. Ich kann nicht mehr gehen. Nicht mehr runtergehen und raufgehen, nur wenn links und rechts ein Handlauf ist.«

Pause.

»Und dieses Leben ist nicht unbedingt lebenswert. Für das, was ich vorher gehabt habe, ist das ein arger Abstieg.«

Pause.

»Und darum meine ich, tot … Am schönsten wäre es, wenn ich einschlafe und beim Aufwachen feststelle, dass ich nicht mehr …«

Er lachte.

Er wurde wieder ernst.

»Die Erkenntnis, dass nichts mehr besser wird, ist das, was einem schwerfällt. Wenn du mit fünfzig eine Krankheit hast, Lungenentzündung, dann weißt du, du kriegst das hin. Es ist schwierig, aber du musst das oder jenes machen, und du kriegst es wieder hin. Keiner stirbt mit fünfzig an einer Lungenentzündung, wenn er Medikamente bekommt, genauso wie ich mit zweiundsiebzig nicht gestorben bin, sondern die Bypass-Operation bekommen habe, die mir jetzt über zwanzig Jahre geschenkt hat. Wo der Professor gesagt hat: Das hält zehn Jahre. Und das war für einen, der zweiundsiebzig ist, eine tolle Prophezeiung, dass du zweiundachtzig wirst. Aber nicht vierundneunzig. Das war ein Irrtum.«

Pause.

»Wo sind eigentlich unsere Frauen?«

»Helga ist einkaufen.«

»Sie sagt, sie kauft eine Kaffeesahne, und kommt zurück mit zwei Tüten, jede fünfzehn Kilo.«

Minuten später öffnete sich die Tür. Helga, feixend:

»Es war Black Friday in Jamaika.«

»Was hast du denn eingekauft?«

»Deine Lieblingssuppen. Und Wurstsalat, den ich heute machen will.«

Nicht püriert, den konnte Willi noch mit der Zunge am Gaumen zerdrücken. Wie Weißwürste.

»Ich mache ihn bald, dass du nicht hungern musst.«

Er schaute liebevoll.

* * *

Mit gefrorenen Füßen gingen wir nach oben. Willi voran. Schritt für Schritt.

Was das Alter mir wohl rauben wird?, dachte ich. Werde ich mit fünfundneunzig überhaupt noch leben? Werde ich auch auf Wolken gehen? Meine Ravioli schlürfen müssen? Windeln tragen?

Ich wollte mehr über das Altern wissen. Darüber, wie Willi sich fühlte in seinen Neunzigern, wie Helga sich fühlte in ihren Achtzigern und Susanna sich in ihren Sechzigern, und solch ein Haus machte es einem dabei leicht. Lebten Franziska und ich wie vorher, so wie alle unsere Freunde lebten, als Kleinfamilie, mit Arbeit und Kita, Alltagssorgen und Zukunftsplänen, wüsste ich nichts über das Alter. Arglos wäre ich, dem Räuber wäre ich unvorbereitet ausgeliefert. Das Altsein war weit weg, obwohl es näherrückte. Ich hatte − nach der Statistik − mehr als die Hälfte meiner Tage verlebt. Aber ich hatte es nie so empfunden. Erst hatte Franziska, die zehn Jahre jünger ist, dann Sophias Geburt mein Altern verschleiert, die Vorsorgeuntersuchungen in meinem Leben hießen U1, U5, U8, drehten sich um Sophia und waren dafür da zu schauen, ob die ersten Worte kamen, die Füßchen schön liefen und die Impfung gegen Kinderlähmung und Masern pünktlich erfolgte.

Alter war das, was, auch räumlich weit weg, im Saarland

meine Eltern ereilte, die zu Großeltern geworden waren, und die, wenn ich sie besuchte, grauer und schwächer wurden. Auch sanfter erschienen sie mir, sie schauten mich anders an, zärtlich, liebevoll. Gerührt trug ich diese Blicke mit mir zurück nach München, sie wärmten mich über Monate, aber verwirrten, ängstigten mich auch. Meine Eltern durchlebten ihren Herbst. Sie bestellten ein letztes Mal ihr Feld. Und nahmen im langsamen Takt Abschied. Wer weiß, was der nächste Tag bringt? Sie gingen auf die achtzig zu.

Da ich Mama und Papa nicht Tag für Tag sah, konnte ich das verdrängen, mich so fühlen, als wären meine Eltern für immer da, die neuen Bilder konnten sich nicht über die alten schieben. Dachte ich an meinen Vater, hatte er schwarze Haare, und ich sprang ihm auf den Rücken, wenn er das Feuer schürte; und meine Mutter nahm mich auf dem Sofa in den Arm, gemeinsam sahen wir Wetten, dass..? Oder wir suchten Pilze im Laub oder kehrten in La Tranche-sur-Mer vom Strand zurück und kauften eine Honigmelone, ich kann sie heute noch riechen, auch das Meer und die Pinien, die Kindheit so nah. Ich war entkoppelt vom letzten Drittel des Lebens, wie es wohl viele sind in dieser Gesellschaft, in der die Jugend oft zum Arbeiten in die Städte geht und das Alter in seinen Häusern in Dörfern und Vororten zurückbleibt, vor dem Tod noch einen Zwischenstopp in Heim oder Residenz. Erst als wir in dieses Haus zogen, zu Franziskas Familie, wurde das Altern Teil meines Alltags. Spät, wenn ich bedenke, wie es früher war. Früh, wenn man sieht, wie wir heute leben. Aber heute ist nicht alle Tage. Das sagt nicht nur mein geliebter Cartoon-Hase Bugs Bunny, sondern auch Andrew Scott, der weltbekannte Soziologe: Die Generationen werden ihre Trennung überwinden, Jung und Alt erneut zusammenfinden.

Und wir werden wieder früher im Leben dem Alter und dem Tod begegnen. Und sie werden uns nicht mehr überraschen und damit ein wenig von ihrem Schrecken verlieren. Ja, es war ein Privileg, in diesem Haus zu leben. Augenöffnend.

* * *

»Was ist denn das?« Susanna schaute mich fragend an, als ich die Kiste an ihr vorbei auf das Sofa im Eingang wuchtete.

»Ein Alterssimulationsanzug.«

»Ein was?«

»Das ziehe ich an und fühle mich wie achtzig oder neunzig. Wie Helga oder Willi.«

Gemeinsam brachten wir die Kiste in Helgas Vorraum. Sie war gerade auf Zypern. Blick auf die Broschüre: »Alt sein? Unvorstellbar? Machen Sie den Alltagstest.« Ein Anzug der Caritas Pfaffenhofen, der Pfleger und Pflegerinnen lehrt, sich einzufühlen.

Zuerst die Beine. Manschetten um die Fesseln, schwer wogen sie. Dann Bandagen um die Knie, sie versteifend.

Die Arme: Gewichte um die Unterarme. Bänder um die Ellen. Handschuhe, die Finger fesselnd.

Der Rumpf. Zehn Kilo wog die Weste. Die Wirbelsäule gekrümmt, das Becken gekippt.

Der Kopf. Eine Halskrause, ein Ohrenschutz, der die hohen Töne schluckte, das Radio erlosch, kaum ein Wort verstand ich mehr. Danach die Schutzbrille.

»Ich will auch eine Taucherbrille«, rief Sophia.

Die Brille veränderte die Welt. Das Zimmer färbte sich fahl, gelblich, der Blick nach unten unscharf, der Blick durch die Mitte gekörnt, auf einmal blendete die Lampe.

Ich stand auf, wackelig. Ich schlurfte zur Treppe, die Willi täglich bezwingen musste.

Leonie schaute besorgt, Susanna lachte, Franziska filmte, Willi schüttelte den Kopf. Sophia beharrte: »Ich will auch so eine Taucherbrille.«

Tapp, tapp, tapp.

»Wie der Opa, das klingt wie beim Opa«, hörte ich gedämpft Franziska rufen. Ich schwankte, musste den Handlauf greifen, um nicht zu fallen.

Tapp, tapp, tapp.

Oben Willis Rollator, gleich ging es schneller.

»Ich lege mich mal in dein Bett«, rief ich zu Willi runter. Ich sah die Höhe des Betts, das Handtuch seitlich, den Griff darüber zum Hochwuchten – und erlebte, wie nützlich sie sind. Als ich durch sein Zimmer stakste, achtete ich darauf, nichts zu berühren. Willi hatte mir mal erzählt, dass die Sachen um sein Bett herum einen festen Platz hätten, dass er sie tasten könne, sie nicht sehen müsse, um sie zu erreichen. Kopf drehen, Rumpf drehen, ging nicht.

Willi sah mich an, als ich nach ewigen Zeiten zurück in die Küche kam, mich ihm gegenübersetzte.

»Ich glaube nicht, dass dieses Ding da dich fühlen lässt, was ich fühle.«

Das Zittern der Hände. Das Hängen des Lids. Den Tinnitus. Die Schwammsohle. Die ganze verfluchte Hilflosigkeit.

Er hatte recht. Ich hatte nur den Hauptanzug, nicht das ganze Zubehör ausgeliehen, den COPD-Simulator, der einem den Atem raubt, den Knieschmerz-Simulator, die Überschuhe für schwammiges Gehen, die Simulatoren für Rundrücken, Tremor, Tinnitus und Rückenschmerz. Mir reichte schon dies: Wie mir der Schmerz in die Gelenke kletterte, wie ich mir das Geschirr reichen lassen musste, wie ich daran scheiterte, den Löffel zum Mund zu führen – ich sah ihn einfach nicht. Ich hielt die Schale Haferflocken, aus der eben Sophia gegessen hatte, genau unter den Mund, um nicht alles zu verkleckern, einen Tremor wie Willi brauchte ich nicht mal dafür. Sophia saß mit den größten Augen auf meinem Schoß.

»Ich will ein Honigbrot«, verlangte sie, als das Spiel begann, langweilig zu werden.

Ich griff nach dem Messer, schief und locker lag es in meiner Hand, langsam musste ich streichen, dass es nicht gleich rausfiel.

»Also, du kannst das besser«, sagte Susanna zu Willi.

Ich atmete auf, als ich, verspannt und verschwitzt, den Anzug nach einer läppischen Stunde wieder auszog.

»Alter ist nichts für Feiglinge«, stichelte Willi, diesen alten lustigen Spruch, ich hörte erstmals die bittere Note daran, und in mir stieg der Wunsch auf, es gäbe da eine Anleitung: Altern für Leute wie mich. Altern für Feiglinge.

Willi schlurfte derweil zur Treppe. »Ein Unsinn, das Ganze«, sagte er. »Die haben dir den falschen Anzug gegeben. Wir brauchen einen, der dich fühlen lässt wie fünfunddreißig.«

# 9

## Last summer?

»… und die Erfinder«

Franziska schreckte auf.

Die Sonne schickte ihre ersten Strahlen, lila leuchtete das Laken, das wir als Ersatz für eine Jalousie vor das Fenster spannten.

War was?

Blick zu Sophia. Franziska musste lächeln. Wie sie brettlbreit dalag, die Füße auf mir, drei Schnuller um sich herum. Franziska zog sie zu sich, legte die Decke über sie. Ihr kleiner Körper seufzte kurz, hob und senkte sich im gleichmäßigen Atem, sofort kroch Sophias Wärme zu ihr rüber. So ein kleiner Ofen. Schwere legte sich über Franziskas Lider.

Willi sammelte noch einmal alle Kraft.

»Hilfe.«

»Hiiilfe.«

In was für ein Unglück war er da geraten? Er wollte nur

ins Bad, die verflixte Faltenblase. Achtsam hatte er Fuß vor
Fuß gesetzt. Die Bandscheibe drückte mal wieder, seine Fuß-
sohlen schwammig. Toilette, zum fünften Mal diese Nacht,
Händewaschen, Blick ins Spiegelgesicht: das Haar zerzaust,
die Brauen Büsche, die Augen klein. Spät war's gestern,
Helga und Willi hatten Spiel mir das Lied vom Tod geschaut.
Er hatte sich noch mal hinlegen wollen, den Vögeln lauschen,
den Meisen, Spatzen, dem Rotkehlchen, das gerne zu ihm
kam, wenn er im Garten saß und Licht atmete. Der Sommer war seine Freude, seine liebste Jahreszeit. Der Weißdorn
blühte und die wilden Rosen. Er musste Susanna sagen, dass
sie den Rosenbogen richten musste, gestern setzte sich eine
Amsel auf eine der Streben, und die brach einfach weg. Auch
die Bäume mussten geschnitten werden. Viele schnitten
ihre ja erst im Herbst, aber bei einem Sommerschnitt heilen
die Wunden des Baumes besser. Wie beim Menschen, wer
sich im Frühling oder Sommer seines Daseins verletzte, der
erholte sich auch leichter. Und wenn du ausdünnst, bevor die
Früchte reif sind, kriegen die verbleibenden mehr Nährstoffe
und werden größer und süßer.

Ja, mit dem Kopf war er noch im Garten gewesen, als
er sich Richtung Schlafzimmer drehte, die Füße in Gang
brachte, und dann musste er in ein Wolkenloch getreten sein.
Er war gestrauchelt, langsam gekippt, mit der Hand griff er
noch nach dem Handtuchhalter, den Susanna erst gestern
angeschraubt hatte. Der brach.

Sein Rücken schmerzte, er fühlte sich schwach. Dreimal
versuchte er es, er kam nicht mehr hoch.

Helga schlief in ihrem Zimmer, im Erdgeschoss am vorderen Ende des Hauses, und Susanna am anderen Ende. Sie
hätten ihn niemals gehört. Schon einmal war er gefallen, vor

drei Jahren, als er etwas vom Boden klauben wollte. Seitdem hob er nichts mehr auf. Damals hatte Franziska ihn gehört, im Stockwerk darüber. »Opa«, hatte sie gesagt, »wenn was ist, ruf mich, nicht die Oma.«

Willi sammelte ein letztes Mal seine Kraft, er stützte sich auf die Arme und zog seinen Körper zur Tür hin. Ein paar Zentimeter, noch ein paar. Das Herz schlug ihm bis zum Hals, ein Herz mit vier Bypässen, nach einem Herzinfarkt hatte er sie bekommen, als ihm am Strand auf Gran Canaria schlecht wurde. Zum Glück war die Klinik nur 200 Meter entfernt gewesen. Er schob sich weiter, Stück für Stück, bis er im Flur war, ihn nur mehr die verglaste Holztür vom Treppenhaus trennte. Und seit Minuten rief er nun, mit Pausen. Wenn er wieder Luft hatte, der nächste Versuch.

»Hilfe.«

»Hiiilfe.«

Gedämpft, schwach, kaum hörbar.

Franziska schreckte wieder hoch.

»Der Opa!«

Sie warf die Decke weg, sprang aus dem Bett.

»Was? Was ist los?« Aber Franziska war schon zur Tür raus. Ich nahm Sophia in den Arm.

»Opa!«

»Opa!«

Als Willi sie hörte, verlangsamte sich sein Atem.

Poltern auf der Treppe.

»Opa!«

Wie gut ihre Stimme tat. Allererste Hilfe erfährst du oft über die Ohren. Du hörst die Retter nahen, lange bevor du sie siehst. Das ist das Menschliche an Sirenen.

Die Tür sprang auf.

»Opa!«

»Franziska, wie gut, dass du da bist …«

»Ja, Opa, alles ist gut. Tut dir was weh?«

⋆ ⋆ ⋆

»Der Opa ist gefallen«, sagte Franziska, als sie zu Sophia und mir zurückkehrte. »Aber es scheint alles heil zu sein. Er ist jetzt wieder im Bett.«

Wach lagen wir nebeneinander, sprachen nicht. Bald fünfundneunzig Jahre war Willi alt, unser vierter gemeinsamer Sommer im Haus. Wo war die Zeit nur hin? Verrauscht. Zugleich kamen mir die drei Jahre vor wie eine Ewigkeit, das alte Leben weit weg, die Jahre vor Sophia, vor unserem Einzug, vor unserer Hochzeit, in den Bergen, in Alpbach, hatten wir »Ja« gesagt, oben über dem Tal, im Rossmoos, ein Erbhof von 1672, ein Tiroler Bauernhof mit Holztischen, Blumenkästen und dem schönsten Blick der Welt. Kirche, Kühe, Volkstanz im Almgarten, nachts die wilde Band unseres Freundes Max und ein kleines Feuerwerk, mit dem unsere Gäste uns überraschten. Willi war nicht dabei, zu hoch der Berg. Als wir heimkamen, schauten wir gemeinsam die Fotos an. Willi hätte auch nicht dabei sein können, wenn wir im Gasthof unseres Orts gefeiert hätten, selbst die 650 Meter zum Standesamt waren ihm zu weit, die Beine!, die Blase!, seit fünf Jahren lebte er nur mehr in Haus und Garten. Im Frühjahr hatte das Passamt ihn von der Passpflicht befreit, amüsiert hatte er mit dem Brief gewedelt, nein, lebend würde er dieses Haus nicht mehr verlassen.

Und obwohl die Zeit rann, obwohl er auch im Haus von Orten Abschied nahm, seit den ersten Weihnachten war er nicht mehr oben gewesen, um das Haus herum ging er nur noch, wenn Susanna ihn mit dem Besen vor sich hertrieb, um sein Blut zu bewegen, wobei die Wangen sich vor allem färbten, als er uns sagen musste, dass wir die Flaschen, die am Kelleraufgang lagerten, wegbringen sollten, wie sieht denn das aus? Obwohl Willi also abbaute, an Gesichtsfarbe verlor, lebten wir dahin, als rückte nicht beständig der Tag näher, an dem sich Willi auch von uns verabschieden würde, wie er hoffte heimlich, nachts, wenn er es selbst nicht merkt. Aber dieser Morgen hatte uns nicht nur aus den kleinen Träumen geschreckt, zwei Worte kamen mir in den Sinn, auf Englisch, warum, weiß ich nicht, ich denke nie Englisch, vielleicht, weil sich Angst und Trauer in einer fremden Sprache leichter ertragen lassen. Last summer, dachte ich: War das unser letzter Sommer?

Ich schaute auf Sophia, die neben uns schlummerte, ihr Nacken verschwitzt, dieses Wesen, das Willi nach unserem Einzug so wunderlich verjüngt hatte, er war schon ein wenig griesgrämig geworden, aber sie lockte ihn in den Garten und beschleunigte sein Blut, wenn sie ihm vor der Nase ihre Tasse auf der Tischkante abstellte. Wie lange würde diese Medizin noch helfen? Und wie würden wir Sophia erklären, wenn Willi nicht mehr da wäre. Ihr war wichtig, dass alle auf ihrem Platz saßen, Tag für Tag. Als bei Susannas Freundin Bibsi, die sich als Nachfolger des biblischen Noah sieht und deren Tiere Susanna oft und verzückt hütete, die Hündin Jana eingeschläfert werden musste, hatte Sophia, als wir Oma Susi auf dem Tierhof besuchten, als Erstes gefragt: »Wo ist denn die Jana?«

Und nachdem Susanna es ihr erklärt hatte, malte Sophia über Wochen Hunde, die im Himmel auf Flugzeugen saßen.

Willi schnaubte verächtlich über unser Getue. Als im Hühnerstall ein totes Huhn lag, Susanna Sophia ablenkte und Helga es in eine Tüte packte, um es am Nachmittag heimlich im Wald hinter einen Baum zu werfen, hatte er wütend den Kopf geschüttelt.

»Warum lügt man ein Kind an? Warum sagt man nicht jedem Kind einfach, dass alles, was lebt, jeder Baum, jeder Strauch, jede Blume, ein Leben hat, ein Leben mit Anfang und Ende? Das müsste nicht dargestellt werden, als sei das was Schreckliches, was Furchtbares. Das ist von der Natur gegeben. Mit allem, was wir haben. Jeder Grashalm war mal nicht, ist mal und ist wieder nicht. Und dieses Wissen haben unsere Kinder nicht.«

Er hatte ja recht. Mit Sophia drüber reden mochte ich trotzdem nicht.

★ ★ ★

Vier Stunden nach dem morgendlichen Unfall saß Willi auf seinem Platz in der Küche, Helga stand neben ihm, kochte Kaffee. Das Radio dudelte, zwei von vier Korbstühlen wie immer besetzt durch Medikamente und Zeitungen. Ich ließ den einzigen Platz frei, stellte mich vor den Herd.

»Lorenz, magst du einen Kaffee?«, fragte Helga wie jeden Morgen.

»Nein«, antwortete ich. »Ich habe noch nichts gegessen.«

Willi hielt mir einen Zettel hin: P-R-E-S-B-Y-A-K-U-S-I-S. »Kennst du dieses Wort?«

»Nein.«

»Steht im Bericht für meine Pflegestufe. Ich will ja wissen, was für Krankheiten ich habe.«

Blick ins Handy: Presbyakusis – Hörminderung, beginnt meist ab einem Alter von fünfzig Jahren.

»Willi, was war los heute früh?«

»Ach, er ist umgefallen und konnte nicht mehr hoch«, antwortete Helga für ihn. »Und Franziska ist die Einzige, die ihn hochwuchten kann. So stark ist sie.«

»Sie hat mich hochgehoben wie einen alten Kartoffelsack«, ergänzte Willi.

»Du brauchst einen Notruf an deinem Rollator.«

Susanna kam rein, setzte sich Willi gegenüber. Helga schaute mal wieder auf die Tasse in ihrer Hand. »Ich dachte, du wolltest hier Kaffee trinken ...« Manchmal war es in dieser Küche wie in dem Film Und täglich grüßt das Murmeltier.

»Also«, unterbrach sie Willi, »Lorenz wusste auch nicht, was Presbyakusis ist.«

Getrappel auf den Fliesen. Die Hunde zurück vom Gassi, im Wettlauf zum Frühstückstisch.

Paula legte sich wie immer zu Willis Füßen, faltete die Vorderpfoten und schaute ihn fordernd an.

Leonie hockte sich wie immer vor Willi, hob bettelnd die Pfote.

»Untersteh dich!«, schimpfte Willi.

»Flötentrompete«, klang es aus dem Flur. Sophia hüpfte herein, in der einen Hand eine pinke Flöte, in der anderen eine lila Trompete. »Mitspielen«, forderte sie Willi auf.

»Der Opa ...«, wollte Franziska bremsen.

Aber Willi spielte schon mit, Tröten, im Hintergrund das Radio. Manchmal kann so eine Presbyakusis ein Segen sein.

Nach dem Frühstück blieben wir ein wenig sitzen. Über seinen Sturz wollte Willi nicht groß reden. Vielleicht werden Menschen nur so alt, wenn sie unaufgeregt sind.

98

Also sprachen wir über Willis Lieblingsthema. Der Vorbesitzer seines Hauses, 1906 hatte er, als das Haus noch nicht stand, auf dieser Wiese eine Holzhütte gebaut, in der er wissenschaftliche Versuche machte. Noch immer steht die Hütte im Garten, neben der alten Fichte, wir hatten Möbel reingestellt, die in der neuen Wohnung keinen Platz fanden. Er feierte hier mit Carl Orff, arbeitete mit Claudius Dornier und Graf Zeppelin, seine Erfindungen begründeten eine Technik-Epoche und wurden weltbekannt. In seiner Freizeit schuf er Skulpturen und Bronzen, seine Frau saß Modell, eine wurde gerade bei einer Auktion verkauft, sie nackt, lebensgroß, in der Hand ein Eichhörnchen. Nach dem Zweiten Weltkrieg warben die Amerikaner ihn ab, doch schon nach einem Jahr, mit Zeichen von Demenz, kehrte er zurück in dieses Haus, das niemanden loslässt, der einmal eine Nacht unter seinem Dach verbracht hat.

Sein Geist lebte noch in diesen Wänden, wie ein weiterer Mitbewohner, seine Biografie fein platziert im Bord der Bücherstube. Als Willi und Helga im November 1961 beim Notar ihren Kaufvertrag unterschrieben, sagte ihnen die alte Dame, eines hätte sich ihr Mann bis zum Schluss bewahrt: den Glauben, dass alles möglich sei. Nur so hätte er etwas erfinden können, was vorher nicht vorstellbar war und die Welt eroberte wie wenige Erfindungen.

Richtig laut wurde Willis Stimme, wenn er über den Professor sprach. »Er hatte nicht diese Schere im Kopf, nicht wie wir. Alles ist möglich.« Er zeigte auf mein Handy, das vor uns lag und seine Worte aufnahm. »Wenn ich das meinem Großvater erzählt hätte! Du drückst ein paar Tasten und bist verbunden mit … mit … Uruguay. Genau mit der Person, die du sprechen willst. Ohne Draht. In derselben Sekunde.

Milliarden Gespräche in der Luft, und alle finden ihr Ziel. Er hätte gesagt: ›Buale, was soll aus dir nur werden?‹«

Pause.

»Wenn ich an die Welt denke, als ich ein Kind war. Was daraus geworden ist. In knapp hundert Jahren.«

Wir hingen unseren Gedanken nach, neben unseren Füßen schnarchte Leonie. Ich musste an einen Erfinder denken, den ich getroffen hatte. Sebastian Thrun, der Chef von Google X, diesem sagenumwobenen Labor im Silicon Valley.

Ich mag ja das Alte, liebe Dickens und Tucholsky, Dylan und die Beatles, Filme in Schwarz-Weiß, Spaziergänge in Paris, das Efeu vor meinem Schreibtischfenster, die Gedanken von Ehrlich und Einstein. Das Alte lehrt und beruhigt und wärmt, so wie mich Willi lehrte und wärmte und mir Ruhe schenkte. Doch so sehr ich das Alte mag, das Neue liebe ich noch mehr. Es lädt mich auf, schenkt mir Hoffnung, so wie Sophia mich lachen, tanzen und hoffen lässt. Seit ich schreibe, versuche ich, mich dem Neuen zu nähern, natürlich lernte ich darüber, dass Fortschritt immer auch eine »Schattenseite« hat. Lang sprach ich mit Gerhard Ertl darüber, wie die Physik, die Chemie, wie die Katalyse unsere Welt veränderte. Aber, so sagte er, in der Summe würde das Gute überwiegen, die Chemie »eine wichtige Rolle dabei spielen, die Probleme zu lösen, die sie zum Teil selbst verursacht hat«. Sie würde die Meere wieder säubern, Smog und Treibhausgase vertreiben. Dass der Fortschritt Schaden anrichten, eine Gefahr sein konnte, war mir klar, aber im Kern dachte ich wie Ertl: Fortschritt ist ein Segen. Und er kam nicht von alleine, Menschen schufen ihn, Marie Curie und Albert Einstein, Nikola Tesla und Steve Jobs, und eben auch Sebastian Thrun, Fantast, Stanford-Professor, Erfinder des selbstfahrenden Autos und von Google Street View, Kopf hinter Google X oder Alphabet X, wie es nun heißt, da über Google der Dachkonzern Alphabet entstanden war.

Das Labor wurde geschaffen, um die Welt zu verändern, um »Moonshots« zu erfinden, eine Anspielung auf die berühmte Rede, in der John F. Kennedy die erste Mondlandung ankündigte. Die Philosophie dahinter: »Thinking 10x«, Dinge nicht ein wenig verbessern, sondern sie zehnmal besser machen, nicht das Naheliegende denken, sondern das Verrückte. Geld spielt keine Rolle, sagte Alphabet-Gründer Larry Page zu Thrun. Und er meinte, was er sagte.

»Es gibt keine Idee, die zu verrückt ist«, so Thrun. »Ein Internetnetz, gespeist aus Heißluftballons. Ein Schild, das die Schwerkraft eines Gegenstands aufhebt. Und die Frage: ›Kann man die Lebenszeit des Menschen verdoppeln?‹«

Unruhig saß er in seinem Büro in Mountain View, Anfang fünfzig, Glatze, vom Fahrradfahren durchtrainiert, vor sich ein Handy, das er im Gespräch immer wieder in die Hand nahm, weil er nebenbei arbeiten musste. »Fast alle Dinge, die wir als wichtig empfinden, vom Telefon bis zur Zahnprothese, sind in den letzten 150 Jahren erfunden worden«, sagte er. »Sicher, ein paar Erfindungen sind älter, das Buch, das Rad, aber im Grunde: alle wichtigen Dinge in den letzten 150 Jahren.«

Thrun sprach Deutsch, er wurde in Solingen geboren, aber im Aufreißen seiner Augen und in der Größe seiner Worte war er sehr Silicon Valley. Alles musste großartig, unglaublich, weltverändernd sein. Die Sätze rasten dahin, ständig verschluckte er Silben, selbst das Reden ging ihm nicht schnell genug, vom Fortschritt gar nicht zu reden.

»Nur ein Prozent der interessanten Dinge sind bisher

erfunden worden«, fuhr er fort. »Die meisten Menschen handeln so, als ob wir alles erfunden hätten; das Gegenteil ist der Fall. Wir beginnen gerade erst, erfinderisch zu sein: Wir haben noch keine fliegenden Autos. Haben Krebs noch nicht geheilt. All das werde ich noch erleben.«

Mit Forschern von Stanford hatte Thrun eine App entwickelt, die Hautkrebs besser erkennt als die besten Hautärzte. Die Alphabet-Tochter Verily will Nanopartikel in den Körper einschleusen und nach Krankheiten suchen lassen. Und die Tochter Calico hat sich folgendes Ziel gesetzt: »Wir greifen das Alter an, eines der größten Geheimnisse des Lebens.«

»Ich schaue keine Science-Fiction«, sagte Thrun, »ich mache sie.«

»Herr Thrun, Sie machen mir Angst«, sagte der frühere Bundespräsident Joachim Gauck, als er im Schloss Bellevue eine von Thruns Zukunftsreden gehört hatte. Und er sprach auch mir, der den Fortschritt liebt, aus der Seele.

Angst?

»Ich habe keine Angst«, widersprach Thrun. »Versetz dich mal zurück, 300 Jahre: Es gab keine Dampfmaschine, keinen Motor, die Menschen haben im Feld gearbeitet, und ein Bauer konnte ungefähr vier Personen ernähren. Wir haben die ganze Zeit damit verbracht, unsere Familie zu ernähren. Stell dir vor, damals wäre einer gekommen und hätte gesagt, er hätte den Traktor erfunden. Wenn man die Geschichte betrachtet: Wann immer es einen technischen Fortschritt gab, hat sich der Mensch weiterentwickelt. In einer Art, wie sie keiner vorhersagen konnte. Kein Bauer konnte wissen, dass es in Zukunft Radioreporter und Programmierer geben wird. Oder Piloten. Wir haben durch Technologie physikalische Gesetze gebrochen. Es war bekannt, dass man nicht mit einer Person reden kann, die 1000 Kilometer entfernt ist. Wir haben Dinge erreicht, die unglaublich sind. Die Transplantation von Herzen. Wer nicht an den Fortschritt glaubt, muss nur 500 Jahre zurückgehen. Wie es da war. Als keiner lesen konnte. Viele nichts zu essen hatten. In Europa teilweise 150 Jahre Krieg war. Wir sind die erste Generation, die keinen Krieg erlebt. Es ist die Folge des Fortschritts.«

Ich erzählte Willi von Thrun. Wollte wissen, was er darüber dachte.

»Mit der Zahnprothese hat er recht.«

Willi lächelt mit seiner geraden Zahnreihe, die an einem letzten Stummel hält. »Dass der nur nicht rausfällt. Für einen Prothesenstift ist mein Kiefer zu brüchig.«

Er wird wieder ernst. »Es ist am Ende nichts anderes, als der Professor hier im Haus sagte: ›Es gibt nichts, was man nicht erfinden könnte.‹«

# 10

# New Times

»… und die Erfinder«


War alles nur Zufall?

Wenn ich darüber nachdachte, wie ich hierherkam, in dieses Haus, an diesen Tisch, zu diesen Gesprächen. Wie es kam, dass ich mich dem Altern näherte, das mir vor drei Jahren noch so weit weg schien, entfernte Kulisse, wie das Quaken der Kröte, die in den Sträuchern hinter Helgas Teich saß.

Wenn ich an diese E-Mail dachte, von Ariel, Redakteur von GEO, dem Wissensmagazin. »Lorenz!«, schrieb er, Ariel liebte Ausrufezeichen. »Hast du Lust, mal für uns zu schreiben?«

Hm, was?

Eine Reportage, erläuterte er am Telefon, über einen Volksmusikanten aus Südtirol. Für unser Sonderheft »Alpen«.

Tirol? Volksmusik? Ich schrieb für die *Financial Times Deutschland*. Warum ich?

Nun, der erste Grund, musste er zugeben: Der Münchner, den er zuerst gefragt hatte, hatte abgesagt.

Und der zweite Grund?

Der Volksmusikant redet nicht gerne. Und du hast doch das Porträt über Susanne Klatten geschrieben, die geheimnisvolle Investorin, Tochter des BMW-Gründers Herbert Quandt.

Ja, und?

Die hat vorher doch auch mit keinem geredet …

Ich war sprachlos, schaute aus dem Fenster in Hamburg. Draußen, über dem Fleet, tanzten die Flocken, es war Freitag, Faschingsfreitag, ich hatte gerade ein paar Tage freigenommen, wollte mich behaglich auf dem Sofa einrichten, schlafen und ein paar Bücher lesen. Sollte ich wirklich? Hinflug übermorgen, eine Woche Volksmusik, Tirol, Südtirol, Bayern, Brandberg, Meran, Gaißach-Untergries …

»Lorenz«, gab ich mir einen Ruck, »sei nicht so gemütlich.« Ja, und ausgerechnet in Gaißach-Untergries, im Zachschuster, war ich Franziska begegnet.

Und zwei Monate später, an Ostern, als sie im Hofbräuhaus diesen Satz zu mir sagte, »Morgen zeige ich dir München«, dachte ich auch eine Weile nach und sagte mir, bestärkt von Werner, dem Bandbassisten: »Lorenz, sei nicht so langweilig.«

Und nun saß ich da, auf den Füßen Leonie, auf dem Schoß Sophia, sie putzte sich gerade den Schokoladenmund an mir ab, und gegenüber Willi, der mir seine Geschichten erzählte. Nichts davon wäre wahr ohne Ariels absurden Anruf und diese Häufung von Zufällen.

Und doch steckte mehr dahinter, ist weit mehr als Zufall, dass ich mich mit Willis, Helgas, Susannas, Franziskas, Sophias und meinem Alter beschäftigte. Das Thema reichte weit über uns hinaus, es war schlicht der Geist unserer Zeit, der mich einfing. Es gibt das Phänomen des Momentums, der

Zeitpunkt, ab dem ausbricht, was vorher brodelte, der letzte Impuls für eine Bewegung, eine Geisteshaltung oder einen Fortschritt, fortan treiben sie sich alleine an, es wächst und wächst, rollt und rollt, nicht mehr zu stoppen. Und in der Altersforschung ist dieser Zeitpunkt gekommen. Als Teil der Lebenswissenschaften läutete sie ein neues Zeitalter ein. Niemand konnte sich mehr entziehen. Nicht ohne Grund nannte die *Financial Times* »Longevity«, »das lange Leben«, die größte Geschäftschance des 21. Jahrhunderts. Nicht ohne Grund stiegen die Gewinne in Biotech und neuer Medizin wie in keiner anderen Branche. Ohne dass ich danach suchen musste, begegneten mir die Berichte und Erzählungen dazu, auf meinen Schreibtisch flatterte der New Scientist, der dem Altern eine Titelgeschichte widmete: »Eine Kur gegen das Altern«. »Das hier werden Sie wissen wollen«, versprach der Autor und schrieb über Medikamente, die auf den Markt kommen und verhindern und umkehren, was Willi des Lebens überdrüssig machte.

Und dieser Zeitgeist, diese neue Forschung, hat eine Vorgeschichte, eine Logik, sie ist kein Zufall, sie folgt einer geraden Linie, die vor etwas mehr als einem Jahrhundert ihren Anfang nahm, zufällig in der Zeit, als dieser Professor, den Willi so bewundert, dieses Haus mit seinen Nischen und Erkern baute und die Bäume pflanzte, die uns gerade vor der Sonne schützen. In dieser Zeit lebte in Berlin ein begabter Arzt. Paul Ehrlich. Die Patienten liebten ihn. Immer hatte er ein gutes Wort für sie, und wo andere Ärzte mit den Achseln zuckten, hatte er noch eine Idee, die seinen Patienten Hoffnung schenkte. Ehrlich war seiner Zeit voraus. Er beklagte laut, dass Frauen weniger als Männer verdienten. Und in der Medizin widmete er sich neuen, unerhörten Methoden.

Die Welt erlebte damals eine Zeitenwende. Sie industrialisierte sich. Neue Wissenschaften veränderten das Leben: Physik und Chemie. Die Dampfmaschine, die Katalyse, die Treibstoff, Stahl, Dünger, Medizin möglich machte, wobei die Medizin sich spät diesen neuen Wissenschaften öffnete, die durch Wirtschaftspioniere vorangetrieben wurden, in den USA durch Vanderbilt, Carnegie, Ford, in Deutschland durch Siemens, Bayer und Daimler.

Lange hatte die Medizin dem Umbruch getrotzt. Die Epidemien dieser Zeit – Tuberkulose, Diphtherie, Cholera – galten als Strafe Gottes. Und am schlimmsten trafen sie die Kinder. Keine Chance der Heilung, Paul Ehrlich sah das Tag für Tag. Und so öffnete er sich dem Denken von Pionieren wie Louis Pasteur und Robert Koch. Sie näherten sich den Seuchen mit Mikroskopen, bewiesen, dass Seuchen von Lebewesen verursacht wurden, Bakterien. Man konnte also etwas tun. Nur was?

Vielleicht, sagte sich Ehrlich, ließen sich die Gifte der Bakterien, die Toxine, wie er sie nannte, mit Gegengiften bekämpfen, mit Antitoxinen? Vielleicht musste er den Kampf ganz anders begreifen, musste ganz neu denken, in der Logik des großen Edward Jenner, der mit einer Impfung die Pocken besiegt hatte: Wenn sich Krankheiten nicht heilen lassen, muss man sie verhindern, sie angreifen, bevor sie ihr Werk beginnen können! Und wenn er das zu Ende dachte, war er als Arzt am Krankenbett am falschen Platz, um wirklich helfen zu können. Er musste in die Wissenschaft, Forscher werden.

Als er sich ins Labor zurückzog, warfen ihm Kollegen in der Charité vor, er ließe die Kranken im Stich. Und sie beäugten und verlachten seine Arbeit: Chemie in der Medizin! Färben von Zellen! »Ehrlich färbt am längsten«, spotteten sie. Aber Ehrlich beugte sich unbeirrt über sein Mikroskop, machte Versuche und fand Chemikalien, die Zellen sichtbar machten. Er entdeckte Blutzellen, die die Menschheit nicht kannte, Leukozyten. Er wurde Immunforscher.

Ein anderer Forscher, der neu dachte, Emil von Behring, entwickelte mit Ehrlich einen Impfstoff gegen Diphtherie, der nicht nur an Pferden, sondern auch an Menschen wirkte. Die Sterbezahl der Kinder halbierte sich in kurzer Zeit. Behring bekam dafür 1901 den ersten Nobelpreis der Medizin verliehen, Ehrlich bekam ihn 1908 für seine weitere Forschung. Er hatte mit »Zauberkugeln« experimentiert, Stoffen aus der Chemie, die Mikroben töten sollten, ohne dem Menschen zu schaden. Daraus erwuchs, neben einem Antibiotikum, die Chemotherapie.

Durch Pasteurs, Kochs, Behrings und Ehrlichs Pioniergeist wurde eine neue Medizin begründet, gebaut auf dem Fortschritt, den neuen Naturwissenschaften. Und diese Medizin erreichte, was unvorstellbar schien: Sie besiegte die Kinderkrankheiten.

Und sie veränderte die Lebenserwartung der Menschen in nur einer Generation; sie sprang von etwa vierzig auf rund sechzig Jahre.

* * *

Über mehr als ein Jahrhundert hinweg formten diese Pioniere unsere Medizin. Bis heute stützen sich unsere Arzneimittel auf Zellanalyse und Tierversuche, Seren und Antibiotika, Bestrahlung und Chemotherapie. Die neuen Methoden sind Klassiker geworden und werden Pfeiler unserer Medizin bleiben. Aber große Schritte versprechen sie nicht mehr.

An welche Grenzen wir stoßen, wurde mir bewusst, als mich einmal bei einer Recherche für das SZ-Magazin ein Professor der weltberühmten Berliner Charité durch ihre Intensivstation führte. Stefan Hippenstiel, Internist und Infektiologe. Er voran, durch die Zutrittsschleuse, ich hinterher. Offene Türen, Stille, nur dieses Zischen und Piepsen.

»So, ich erkläre Ihnen, was Sie sehen. Man sieht in der Mitte den Patienten. Und Sie sehen diese Schläuche. Der Patient ist ...« – er schaute auf den Monitor – »... spontan atmend, das heißt, er zieht selbst Luft ein, und das Gerät darüber ist eine Beatmungsmaschine, die das unterstützt. Hier haben Sie Infusionspumpen, manche Patienten sind so auf Medikamente angewiesen, dass man die überlappend laufen lassen muss. Wenn eine ausfällt, ist der Patient nach einer Minute nicht mehr lebensfähig. Aus dieser Situation heraus muss man verstehen, wie die Wissenschaftler bei uns im Haus Forschung betreiben. Ich erinnere mich an ein Weihnachten, als hier ein Großteil der Patienten über die Feiertage gestorben ist. Da bin ich nach Hause und habe geheult.«

Er stockte.

»Sie spüren also diese Verantwortung. Und gerade in den Krankheitsbildern, die ich erforsche, ist die Sterblichkeit sehr hoch. Es ist unglaublich frustrierend, wenn Sie, trotz dieses Aufwands, am Ende nur der Krankheit hinterherlaufen.«

Bei Hippenstiel zu Hause prangte ein Diagramm: Sterblichkeit bei Lungenentzündung. Seit sechzig Jahren liegt sie bei 13 Prozent. Kein Fortschritt. »Das muss doch etwas mit unserer Forschung, unseren Modellen zu tun haben. Damit, wo die Erkenntnisse herkommen.« »Was machst du da eigentlich in deinem Labor?«, hatte ihn seine Frau mit Blick auf das Diagramm mal gefragt. »Diese Frage«, sagte Hippenstiel,

»ist zutiefst wissenschaftlich – die Grundlagen infrage zu stellen. Wenn etwas nicht läuft, muss man zurücktreten und von vorn anfangen. Und das versuchen wir. Ich möchte so nicht weitermachen.«

Hippenstiel hatte lange Zeit Tierversuche gemacht. Er war erfolgreich, eine seiner Studien wurde von Arzneikonzernen weiterentwickelt. Er hält Tierversuche weiter für unverzichtbar, und doch hörte er selbst damit auf, möchte mithilfe seiner Arbeit Tierversuche ersetzen, verringern, verbessern. Mit neuen Wissenschaften, den Wegbereitern des nächsten Sprungs in der Medizin. »Ich arbeite dabei mit neuen, revolutionären Methoden, mit Stammzellen, mit Organoiden.«

Was sich über die Lungenentzündung sagen lässt, lässt sich über viele Krankheiten sagen, über Krebs, Schlaganfall, Alzheimer, Diabetes – natürlich gab es große Fortschritte, natürlich wurde viel Leid gelindert, aber besiegt wurden diese Krankheiten nicht.

Nun aber sprüht einem, wenn man mit Medizinern und Forschern spricht, Aufbruchsstimmung entgegen, Euphorie. Sie reden über die Digitalisierung, über Genetik und Stammzellforschung. Über die Nobelpreise für Emmanuelle Charpentier und Shin'ya Yamanaka. Die Französin Charpentier erfand eine Genschere, mit der sich das Erbgut von Pflanzen, Tieren und Menschen verändern lässt, eine große Chance im Kampf gegen Krebs. Der Japaner hatte entdeckt, wie sich Körperzellen in Stammzellen zurückwandeln lassen. Aus diesen Stammzellen lassen sich Ersatzorgane züchten, Lungen, Lebern, Nieren und Gehirne, unter dem Mikroskop sehen sie aus wie Wattebäusche. Mit ihnen forscht auch Hippenstiel.

Egal aus welcher Disziplin die Wissenschaftler kamen, mit denen ich in den vergangenen Jahren sprach, aus der Medizin,

Biologie, Chemie oder Physik – mit Christiane Nüsslein-Volhard, Emmanuelle Charpentier, Gerhard Ertl oder Peter C. Doherty, allesamt Nobelpreisträger, sie alle schwärmten von den neuen Möglichkeiten. »Eine neue Zeit hat begonnen«, sagte mir die Italienerin Marica Branchesi, Trägerin des renommierten Breakthrough Prize. »Große Entdeckungen liegen vor uns, vergleichbar mit denen Galileos.«

Wir durchleben wohl die größte Umwälzung seit Gutenbergs Erfindung des Buchdrucks. Er verschaffte der Menschheit Zugang zu Wissen, die Menschen lernten lesen und schreiben. Und das veränderte ihr Denken. Und die Wissenschaft. Bis ins Mittelalter arbeitete sie mit Bildern. Sie beschrieb vieles auf einmal, beschrieb Gesamtheit. Schrift konnte das nicht. Eines musste nach dem anderen erklärt, also eines nach dem anderen gedacht werden. Die Wissenschaft wurde durch den Buchdruck linear. Sie schaute erst auf das Detail, dann auf das Ganze. So wie Paul Ehrlich erst auf die Zelle blickte, dann auf die Krankheit.

Am Anfang unserer Zeit steht die Erfindung des Rechners. Der Soziologe Marshall McLuhan war einer der Ersten, der das Ausmaß erahnte. Schon 1962 sagte er voraus, dass diese Erfindung das Zeitalter Gutenbergs beenden werde. Und – nebenbei – das Industriezeitalter.

Die Parallelen zum letzten Umbruch sind unübersehbar. Wieder stehen am Anfang technische Neuerungen. Wieder führen Unternehmer die Welt in die neue Ära, Jobs und Gates, Page und Bezos. Ich fuhr zu einigen dieser Bauherren, zu Jeff Bezos, Bill Gates und Jack Dorsey, dem Gründer von Twitter. Sie haben eines gemein: Sie glauben an den Fortschritt und haben zum Ziel, die Welt zu verändern.

Wer Jeff Bezos, den reichsten Mann der Welt, in seinem

Büro besucht, den empfängt folgendes Schild: »Es gibt noch so viel zu erfinden. Es wird noch so viel Neues passieren. Man macht sich keine Vorstellung, welchen Einfluss das Internet haben wird. Und dass dies in vieler Hinsicht der erste Tag ist.«

»Jeff«, sagte Bill Gates einmal, »steht auf einer Stufe mit Johannes Gutenberg.« – »Amazon«, sagte Barack Obama, »ist das 21. Jahrhundert.« Daten sind der Schlüssel für eine neue Welt. Sie zeichnen wieder Bilder. Und ermöglichen erst die neuen Lebenswissenschaften, Genetik und Biotechnik.

Wir entfernen uns wieder vom linearen Denken, betrachten zunehmend das Ganze. In der Altersmedizin heißt dies, dass wir nicht mehr nur einzelnen Krankheiten nachspüren, Krebs, Parkinson oder Diabetes, wie sie auch heißen, wir schauen auf das Alter an sich, die Mechanismen dahinter, wir sind erstmals in der Lage, in den Ursprung des Lebens und des Sterbens hineinzuschauen, in unser Erbgut, unsere Gene, unsere Stammzellen. Dieser Wissenssprung wird wie zu Paul Ehrlichs Zeiten die Medizin verändern. Wir werden Krankheiten heilen, die als unbesiegbar galten. Einst besiegten wir durch den Fortschritt viele Kinderkrankheiten, nun greifen wir die Alterskrankheiten an.

# 11

## Stimmen

»… und der Schritt vom Kleinen zum Großen«

Wie ich die Minuten liebe, wenn das Haus flüstert. Wenn es weder spricht noch lacht noch niest noch plärrt, die Minuten, wenn es seinen Ton sachte hochregelt, in der Früh, wenn die Sonne ihre ersten Strahlen wirft.

Ich halte die Augen geschlossen, öffne die Ohren, Sophia seufzt, Franziska atmet, die Vögel, ein Hund. Minuten wie Stunden.

Seit ich ein Kind bin, steige ich leise in den Tag hinein. Liegen bleiben mit geschlossenen Augen und hören, wie die Stimmen durch das Treppenhaus in mein Zimmer dringen, Morgengrüße, die Kaffeemaschine, das erste Lachen. Alles geht seinen Gang, und ich verschließe neben meinen Augen auch wieder die Ohren und drehe mich unter die Dachschräge, wende mich ab von der Welt. Würde Franziska – zum Glück tut sie es nicht – fragen: »Schläfst du?«, ich würde es verneinen. Aber genauso verneinen müsste ich die Frage:

»Bist du wach?« Ich sammele mich, erst die Gefühle, dann die Gedanken.

Oft haben sie sich geordnet, in dieser Niemandszeit zwischen Nacht und Tag, Schlaf und Verstand. Oft hat sich von alleine geklärt, was gestern noch im Trüben lag.

Minuten wie Stunden. Minuten, die mehr Klarheit bringen als Stunden des Nachdenkens, die kristallisieren, was ich am Abend gefühlt, gedacht, gelesen oder gesehen habe.

Das Eindringlichste, was ich gestern sah, waren Helga und Willi. Der Abend war mild, Willi im Garten geblieben, bei uns am Grill, Helga schmeckte der Wein, sogar Susanna trank ein Glas. Dann brachte Franziska Sophia ins Bett, Susanna griff sich ihr iPad und verschwand, ich blieb alleine am Tisch im Hausgarten sitzen, vor Geschirr mit Barbecue-Flecken und abgenagten Knochen. Und ich beobachtete, wie Helga und Willi hinters Haus gingen, zur Bank vor der Tischtennisplatte. Sie setzten sich hin und warteten. Bald müssten die Glühwürmchen kommen.

Nicht alles war leicht in ihrem Leben. Ihre Ehe ging eigene Wege. Getrennte Urlaube, getrennte Betten, getrennte Träume. Ganz falsch war es nicht, wenn Willi stichelte, sie wären nur noch zusammen, weil er die Hälfte der Zeit abwesend war. In der Familie wurde viel darüber gesprochen. Ein seltenes Modell großer Freiheit.

Ich hatte Anna Machin danach gefragt, die Liebesforscherin von Oxford. »Beziehung«, sagte sie, »heißt einfach, dass zwei Menschen mit eigener Persönlichkeit und Denkweise zusammenkommen – und eigener Vorstellung, wie nahe sie sich sein wollen. Stellen Sie sich zwei Kreise vor. Nehmen wir zwei Menschen, die immer zusammen sind, räumlich und emotional. Die Kreise liegen aufeinander. Bei anderen überlappen sie zur Hälfte, bei anderen wiederum fast gar nicht. Das sagt aber nichts darüber, ob eine Beziehung gut oder schlecht ist. Sie kann auch funktionieren, wenn beide völlig unabhängig sind. Es geht in der Liebe nur darum, die Person zu finden, die meine Vorstellung teilt, wie weit sich die Kreise überlappen sollen. Es braucht also keine perfekten Modelle. Es braucht Modelle, die sich ergänzen. Wenn das funktioniert, können Sie eine lange und glückliche Beziehung führen.«

Ich liege also in der Früh im Bett und sehe die beiden vor mir, wie sie gestern dasaßen. Nein, ich will nicht ihren Weg gehen. Ich bin ein anderer »Beziehungstyp«, wie Machin es nannte. Und doch weckte das Bild in mir eine Sehnsucht: fünfundneunzig und fünfundachtzig Jahre alt; gemeinsames Haus; gemeinsame Bank; gemeinsame Glühwürmchen-Stunde. Ich denke an Franziska. Die mich seit dem ersten Kuss über meine Grenzen bringt: Volkstänze, Opern, Camping im Vorzelt, Reisen zu zehnt auf einem Hausboot, das für vier gedacht ist, der ich Leonie verdanke, dieses schlappohrige, mausäugige Nasentier, das mich wärmt, lachen lässt, mich mit ihrem Spieltrieb von Handy und Rechner wegbringt, meinen Kopf lüftet vom Smog unserer elektronischen Welt. Auch denke ich an Sophia, das Wichtigste in meinem Leben. Fast alles, was zählt, hat Franziska mir geschenkt; nur das Schreiben nicht, das Betrachten, Träumen, Einfühlen, das verdanke ich meinen Eltern, dem lieben Gott und ein bisschen mir selbst. Ja, in fünfzig Jahren will ich mit Franziska auch auf einer Bank sitzen, den Glühwürmchen entgegensehen, alt wie Willi sein, aber nicht so alterskrank, nicht mal so krank, wie ich mich in diesem Altersanzug gefühlt hatte, in dem sich Stunden wie ein Tag anfühlten.

Im Leid steckt dieselbe Unendlichkeit wie im Glück. Und

dieses Leid, das hatte ich gestern wieder gelesen, war nicht allein Glückssache, nicht allein Schicksal, du kannst etwas dagegen tun, so wie man etwas gegen Altersarmut tun kann. Nur was? Es war so verwirrend, so schwammig gewesen, was ich las, was die Experten sagten und schrieben, auch der Autor vom New Scientist, der seinen Artikel mit einer Anekdote begann, in dem ein Altersforscher im Flugzeug seinem Sitznachbar erzählte, was er machte, und der ihn einen Lügner nannte, so revolutionär wäre das, er müsste davon gehört haben, wenn es wahr wäre. Riesig, schrieb der Autor, sei die Kluft zwischen dem Wissen solcher Fachleute und dem der Menschen draußen.

Ist das wirklich alles wahr? Und wenn ja, was bedeutet dieser Fortschritt für mich? Für Franziska? Für Willi, Helga, Susanna und Sophia? Schon ohne Altersrevolution, so die Statistik, würde Sophia mehr als hundert Jahre alt werden. Vorbei ist die Zeit, als die Wissenschaftler glaubten, ein Alterssprung wie in der Ära von Paul Ehrlich sei nicht mehr möglich: im Schnitt achtzig Jahre, eine Grenze von 120 Jahren – da würde die Menschheit verharren. Zwischen 2000 bis 2015 wuchs die weltweite Lebenserwartung von achtzig auf fünfundachtzig Jahre. In Japan bekamen Hundertjährige vom Premierminister einen Silberbecher geschenkt. Mittlerweile feiern so viele einen solchen Geburtstag, dass die Becher nur noch versilbert sind. Wird sonst zu teuer. Jedes zweite Kind, das in den USA auf die Welt kommt, darf 104 Jahre erwarten. Das alles geschieht von ganz allein. Ohne die scheinbar sagenhaften Durchbrüche der letzten fünf Jahre, ohne Genetik und Stammzellforschung, die für die Menschheit werden sollen, was einst Impfungen und Antibiotika waren. Die besten Universitäten gehen dem nach, Massachusetts Institute of

Technology (MIT), Oxford, Stanford, Harvard; Konzerne machen bereits klinische Tests.

Was kann ich tun, dass ich fünfundneunzig werde? Und noch Kreuzworträtsel lösen kann, in Urlaub fahren oder Rosen schneiden, auch wenn ich, muss ich zugeben, zwar gerne im Garten sitze, aber dort arbeiten ...

Ich beschließe, wie ich so im Bett liege, Henry mal wieder zu besuchen. Henry Markram, Mediziner, Hirnforscher, Direktor des Brain Mind Instituts der École Polytechnique Fédérale de Lausanne, dem die Europäische Union ein Fördergeld von einer Milliarde Euro zusagte für ein Projekt, das es vergleichbar auch in den USA und in China gibt: per Supercomputer das menschliche Gehirn nachzubauen. Hatte er mir nicht diese Einladung zu einem Kongress geschickt? 300 Wissenschaftler, Eliten aus der Biologie, Chemie, künstlichen Intelligenz, Genetik ...

Aber erst einmal stehe ich auf. Ich stakse in die Badehose und gehe in den Garten.

Sophia sitzt bei Susanna, isst einen Apfel.

Hopser aufs Trampolin, über den Rand des Plastik-Schwimmbads, 18 nasse Grad. Ich lege mich auf die Luftmatratze, auf meinem Rücken die Morgensonne.

Und ich lausche wieder den Stimmen. Helga hat fünf Kilo abgenommen. Soll Sophia an die Musikschule? Wo sind die Hunde? Eine Hummel summt, der Frosch quakt, als würde er schimpfen, ein Zug rauscht vorbei. Die Welt ist schön.

\* \* \*

Es war faszinierend, Henry zu besuchen. Tauchte ich in Videokammern in seine Hirn-Simulationen ein, diese Universen aus Neuronen und Synapsen, war es, als schluckte mich Unendlichkeit, als riss mich eine Kraft ins All. Ich war inmitten wilder Lichter, und auf einmal verbanden sich die Sterne, spannen Lichtfäden um mich herum, Fäden, über die sie miteinander sprachen, Reize weitertrugen. Und meldeten sie einen Reiz, erklang etwa in der Welt draußen ein Musikton, entzündete sich das größte Feuerwerk, alle Farben, wie ein Vogelschwarm bewegten sich die Explosionen durch das Gehirn, es war das größte Wunder.

Noch hatte Henry sein Ziel lange nicht erreicht, aber er war sich sicher, dass er es erreichen würde. Er hatte den Geist des neuen Zeitalters verinnerlicht, die Digitalisierung, die das Bild über das Wort erheben würde, unser Denken neu prägen, unseren Blick weiten: vom Linearen zurück zum Ganzen.

Nur wenn die Forschung das Gehirn als Ganzes begreift, sagte Henry, lassen sich seelische Krankheiten besiegen, auch Altersleiden wie Parkinson oder Alzheimer. »Wir müssen verstehen, wie solche Krankheiten zusammenwirken. Was bei einer wirkt, beeinflusst andere.« So wie der Orthopäde nicht einfach an der Stelle eine Spritze setzt, wo es im Rücken wehtut, sondern die Ursache sucht: die Plattheit der Füße, den Stand des Beckens oder die Gesundheit der Zähne.

Dank der Digitalisierung ist es erstmals in der Geschichte denkbar, dass wir das Gehirn verstehen könnten.

In allen Feldern der Medizin und Forschung setzen sich die neuen Methoden durch, auch Tierversuche können wir mit künstlicher Intelligenz schon ersetzen. Gerade die USA geben viel Geld dafür aus, die mächtige Behörde für Gesundheit und Arzneimittelzulassung hat das Thema zur Chefsache erklärt. »Die haben in den letzten zehn Jahren gezaubert«, sagte mir Thomas Hartung von der Johns Hopkins University in Baltimore, den ich angerufen hatte, um mehr über die neuen Möglichkeiten zu erfahren. Allein 200 Millionen US-Dollar investierten sie in Robotertests, 300 Millionen für Organs-on-a-Chip, also die Idee, Ersatzorgane in einen Kreislauf zu schalten, wie im Körper. Dazu – in Konkurrenz zu Henry – das Milliardenprojekt, einen Atlas des menschlichen Gehirns zu erstellen.

Hartung ist in den neuen Methoden eine Koryphäe, bevor er in die USA ging, leitete er für die EU-Kommission das Zentrum für die Bewertung und Entwicklung von Ersatzmethoden. Sein Team wagte nun einen Wettstreit: Rechner gegen Tierversuch. Und der Rechner gewann. Eine Sensation. Und ein Wendepunkt in den Köpfen vieler Skeptiker.

Bevor ein Stoff in der Industrie eingesetzt werden darf, muss geprüft werden, ob er für Menschen giftig ist. Hartungs Team nutzte Daten der Europäischen Chemikalienagentur: 800 000 Tests an 10 000 Stoffen. Dabei verglich der Computer neue Chemikalien mit den Strukturen bekannter Chemikalien. Die fünfzig Billionen Vergleiche brachten einen Amazon-Cloud-Server zwei Tage zum Rechnen. Und entlarvten fünfundachtzig von hundert Giftstoffen. Die Tierversuche nur siebzig.

Bei komplexen Stoffen kann der Rechner den Tierversuch noch nicht ersetzen, aber der Durchbruch war geschafft.

Nun müssten weitere Schritte im Big Data folgen, sagte mir Henry: »Wir haben in Europa dreißig Millionen Menschen mit Hirnerkrankungen. Wir haben ihre Daten: Gene, Blutwerte, Scans, Krankengeschichten – würden wir sie verbinden, über Nacht änderte sich unser Wissen.«

Er weiß, dass dies eine heikle Forderung ist. Wie schützen wir die Patienten davor, dass ihre Daten gestohlen oder missbraucht werden? Wie stellen wir sicher, dass sie nicht zurückverfolgt werden können? In unserer Gesellschaft ist Krankheit ein Stigma. Kranke werden nicht eingestellt, nicht versichert, finden schwerer eine Wohnung. Erst wenn wir hier Antworten haben, können wir die Chance ausschöpfen.

Und hätten wir die Daten, würde es nicht genügen, sie nur zu sammeln und zusammenzufügen. Das war das alte, lineare Denken. Würde man etwa so ein Gehirn nachbauen wollen, es würde hundert Jahre dauern. Nein, der Computer müsste in Bildern denken, wie vor Gutenberg, im Gesamten. Er müsste das Gehirn simulieren, auf Verdacht bauen und es mithilfe der Daten, die reinkommen, verbessern. Wie bei einem schwierigen Kreuzworträtsel. Dort sammelt man auch nicht einzelne Buchstaben, man fängt mit dem Gesamtbild an, fügt ein, rät und verbessert.

Bisher ist Markram mit seinem Leuchtturmprojekt, gleich das ganze Gehirn am Computer nachzubauen, gescheitert. Die Mehrheit der Wissenschaftler gibt ihm auch keine Chance, zu komplex sei das Gehirn. Doch dank der Künstlichen Intelligenz verstehen wir das Gehirn bereits viel besser, und es stehen große Durchbrüche bevor, etwa bei der Alterserkrankung Parkinson.

Die Krankheit wird in der Regel spät erkannt, wenn die Patienten anfangen zu zittern und die Schäden am Gehirn weit fortgeschritten sind. Forscher aus den USA können sie weit früher erkennen, durch eine einfache Aufnahme der Netzhaut, die der Rechner auswertet. In München machen Forscher Parkinson am Stimmbild aus. Das Pharmaunternehmen Boehringer Ingelheim ist mit Spracherkennung auch Alzheimer auf der Spur.

Nun waren die Chancen der Digitalisierung in der Hirnforschung leicht zu erkennen; schließlich war das Gehirn selbst ein Rechner, der leistungsstärkste und faszinierendste der Welt. Aber wo lag das Umwälzende in der klassischen Medizin, bei Krebs, Diabetes, Schlaganfall und Herzinfarkt, den Krankheiten, meist Alterserkrankungen, die wir nicht ausmerzen können?

»Weißt du«, sagte Henry, »eine Gensequenz ist eigentlich auch nur eine Information, ein digitaler Code …«

★ ★ ★

Ja, und dann lernte ich über Henry und seine Frau Kamila David Sinclair kennen, den Genetiker. Der den Blick auf das Gesamte und weg vom Einzelnen auf die Spitze trieb: »Würden wir Krebs besiegen«, fragte er mich bei unserer Begegnung in Montreux, »wie lange würde sich unsere Lebenserwartung verlängern?«

Ich hob die Achseln.

»Zwei Jahre.«

Ich nickte ratlos.

»Wenn Herzkrankheiten besiegt wären?«

»Zwei Jahre?«

»Weniger als zwei Jahre.«

Ärzte nennen das Multimorbidität, erklärte er mir: Bist du jung, hast du Zeit, dich nach Krankheiten wieder zu erholen. Im Alter wartet schon die nächste und die nächste und die nächste – und eine kriegt dich.

»Meine Mutter war Raucherin«, sagte Sinclair. »Das erhöhte ihr Krebsrisiko um das Fünffache. Aber: Durch das Altern von zwanzig auf siebzig Jahre erhöhst du dein Krebsrisiko um das Tausendfache. Der größte Risikofaktor ist – mit Abstand – das Altern. Wir müssen das Altern selbst als Ziel setzen.«

Das klang lustig, ein wenig wie: Das größte Risiko für das Leben ist der Tod. Oder wie die Variante eines Spruchs des Denkers Bazon Brock: »Der Tod muss abgeschafft werden, diese verdammte Schweinerei muss aufhören. Wer ein Wort des Trostes spricht, ist ein Verräter.«

Aber es steckten zwei wissenschaftliche Gedanken hinter Sinclairs Worten, ein neuer und ein alter:

Der neue: Vom Einzelnen gehen wir zurück zum Gesamten. Von den Krankheiten zum Altern selbst.

Der alte, im Geist eines Paul Ehrlich: Wenn du die Krankheiten nicht heilen kannst, musst du sie verhindern.

Die Weltgesundheitsorganisation (WHO) jedenfalls scheint sich der Revolution anzuschließen: 2018 klassifizierte sie das Altern als Krankheit. Die »International Classification of Diseases«, erstmals erschienen 1893, hat mehr als 14 000 Einträge. Ärzte nutzen die Codes, um Todesursachen festzuhalten und beeinflussen so die Gesundheitspolitik auf der ganzen Welt. Je häufiger eine Ursache benannt wird, umso mehr wird sie erforscht. Ab 2022 wird es den Code »MG2A« geben: »Hohes Alter«.

Noch erscheint es vielen Menschen undenkbar, dass wir das Altern selbst behandeln. Aber was war nicht alles undenkbar, als Willi auf die Welt kam … Für Sophia wird es, wenn sie fünfundneunzig ist, keine Science-Fiction, sondern Medizingeschichte sein. Der Tag ist nah, da gehen wir zum Arzt und sagen: »Ich fühle mich alt, tun Sie was dagegen.«

# 12

# David

»... und Veras Leben und Dianas Tod«

Am Bug flatterte die Schweizer Flagge, der grünblaue See plätscherte vor sich hin, Fahrt von Lausanne nach Montreux. Die Wolken klebten in den Alpen, die Sonne hatte sich verdrießlich versteckt, wie David, mit dem ich eigentlich plaudern wollte. Er hing am Telefon.

Ich zog mich aus der Gruppe zurück, stand ganz vorne, atmete die Brise ein und dachte an Franziska, sie liebte die Berge. So oft dachte ich an sie auf meinen Reisen – und nie erzählte ich ihr davon. Auch so ist das Zusammenleben: zu wenige Worte, zu wenige Gesten.

Flüge, Überfahrten, Kontinente, Länder, Ozeane, Fjorde, an viele Orte hat mich das Schreiben geführt. Am meisten in Erinnerung blieben mir die Recherchen, bei denen sie mich begleitete. Rom, in den Katakomben des Vatikans; Schanghai, wo wir uns in den ersten Tagen im Hotelzimmer vergruben. Zu viele Gesichter, zu viele Autos, Häuser, die in den Himmel wuchsen und die Stadt mit Staub überzogen. Fußgängerampeln, die in einen Countdown sprangen, und alte Menschen, die über die Straße hetzten und auf halbem Weg von Motoren umzingelt waren. Aber auch Lichterfest und Himmelsturm, Restaurants im siebzigsten Stockwerk, das Cloud 9 Hunderte Meter über der Erde, der Blick aus dem Fenster: wie ein Landeanflug. Schon eine Fahrt mit der Rolltreppe verdrehte einem die Sinne, in der U-Bahn-Station in der Französischen Konzession, viel schneller als Rolltreppen in Europa war sie. Der Weg nach oben: auf ein Haus mit Hunderten Fensterlichtern zu, dahinter ein zweites Haus, höher, und ein drittes, wieder höher, das Pullman mit mondsilbernem Dachbogen. Ein Weg in die Wolken.

Von Schanghai fuhren wir nach Myanmar, das Land war für Touristen noch nicht offen, der Zollbeamte schaute verächtlich auf den Schein, den ich ihm hinhielt, nahm wortlos meinen Geldbeutel, holte, bevor er einen Stempel in den Pass haute, heraus, was er für nötig hielt. Die Menschen alle im Longyi, in Wickelröcken, es war, bevor Jeans und Sneakers, Coke und Visa auch dieses Land eroberten. An den Handgelenken der Menschen keine Uhren, die Sonne gab die Zeit vor. Kein Mobilfunk, kein Internet, eine Welt, wie Willi sie einst kannte, nie in meinem Leben wurde ich so ausgebremst. Ich wurde still, Franziska lebendig, Gespräche mit Bauern und Fischern, morgens um fünf raus mit dem Boot, ich hing mich an sie dran, ließ mich fallen. Nie habe ich ihr gesagt, wie ich sie in diesen Tagen liebte, so wie ich ihr nicht sagen würde, wie ich sie in diesen Minuten auf dem Wasser vermisst hatte. Ich filmte neunzehn Sekunden Genfer See ab und schickte ihr das Video, sie schickte mir eines zurück von Sophia, einige Tage war es alt, sie, auf Mamas Arm, blies die

Geburtstagskerzen aus, Willi daneben, klatschend, lachend, als sei es sein eigener Geburtstag.

Ich scrollte durch die Filme, als Henry zu mir trat, mein Freund, seit wir dieses Buch gemacht hatten über Henry und seine Familie, die Geschichte seines Sohnes Kai, der Autist war. Und Henry, der eigentlich alles wissen musste über das Gehirn, war nicht in der Lage, sein Kind zu verstehen. Über fünfzehn Jahre musste er forschen, bis er erkannte, was in Kais liebenswertem Kopf vor sich ging. Menschen mit Autismus empfinden nicht zu wenig, wie es immer hieß, sie empfinden zu viel. Zu laut ist die Welt für sie, zu hell, zu ruppig. »Nicht ihnen fehlt Empathie, sondern uns. Für sie.« Diese Einsicht hatte ihn zu einem anderen Menschen gemacht.

»Na?«, sagte er.

Wir sprachen ein wenig über den Kongress, die Gäste, hochkarätige Wissenschaftler, und natürlich auch über David. »Diese Forschung«, sagte Henry, »wird unser Leben verändern – über alles hinaus, was wir uns vorstellen können.«

Ankunft, das Palace Hotel, blassgelbe Fassade, Dachkuppeln, so nah am See, so sehr Belle Époque, dass einem die Schönheit den Atem raubte. Kein Wunder, dass Peter Ustinov hier mit Sophia Loren und Paul Newman drehte, ein Film, mit dem Willi nichts zu tun hatte, bezahlt hatten ihn »die mit dem Löwen«, wie Willi sie nennt: Metro-Goldwyn-Mayer. Der Tod, so scheint es, hat in diesem Hotel auch eine Suite. Richard Strauss schrieb hier »Vier letzte Lieder«, in den Weltkriegen war es Lazarett, und Vladimir Nabokov und Freddie Mercury verbrachten im Palace ihre letzten Tage, beide gestorben an einem Virus, beide litten in den letzten beiden Lebensjahren mehr, als sie lebten. Mercury fast blind, von Flecken übersät, dem Kaposi-Sarkom, und zu schwach, um aufzustehen. Nabokov, weil seine Lunge versagte, der Atem versiegte, seine Zellen erloschen. Kein guter Tod, wie ihn der Schriftsteller in seinem Roman *Fahles Feuer* so beschrieb: als tiefen Fall, in Zeitlupe, schläfrig, luftgepolstert, fallend in einen Schoß.

»Der Tod ist nicht gut zu uns«, sagte David Sinclair, als wir durch den Tunnel zwischen den beiden Hotel-Gebäuden gingen, von dem Bau, in dem der Tod sich Strauss näherte, zu dem, in dem er Nabokov grüßte.

Seine Mutter Diana starb ähnlich wie Nabokov, langes Leiden, am Ende ging es schnell, Flüssigkeit sammelte sich in ihrer Lunge. David wachte neben ihr. Eben hatten sie noch über den Nachruf gelacht, den er, gerufen von Vater und Bruder, auf dem Weg zu ihr geschrieben hatte, und auf einmal wand sie sich, rang nach Luft und starrte sie an, Angst in den Augen. »Ich flüsterte ihr ins Ohr, sie sei die beste Mama, die ich mir hätte wünschen können.« In den nächsten Minuten sah er, wie sich seine Mutter verwandelte. »In eine zuckende, würgende Zellmasse. Wie ihr geht es vielen«, sagte Sinclair, »nur redet keiner darüber. Niemand sagt dir, wie es ist, wenn man stirbt.«

\* \* \*

David Sinclair. Professor, Gründer, Träger von fünfunddreißig Patenten und fünfundzwanzig wissenschaftlichen Preisen. »Der Genetiker«, titelte das *Time Magazine,* »der das Altern umkehrt.«

»Kein biologisches Gesetz besagt, dass wir altern müssen«, behauptete Sinclair. »Wenn Ihre Tochter Sophia so alt ist wie ihr Urgroßvater Willi heute, wird man über einen Menschen, der mit 122 Jahren stirbt, wahrscheinlich der Ansicht sein, er habe kein sonderlich langes Leben geführt.«

Seine Frau Sandra, eine Deutsche, mit der ich später telefonieren sollte, sagte über ihren Mann: »David ist vielleicht fünfzig Jahre alt. Aber er hat das Kind in sich bewahrt.«

Das Kind in David. Das Kind, das er war, und das Kind, das er ist. Nach den vielen Gesprächen mit ihm und seiner Frau, mit Freunden, Begleitern und Geschäftspartnern, verstand ich, wie diese beiden Kindheiten seine Forschung prägen.

Da gab es die Geschichte, wie er, als er zehn Jahre alt war, wissen wollte, wo der Hawkesbury River entspringt, der an ihrem Haus in Sydney vorüberfloss. Er folgte dem Wasserlauf, gegen den Strom, die erste Gabelung, die nächste Gabelung, durch mehrere Vorstädte wand sich der Fluss, war er doch Teil eines der größten Rias der Welt, eine weit verzweigte Wasserstraße, die entstand, als das Meer nach der Eiszeit das Land flutete. Als die Nacht hereinbrach, war David Meilen gegangen, bis zu den Bergen am Horizont. Dort rief ein Fremder seine Mutter an, sie kam ihn holen. Und das war nicht das letzte Mal, dass er loslief.

Sein Wesen, seine neugierige, sich widersetzende, ab und an auch halsbrecherische Natur, David fuhr auch Autorennen, die hatte er von Vera, seiner Großmutter, die ihn aufzog, wenn seine Eltern, zwei Biochemiker, in ihrer Arbeit gefangen waren, auch ein Mehrgenerationen-Modell.

Sie hatte ihm in heimlichen Schlingertouren das Autofahren beigebracht. Sie hatte ihn gelehrt, dass die Welt das ist, was man draus macht. Und dass Erwachsene nicht klüger sind als Kinder. Brachte sie ihn als Junge ins Bett, beteten sie nicht, Vera sprach ein Gedicht von A. A. Milne, dem Autor von Puh der Bär, ein Gedicht, in dem ein Kind sechs Jahre alt wird und das mit den Worten endet: »So I think I'll be six now / for ever and ever.«

»Werde nie erwachsen«, sagte sie. Sie hatte erlebt, was Erwachsene anrichten können. Vera war in Ungarn aufgewachsen, Davids Vater gebar sie mit fünfzehn Jahren. In den Wintern arbeitete sie in einem Hotel in den Bergen von Buda, das, als die Nazis im Zweiten Weltkrieg Ungarn überfielen, zur Kommandozentrale der SS wurde. Als die Schergen ihr Dorf durchsuchten, bot Vera Juden ein Versteck. Es folgten die Russen, die nächsten Diktatoren, Veras Mutter wurde bei der Flucht gefasst, die Szigetis, wie die Sinclairs damals noch hießen, hatten starke Frauen. 1956, als sich die Ungarn erhoben, verteilte Vera in den Straßen Flugblätter für die Freiheit. Schließlich flüchtete sie mit ihrem Sohn nach Sydney, wo sie zu einer lokalen Berühmtheit wurde, weil sie als eine der ersten Frauen Australiens Bikini trug und vom Bondi Beach verwiesen wurde. Später, bevor sie zur Familie heimkehrte, lebte sie – alleine – in Neuguinea.

Bis in ihre Achtziger, erzählte Sinclair, war sie stark und im Herzen jung. Sie liebte das Leben, trank mit Freunden Wein, erzählte Geschichten, tat, als dirigierte sie Symphonien. Und dann, im achten Jahrzehnt, kam der Räuber, der uns alle heimsuchen wird. Meist schleicht er sich an, er raubt nicht alles auf einmal, eins nach dem anderen nimmt er uns, sodass wir es erst kaum merken, hier ein Quäntchen Kraft, dort einen wachen Augenblick oder ein Löffelchen Appetit – und nach und nach werden die Lücken größer, geraubte Freunde, geraubte Freude, geraubte Erinnerungen. Vera verlor ihr Lachen und die Musik, kaum mehr erhob sie sich aus dem Sessel. »So geht es eben«, sagte sie. Sie starb mit zweiundneunzig Jahren, doch der Mensch, der sie war, sagte Sinclair, verließ die Welt lange vorher. Nichts am Altern ist teuflischer als die Jahre, die es uns in diese Zwischenwelt zwingt, halb tot, halb lebendig.

Sinclair ahnte damals nicht, wie nah er sich dieser Zwischenwelt noch nähern wird. Als er 1987 sein Studium begann, ging es auch für die neue Altersforschung erst los. Mit der alten teilte sie nur die urmenschliche Sehnsucht: das Altern aufzuhalten! Schon die ältesten Schriften träumen davon, der Gilgamesch-Epos, berühmteste Erzählung des Alten Orients, in Ton geritzt vor mehr als 2000 Jahren. König Gilgamesch suchte und fand eine Pflanze, die ewige Jugend versprach, verlor sie aber wieder, zerstobene Hoffnung wie alle Hoffnung in den Jahrtausenden danach. Bis zur ersten Altersrevolution durch die Pioniere um Paul Ehrlich herum, nach denen die Altersmedizin wieder stillstand, bis in den Neunzigerjahren die Genetik zum Flug ansetzte, die zweite Revolution. Und Sinclair – Gnade der Geburt – war dabei, am berühmten Massachusetts Institute of Technology.

★ ★ ★

Wie? Lenny in Sydney? Kommt zum Abendessen? Bei Ian?

David horchte auf. Lenny Guarente! Der Hefe-Guru. Vom Massachusetts Institute of Technology. Gerade hatte er bei Hefen eines der ersten Altersgene entdeckt. Sagenhafte Geschichten erzählte sich die Wissenschaftswelt über Lennys Team, junge Wilde in der neuen Sparte. Da musste David hin.

Gut, gut, sagte Ian, sein Doktorvater.

Und David musste nicht nur hin, er musste auch neben Lenny sitzen.

Und Ian ließ ihn lächelnd gewähren, und so kamen sie ins Gespräch, Lenny und der junge Doktorand, der sich auch im mikroskopischen Milieu der Hefen bewegte, der ihren Geruch so liebte, nach frischem Brot, der mit Hefen die Ahornsirupkrankheit erforschte, ein Leiden, das lustig klingt, aber es ist eine schlimme Erbkrankheit, für viele Babys bedeutet sie der Tod. David erzählte Lenny davon, und Lenny spitzte die Ohren und stellte Fragen, und dann war es an Lenny zu erzählen, sein neuestes Projekt: nicht Krankheiten, das Altern selbst erforschte er, und David entflammte vollends, Altern, Hefen – er musste mit Lenny arbeiten. Gerne, antwortete Lenny, wenn er eigenes Forschungsgeld mitbringt ...

Was wie eine Zusage klang, war eine verkappte Absage. Ausländer bekamen in den USA keine der wichtigen Post-Doc-Stipendien, also Forschungsgelder für Doktoranden, die ins Berufsleben einstiegen. David buchte trotzdem einen Flug nach Boston und stellte sich vor einer bekannten Stiftung in die Schlange der Stipendiaten-Anwärter. Dem Juror, der große Stammzellforscher Doug Melton, erzählte er, wie er in den nächsten Jahren »Leben spendende« Gene entdecken wollte, ein ganz neues Denken: Nicht die Gene suchen und erforschen, die uns altern und sterben lassen, sondern die, die unser Leben verlängern, keine Alterns-Gene, sondern Langlebigkeits-Gene. Melton nickte anerkennend – und tatsächlich, David bekam den Platz! Wohnung aufgelöst, den Mazda verkauft für ein weiteres Ticket. Seine spätere Frau Sandra, die er kurz vorher aus Deutschland nach Australien gelockt hatte, die für ihn die Bonner Studienstiftung überzeugt hatte, dass sie unbedingt nach Sydney wechseln müsste, schaute bitter. Als sie ankam, war er schon weg.

Nach Boston weiterzuziehen war ihr zu blöd. Sie blieb erst mal in Sydney. Bis sie schließlich, abgeschlossene Genetikerin, doch einen Job am MIT annahm.

\* \* \*

Hefen! Lässt man dafür seine Liebe zurück?

Kopfschütteln auf unserer Familien-Grillparty, wo alle mehr über diesen Sinclair wissen wollten, der diese Pillen gegen das Altern erfindet. Über Hefen wollten sie weniger wissen. Klang: laaaangweilig. Aber mit solchen Helfern ergründen die größten Wissenschaftler eben das Leben. Und als Plauderei beim Grillen war es lustiger, als man glauben möchte.

Franz, Franziskas Vater, Rotweintrinker, konnte ich sagen, dass, falls er wissen wollte, wie unser Leben beginnt, die Fliege in seinem Glas ihm die Antwort geben könnte, die Drosophila melanogaster, die Schwarzbäuchige Taufliege, die wir respektlos Fruchtfliege nennen und Franz sofort mit spitzen Fingern aus dem Glas fischte. Sie ist das erfolgreichste Labortier der Welt, sechs Nobelpreise hat sie errungen. Ihre Gene ähneln unseren, und so erzählt sie uns in zahllosen Studien viel über uns selbst, sogar über unseren Sex, etwa, was folgt, wenn er einem fehlt. »Männliche Fruchtfliegen, die sexuell benachteiligt sind, haben eine erhöhte Motivation, Alkohol zu konsumieren.«

Und Franziska, mit einem Hellen in der Hand, konnte ich sagen, dass, falls sie wissen möchte, wie wir altern, dieser Hefepilz in ihrem Glas, der Saccharomyces cerevisiae, der »Zuckerpilz des Bieres«, uns Wichtiges darüber erzählt, wie das Altern verlangsamt werden kann, etwa was wir tun können gegen Krebs, Demenz und Diabetes, gegen Falten, graue Haare und Krähenfüße. Er hatte fünf Nobelpreise gewonnen.

Mit zwei der wahren großen Geister hinter all den Nobelpreisen hatte ich schon mal Interviews geführt, besonders in Erinnerung ist mir das Gespräch mit der »Herrin der Fliegen«, vor drei Jahren in ihrem Fachwerkhaus in Tübingen, wo sie auf dem Klavier – fein geordnet – Schubert-Lieder und in einer Kommode – unter Krimskrams – ihre Nobelpreismedaille aufbewahrte. Eine ganze Weile musste sie suchen.

»Die hatte ich ewig nicht in der Hand.« Ah, da. Sie trug die Box heran, karminrot, »Christiane Nüsslein-Volhard« prangte darauf, in goldenen Buchstaben. Deutschlands erste Nobelpreisträgerin, eine der wenigen Frauen überhaupt, die in der Medizin ausgezeichnet wurden. Sie hatte herausgefunden, wie sich aus einer Eizelle ein Organismus entwickelt, das Leben der Fliege und das des Menschen. »Ich habe ja einige Medaillen bekommen«, sagte sie. »Aber die habe ich nicht mehr. Sind ja überall nur hässliche Männer drauf. Aber diese hier ist schön.« Zehn Zentimeter Durchmesser hatte die Medaille. Profil von Alfred Nobel. Auf der Rückseite ihr Name geprägt. »Es gibt Leute, die haben ihre verkauft. Der Jim Watson.« 4,7 Millionen US-Dollar brachte die Medaille ein.

Watson war einer der ersten Helden der Biologie, die in die heutige Altersmedizin mündete, die in den Fünfzigerjahren ihre zarten Anfänge nahm, in den Siebzigern wichtiger wurde und heute ihre unvorstellbare Kraft entfaltet: die Molekularbiologie, die Genetik. Watson entdeckte zusammen mit seinem Kollegen Francis Crick die berühmte Doppelhelix, die geschraubten Linien, die aussehen wie eine gedrehte Strickleiter, die Struktur der DNA, die in jeder Zelle eines jeden

Lebewesens steckt: das Erbgut. Ihren Erfolg verdankten die beiden Männer übrigens dem Genie einer Frau, der Biochemikerin Rosalind Franklin, die auch kurz vor derselben Entdeckung stand und deren Daten sie heimlich nutzten. Als die beiden den Nobelpreis bekamen, erwähnten sie Franklin mit keinem Wort. So viel zu den Medaillen, auf denen hässliche Männer prangen. Und immer noch werden Frauen in der Wissenschaft allzu oft unsichtbar gemacht.

Watsons und Cricks Entdeckung faszinierte die Welt. In dieser Strickleiter, ihren Holmen aus Phosphor und Zucker und Sprossen aus Basenbrücken, in dieser architektonischen Schönheit versteckte sich der Code des Lebens, verbargen sich die Antworten auf unsere drei größten Fragen: Wo kommen wir her? Wer sind wir? Was wird aus uns?

Nun musste der Code entschlüsselt werden, und dafür brauchte man Lebewesen, etwa Fliegen und Hefen, unsere genetischen Verwandten, die Fliegen »teilen« 60 Prozent, die Hefen 70 Prozent ihrer Gene mit uns.

Ein Gen ist ein kleiner Abschnitt auf der Strickleiter. Es bestimmt, ob ein Merkmal ausgeprägt wird, wie die Farbe unserer Haare oder die Länge unseres Körpers, wobei dies nicht ein Gen, sondern ein Team aus Genen bestimmt, bei der Haarfarbe elf. Ich fragte mich bei meinen dunklen Haaren schon, warum Sophia strohblond ist. Ein Gen ist ein Bauplan für das Merkmal, und die Baumeister, Proteine, lesen ihn, erkennen, welche Haarfarbe-Genvariante vorliegt: Ah, blond wie Franziska, als sie ein Mädchen war. Hier liegt also ihr Bauplan vor, ihr Allel, wie die Genetiker die Varianten nennen. Und dann stellen die Proteine, die auch Handwerker und Werkzeug sind, Farbstoffe her.

20 000 Gene, so schätzt man, lenken den Menschen, len-

ken die Zellen, manche sind an, manche aus. Da jede Zelle dasselbe Erbgut trägt, entscheidet dieses Anknipsen und Ausknipsen, ob eine Zelle Lungenzelle oder Leberzelle ist, ob sie sich über einen Kuss freut oder eine Sorge verarbeitet, ob sie Muße hat, sich fortzupflanzen, also zu teilen, oder ihre Kraft einsetzen muss, um ein Virus abzuwehren. Erste Fragen waren nun: Welches Gen macht was? Und warum? Und: Wie wird aus einem einzelligen Ei ein Wunderwerk wie der Mensch mit seinen Milliarden Zellen, »die Gestaltbildung«, wie es heißt.

Der Körper der Fruchtfliege und Christiane Nüsslein-Volhards Verstand erzählen uns viel darüber, wie Gene angeschaltet und ausgeschaltet werden und wie Gene die Entwicklung des menschlichen Embryos steuern.

Durchbrüche, das galt auch für Nüsslein-Volhard, erlangen Wissenschaftler oft mithilfe von Mutanten. Wie das geht, erklären Genetiker gerne mit einem Gedankenspiel: Angenommen du weißt nichts über Autos, du weißt nur, sie fahren, aber wie? Du kannst sie auseinanderbauen, so lernst du seine Teile kennen, aber wie sie zusammenwirken, erfährst du nicht. Also nimmst du viele Autos und veränderst sie ein bisschen. Du schraubst das Lenkrad ab, das Auto fährt, aber in der nächsten Kurve gegen einen Baum. Du baust die Kühlwasserpumpe aus, das Auto fährt, aber wird heiß und stirbt ab. Du entfernst die Einspritzpumpe, das Auto fährt gar nicht erst los. So lernst du, welches Teil wofür da ist.

Am Anfang lernten die Wissenschaftler langsam, aber im Laufe der Jahre schneller, auch dank des Fortschritts, den neuen Fähigkeiten der Rechner.

Wer sich für den mittleren Teil des Lebens interessiert, wie wir wachsen, das Leben abläuft, sich Krankheiten entwickeln, der sollte sich mit dem Fadenwurm befassen, Träger dreier Nobelpreise, das erste lebende Tier, das sich, durchsichtig wie es ist, vom späteren Nobelpreisträger John Sulston beim Teilen seiner Zellen zuschauen ließ. Sechsunddreißig Stunden brauchte der Wurm, bis er ausgewachsen war. Der Brite beobachtete ihn ein ganzes Wochenende und bemerkte, dass ein Teil der neuen Zellen wieder verschwand. Ihr geregelter Tod ermöglichte erst das Leben, ein gesundes Wachsen. »Programmierter Zelltod« ist der Fachbegriff: Überzählige und geschädigte Zellen töten sich, bevor sie Unheil anrichten. Krebs, andere Krankheiten, Entzündungen. Ein Meilenstein, der auch für David und seine Altersforschung eine große Rolle spielen wird.

Fehlte beim Grillgespräch noch der Hefepilz, großer Freund der Altersforscher, 2009 bescherte er Elizabeth Blackburn einen Nobelpreis. Sie hatte sich die Enden der Chromosomen angeschaut, den Strang im Zellkern aus DNA und Proteinen, und auf den Chromosomen Kappen entdeckt, die das Erbgut schützen. Sie beschrieb, wie die Schutzkappen sich abnutzen, einer der wichtigen Gründe für das Altern, und erforschte, was wir dagegen tun, wie wir das Altern verlangsamen können. Auch ein Forschungsziel Sinclairs, der mit seinen Hefen …

Aber meine Grillrunde hatte keine Geduld mehr. Ja, ja, Hefen sind wichtig. Dafür darf man auch mal seine große Liebe in Sydney sitzen lassen. Aber jetzt mal Butter bei die Fische: Welche Pillen nimmt dieser Sinclair?

# 13

## Die Wundermoleküle

»... und das Altern«

Natürlich hatte er die Moleküle dabei, als ich ihn in der Schweiz getroffen hatte. Er hat sie immer dabei, wenn er reist, die Kapseln, die Pulver, einen ganzen Container hat er davon zu Hause im Keller stehen.

»Das reicht für ein Jahrzehnt«, hatte er gewitzelt.

Und natürlich hatte er an diesem Tag wieder einige Bitt-E-Mails bekommen. Was genau er denn nehme? Ob er es verkaufe? »Einige bieten viel Geld«, sagte Sinclair.

Ja, was nahm er denn?

Nun, nach dem Aufstehen:

- 1 Gramm NMN. Nicotinamid-Mononukleotid. Weiße Farbe, kristallin, in einer Kapsel, aus dem eigenen Labor.

- ½ Gramm Resveratrol, Eigenproduktion, ebenfalls weiß, immer in Joghurt. Das Pulver nerve ein wenig, weil es sich nicht auflöst. »Wie Ziegelstein-Staub.«

- ½ Gramm Quercetin, nicht ständig, aber regelmäßig, gelblich, bitter und fast so staubig wie Resveratrol.

Und am Abend:

1 Gramm Metformin. Ein Diabetes-Mittel, das, so Studien, vor Demenz, Krebs und Herzerkrankungen schützt. »Ich wette, ein Drittel meiner Kollegen nimmt es.«

Antioxidantien nehme er keine, abgesehen von Vitamin D. Geldverschwendung, sagt er, sinnlos im Kampf gegen die freien Radikale, die unsere Zellen angreifen wie Sauerstoff das Fruchtfleisch eines aufgeschnittenen Apfels, der darüber braun wird. »Nein, es sind nicht die freien Radikalen, die uns altern lassen«, sagt Sinclair. Und wer ausgewogen isst, braucht keine Vitaminpillen. Fast lustig, wenn man bedenkt, wie viele Milliarden Euro die Menschen dafür ausgeben.

Seine Moleküle aber wirken, sagt er. Sie setzen in den Zellen Abläufe in Bewegung, als würden wir fasten oder Sport treiben, die beiden natürlichen Wege, jung zu bleiben.

Darf man ihm glauben? Immerhin hat er Patente angemeldet, Firmen gegründet, die Medikamente entwickeln, er hat also auch ein wirtschaftliches Interesse daran, dass seine Thesen stimmen. Wer das ergründen will, wer überhaupt verstehen will, welche Mittel helfen und welche nicht, der muss sich doch noch mal mit den Hefen beschäftigen, mit den wissenschaftlichen Kämpfen in Sinclairs Leben und mit dem Altern an sich.

\* \* \*

Unzählige Theorien gibt es über das Altern, hunderte seriöse Ansätze, aber zwei Strömungen stechen heraus.

Die einen, Anhänger der Evolutionstheorie, erklären, warum du alterst: Du bist auf der Welt, um deine Gattung zu erhalten, um Kinder zu kriegen und großzuziehen. Hast du das getan, wirst du überflüssig. Du alterst, stirbst und machst Platz für die nächste Generation.

Die anderen, Molekularbiologen wie Sinclair, erklären, wie wir altern. Sie sehen im Altern weniger den Sinn, als den Gegner. Sie studieren ihn, wollen ihn verstehen und überlisten. »Wir sterben nicht, um für die nächste Generation Platz zu machen«, sagt Sinclair. »Das ist grundfalsch.«

Schon als Student kannte er die Theorien des Alterns, auch die großen Schritte der Molekularbiologie, seit James Watson und Francis Crick dank Rosalind Franklin 1953 die Struktur der Doppelhelix entschlüsselt hatten, sodass wir erstmals in die Quelle des Lebens und Sterbens schauen konnten.

Die Ursache des Alterns, dachten die Pioniere, liegt in der DNA selbst: Sie nimmt im Laufe des Lebens Schaden, verfällt wie du selbst.

Aus diesem Grundsatz, Altern folgt aus Schäden des Erbguts, entspannen sich in den nächsten Jahrzehnten die meisten Erklärungen.

Schuld an den Schäden sei die Zellteilung, sagten die Verfechter der »Theorie der Fehlerkatastrophe«.

Nein, Elektronen schädigen sie durch Oxidation, sagten die Anhänger der »Theorie der freien Radikalen«.

Aber keiner von ihnen konnte seine Theorie beweisen.

Und so wandte sich die Wissenschaftsgemeinde von diesen Theorien ab und kam vor gut zehn Jahren überein, dass es wohl nicht den einen Grund für das Altern gibt. Es ist ein ganzer

Mix aus Ursachen, der uns erst die Jugend raubt und dann umbringt. Auf acht Zeichen des Alterns haben sich die Molekularbiologen festgelegt, von der Erschöpfung der Stammzelle bis zur Anreicherung gealterter Zellen, von der Fehlfunktion der Mitochondrien bis zur Abnutzung der Telomere.

Will man nun ohne solche Fachbegriffe runterbrechen, was Altern für Molekularbiologen bedeutet, so lässt sich einfach sagen: Altern heißt, unsere Zellen können sich nicht mehr reparieren und erneuern. Und Jugend ist nichts mehr als unsere Fähigkeit, uns innerlich zu erneuern.

Das Modell mit den acht Zeichen ist keine Revolution, es ist ein Resümee der Forschung der vergangenen Jahrzehnte. In ihr ist aber die Revolution schon angelegt, die sich in der Altersmedizin vollzieht. Ein Zeichen des Alterns lautet Veränderung im Epigenom.

Als die Zeichen vor zehn Jahren festgeschrieben wurden, war dieses noch eine Spur unter vielen, gleichberechtigt mit den Schäden an der DNA, die auch Teil der Zeichen sind. Doch in diesem letzten Jahrzehnt hat sich der Blick auf das Altern verändert, und Vorreiter wie Sinclair haben mit dem ersten Grundsatz der Altersforschung gebrochen: dem Blick auf das Erbgut. Die heutige Wissenschaft lenkt den Blick weg von der DNA, hin auf das Epigenom, gefädelte Perlen, die um die DNA gewickelt sind: also wie das Erbgut verpackt ist..

Und Sinclair und sein Lehrherr, Lenny Guarente, sind die Popstars unter den Epigenetikern.

\* \* \*

Das Forscherleben war aufregend, als David in Lennys Labor kam, ein junger, wilder Haufen, gleich ein halbes Dutzend bekannter Professoren erwuchs später daraus, eine goldene Generation von Genetikern. Ihre Arbeit kreiste um Hefen. David mochte die kleinen Dinger richtig gerne, wie der Mensch hatten sie vor allem zwei Dinge im Sinn: fressen und sich fortpflanzen. Und wie der Mensch wurden sie im Alter rund und weniger fruchtbar. Eine Woche dauert so ein Pilzleben, auch das macht sie für die Altersforschung so wertvoll und die Forschung am Menschen lange so schwierig. Wollte man erforschen, ob, was vermutet wird, ein bestimmtes Brokkoli-Molekül uns länger gesund hält, müsste man es einer Gruppe über Jahrzehnte verabreichen. Erst heute haben wir eine Lösung für dieses Dilemma.

Aber zu Davids Zeiten in Guarentes Labor war daran nicht zu denken, waren Hefen Goldstandard der Altersforschung, was bei ihnen Erfolge versprach, wurde weiter erprobt an Taufliegen, Fadenwürmern und Mäusen, die alle kurz genug lebten, um schnelle Erkenntnisse zu gewinnen. So beugten sie sich über ihre Mikroskope und sahen den Zellen zu, wie sie sich teilten und knospten, die neue Zelle kleiner als die Mutterzelle. Wie ein Haufen umgestürzter Kegel sahen die Zellen aus, und hatten sie sich fünfundzwanzigmal geteilt, so war das Leben vorbei. Wie ließ es sich verlängern, wie das Langlebigkeits-Gen aktivieren, das Lenny vor einigen Jahren entdeckt hatte? Um seine Arbeit aufzunehmen, brauchte das Gen ein Coenzym namens NAD, das wir – vereinfacht gesprochen – benötigen, um Essen zu verwerten. Es schien also etwas mit Nährstoffen, dem Stoffwechsel zu tun zu haben, ob das Gen angeknipst wird.

Und während sie so dahinforschten und kleine Fortschritte erzielten, kam ihnen – wie so oft bei Durchbrüchen – ein Zufall zur Hilfe. Ein Kollege hatte im Kühlschrank ihres

Labors einen Zellhaufen vergessen, irgendwo hinten, wie der Joghurt bei Helga. Zum allgemeinen Erstaunen hatten die Zellen überlebt, und sie stellten fest, dass dieser Haufen, gebeutelt durch Hunger und Kälte, länger lebte als die Hefen, die ein behagliches und wohlgenährtes Dasein fristen durften.

Ja, es musste mit den Nährstoffen zusammenhängen, eine Erkenntnis, die noch nichts Besonderes war; seit Willis Kindheit; seit den Dreißigerjahren wissen wir, dass Tiere gesünder blieben, wenn sie auf Schmalkost gesetzt wurden, alle wichtigen Nährstoffe, aber eben weniger Kalorien. Ein solches Fasten ist bis heute die einzige Art, das Leben zu verlängern, die wissenschaftlich belegt ist. Eine Größe dieser Fastenforschung war Professor Roy Walford aus Los Angeles, der einer Gruppe Mäusen die Hälfte fütterte und feststellte, dass sie bis zu 40 Prozent älter wurden als die anderen. Wenn man das auf den Menschen umrechnete ... »Unsere Diät-Mäuse leiden weniger an Diabetes, Krebs und Knochenschwund«, verkündete Walford. Die Unterschiede waren aufregend. Während bei den Diät-Mäusen Brustkrebs selten war, erkrankten daran mehr als die Hälfte der Vollkost-Weibchen.

Ein Abenteuer mit dem Namen Biosphäre 2 erlaubte Walford, die Schmalkost auch beim Menschen zu erforschen. Der texanische Milliardär Edward Bass hatte unter einer Glaskuppel den Lebensraum der Erde nachgebaut, vier Frauen und vier Männer sollten dort leben, Tiere züchten und ihr Essen anbauen. Die NASA überwachte das Experiment. Leider fehlte den Pflanzen Sauerstoff und den Gärtnern das Geschick, die Ernten blieben karg. Aber es war gesund, was sie aßen und tranken, Wasser und Ziegenmilch, siebenundzwanzig Sorten Obst und Gemüse, Hirse, Reis, Weizen, sonntags Fleisch, drei Mahlzeiten am Tag, nicht mehr als 1800 Kalorien. Zu wenig für Bauern und Bäuerinnen, die Frauen verloren zehn, die Männer 20 Prozent ihres Gewichts, aber: Sie fühlten sich gut, brauchten weniger Schlaf, ihr Blutdruck und Blutzuckerspiegel fielen deutlich.

Es war also nicht erstaunlich, dass eine Diät die Hefezellen gestärkt hatte, wobei Hungern, der dauerhafte Mangel an Nährstoffen, natürlich schadet, das Leben verkürzt. Guarentes Team wollte dem Mechanismus auf den Grund gehen und schaute auf das Langlebigkeits-Gen, das Lenny 1995 entdeckt hatte, es trug den Namen SIR2. Sie schauten dabei weniger auf das Gen selbst als auf sein Zusammenspiel mit seiner Verpackung, der Perlenschnur um die DNA: das Epigenom.

»Du musst dir das Leben wie Musik vorstellen«, sagt Sinclair. Der Körper ist ein Klavier, die Gene sind die Tasten. Nun müssen diese Tasten gespielt werden, ohne Pianist keine Musik. Und diese Pianisten sind die Epigene, sind – auf Umwegen – wir selbst. Es ist die spektakuläre Erkenntnis des neuen Jahrtausends, die alles in der Altersmedizin verändert hat: Mehr als die Gene uns, steuern wir unsere Gene.

Wir spielen diese Tasten, lassen unsere Gene auf drei Arten klingen. Wenn wir das Richtige tun, etwa lachen oder Brokkoli essen. Wenn wir das Richtige lassen, etwa Rauchen und ständig Zucker essen. Und wenn wir das Richtige ertragen, also mal ein Essen weglassen, Sport treiben oder nach der Sauna ins Eiswasser springen.

So bedeutsam ist, was wir tun, lassen und ertragen, dass es das Epigenom, den Pianisten in uns, verändert, dass die Markierungen darin, die guten und die schlechten, sogar vererbt werden. Jeden Apfel, den ich gegessen habe, und es waren sogar viele, habe ich auch für Sophia gegessen. Sie hat vielleicht nicht meine Haarfarbe geerbt …

Wenn wir ab und an Die Biene Maja schauten – die erste Folge, ihre Lieblingsfolge, Maja kommt auf die Welt –, dachte ich, dass die Sache mit der Epigenetik so logisch und einfach ist, dass ich sie sogar Sophia erklären könnte. Jede der Larven, die da in der Wabe sitzen, war gleich. Aber eine wird die Königin, wird größer sein, die Eier legen und das neue Volk begründen. Warum? Weil Ammenbienen ihr drei Wochen lang nur Gelée Royale fütterten, während sie den anderen nach drei Tagen Pollen und Honig beimischten.

Eigentlich sagte die Epigenetik – verklausuliert mit Begriffen wie »Genotyp« oder »SIR2« – nur, was einem seit jeher jeder Landarzt sagte: »An apple a day keeps the doctor away.« Willi hatte in seinem Leben Äpfel geliebt, auch Salat, bis vor wenigen Jahren kein Tag ohne Salat, erst seit sein Essen püriert wurde, endete diese Lust. Sie hat ihn sicher länger gesund gehalten, aber seine schlimmen Leiden hat sie nicht verhindert. Und das erhebt die Epigenetik wieder über den Rat des Landarztes. Wenn wir die genetischen Vorgänge hinter dem Apfel verstehen, können wir daraus Mittel und Therapien entwickeln, die von viel größerer Kraft sind, etwa stark genug, den Tremor zu verhindern, den Willi, wenn er zu schlimm wurde, resignierend lächelnd mit einem Klaps auf die Hand zu bändigen versuchte.

Und diese Suche machte die Arbeit von Sinclair und seinen Mitstreitern so aufregend. Was steckte genetisch dahinter?

Sie entwickelten eine Theorie, begriffen die Genetik als Kreislauf zwischen Leben und Überleben, und in diesem Kreislauf schien der Mechanismus des Überlebens der

Schlüssel zu sein für lange leben, oder besser gesagt: lange gesund leben. In fetten Zeiten, so diese Theorie, erklingen Gene, die unsere Zellen dazu bringen, sich fortzupflanzen, zu wachsen, sich zu teilen und zu vermehren. In schweren Zeiten verstummen diese Gene, der Körper braucht alle Kraft, um die Zellen zu wappnen oder Schäden zu reparieren, die Hunger, Kälte oder Viren in ihnen anrichten. Dafür erklingen nun Gene, die genau diese Reparatur-Arbeiten in den Zellen anregen.

Sich schützen, reparieren, erneuern – die Entsprechung für molekulare Jugend.

Nach der Kur, so der Gedanke, war die Zelle gestärkt und geschützt, trotzte auch besser Smog und Sorgen und Sahnetorten. Und: Wer sich seltener teilt, lebt länger, in der Welt der Hefen sonnenklar, da sich jede Zelle nur fünfundzwanzigmal teilen kann. Logisch auch für den Menschen, wo bei jeder Teilung die DNA zerfetzt und neu zusammengesetzt werden muss – ein Grund für Schäden.

Diese Theorie führte zwingend weg vom Gen selbst, vom Denken der Forscher der Siebziger- und Achtzigerjahre, die fast nur auf die DNA schauten, als liege unser Schicksal allein darin begründet. Wie begrenzt die DNA allein doch war! Studien an Zwillingen zeigten: Der Einfluss der Gene auf das Alter liegt bei kläglichen zehn bis 25 Prozent. Nein, die Gene, die für unser Überleben und für Langlebigkeit zuständig sind, schalteten sich nicht selber an. Dafür brauchen sie die Epigene, die Perlen, die um sie herum geschnürt sind. Sie erst spielen das Lied des langen Lebens.

Wie aber arbeiten die Epigene? Was genau, war die große Frage, hatte sie in den Kühlschrank-Zellen dazu gebracht, das Langlebigkeitsgen, SIR2, anzuschalten? Ihr Blick fiel zwangsläufig auf: die Sirtuine.

★ ★ ★

Sirtuine und das Leben sind untrennbar verknüpft. Sirtuine finden sich in allen Lebewesen. Es ist ein Eiweiß, ein Protein. Eiweiße geben der Zelle Struktur und steuern – als Enzyme – ihre Chemie. Sirtuine sind solche Enzyme, sind also nichts anderes als bei uns im Haus Willi und Sophia, sie sind verantwortlich dafür, dass sich etwas verbindet. Die Sirtuine sind eine Familie mit sieben Mitgliedern, von Sirt1 bis Sirt7; als Sinclair und seine Kollegen ihre Forschung begannen, waren noch nicht alle entdeckt. Ihr Name ist eine Abkürzung, leitet sich aus dem Englischen ab: »Silent Information Regulators (Sirt) – stille Informations-Regler«. Sie steuern den Nachrichtenfluss zwischen den Genen und ihrer Verpackung, zwischen DNA und der Perlenschnur drumherum. Je nach Nachrichtenlage binden sie die Perlen an die Gene oder entfernen sie wieder, schalten so die Gene an und aus. Springt man nach der Sauna in den Bergsee – bei uns wäre das Franziska –, zurren die Sirtuine die Perlen tüchtig fest und schalten ihre Überlebensgene an. Bei mir heben sie vielleicht mal kurz die Augenbraue, ich schaffe es nur bis zu den Knien, was auf doppelte Weise dafür sorgen wird, dass Franziska älter werden wird als ich.

In der Altersforschung stiegen die Sirtuine innerhalb weniger Jahre zu Stars auf, und in ihrem Schweif flog Sinclair mit nach oben. Denn sie versprachen etwas, das zu schön klang, um wahr zu sein.

Seit Jahrzehnten wussten wir, dass es nur zwei Wege gibt,

das gesunde Leben zu verlängern: sich bewegen und sich beschränken. In Maßen Sport treiben und fasten. Aber wer hat schon die Disziplin? Gäbe es nur ein Mittel, sagte sich Sinclair, das die Langlebigkeits-Gene erklingen ließe! Ein Mittel, dass die Sirtuine zum Arbeiten bringt. Diese wurden durch Nährstoffe angeregt. Aber welche?

Es sollte Sinclairs Suche der nächsten Jahre werden; solche Aktivatoren, wie sie in der Fachsprache genannt werden, sind selten; Tausende Chemikalien testeten er und Firmen, die sich wie Sinclair auf die Suche nach den Wundermitteln gemacht hatten. Sinclair wurde darüber Harvard-Professor, wurde Institutsleiter und in der Szene bald so bekannt, dass er sein Notizbuch in einen Safe sperren musste. Aus Sinclair und seinem Mentor Guarente waren Konkurrenten geworden, der Einsatz groß: Viel Geld versprach ein solches Verjüngungsmittel in einer Welt, in der bald mehr Menschen über fünfundsechzig als unter fünf leben würden. »Es ist ein Rennen«, hatte Sinclair selbst zugegeben.

Endlich kam Bewegung in die Sache, als 2002 ein US-amerikanischer Biochemiker, Konrad Howitz, der nicht mal auf der Suche danach war, entdeckte, wonach sie alle gesucht hatten: einen Sirtuin-Aktivator, sogar zwei, die eher unbekannten Pflanzenfarbstoffe Butein und Fisetin. Butein stammte aus der Blütenpflanze Butea superba, die in Thailand als Verjüngungsmittel bekannt war. Fisetin aus dem Perückenstrauch, steckte aber auch in Äpfeln und Gurken.

Butein? Fisetin? Ein Kollege Howitz', ein Genie in chemischen Formeln, sagte: »Ah, die haben dieselbe Struktur wie Resveratrol.« Ein wesentlich bekannteres Molekül, aus der Weintraube, das bekannt war als Antioxidantium, um die es in den Neunzigern einen Hype gegeben hatte, der bis heute anhält, obwohl Antioxidantien wenig bewirken, da sie nicht in der Zelle, wo sie gebraucht würden, ankommen. Wer die freien Radikale bekämpfen will, das wusste die Wissenschaft damals noch nicht, muss einen Umweg gehen, er muss ein Gen aktivieren mit dem Namen NRF2; solche Aktivatoren sind die eher unbekannten Substanzen Astaxanthin oder Sulforaphan, ein Farbstoff der Alge und ein Senföl, Resveratrol vermochte das nicht. Den wahren Wert des Moleküls sollte Sinclair, der von Howitz' Erkenntnissen hörte und mit ihm zusammenarbeitete, erst später erkennen.

Sinclair verabreichte seinen Hefezellen also Resveratrol, und glaubte kaum, was er sah: Die Zellen teilten sich öfter bis zum Lebensende, insgesamt vierunddreißigmal – als würde ein Mensch fünfzig Jahre länger leben. Als er die Hefen fasten ließ, geschah weiter nichts, die Hefen wurden nicht noch älter, das Resveratrol hatte diesen Pfad der Jugend, das Fasten-Gen bereits angeschaltet, die Hefen hatten also gefastet, ohne fasten zu müssen, allein durch das Molekül.

Eine zweite Beobachtung bestätigte seine Theorie, dass kurzfristiger Zellstress langfristig gesund ist: Reben, die Hitze, Kälte oder Dürre trotzen mussten, bildeten mehr Resveratrol, ihr Weg, die Gene für ein langes Leben anzuschalten. Wer gesund bleiben will, so Sinclairs Schluss, sollte bunte Pflanzen essen, die voller Überlebenshelfer stecken, Farbstoffe wie Butein, Fisetin oder Resveratrol.

Sinclair testete, ob Resveratrol auch in Taufliegen und Mäusen wirkte. Die Taufliegen lebten, auf Menschenjahre gerechnet, vierzehn Jahre länger, ähnlich die Mäuse, eine wurde, auf Menschenjahre gerechnet, 115 Jahre alt.

David empfahl den Wirkstoff gleich seiner Mutter Diana, starke Raucherin, die an Lungenkrebs erkrankt war; die

Ärzte hatten ihr einen Lungenflügel entnehmen müssen und sagten ihren baldigen Tod voraus. Erstaunliche fünfzehn Jahre würde Diana das Mittel noch nehmen. Es war kein Beweis dafür, dass, wofür es tatsächlich Hinweise gibt, Resveratrol Krebs hemmt, aber Sinclair, der selbst täglich ein Gramm schluckt, fühlte sich bestätigt.

»Die Krankheit meiner Mutter«, sagte er, wenn er aus der Zeit erzählte, »war der Grund, warum ich lieber Medikamente herstellen wollte, als wissenschaftliche Aufsätze zu schreiben.«

2004 gründete Sinclair die Firma Sirtris, er wollte mit Resveratrol Diabetes und Krebs behandeln. Im selben Jahr wurden aber Zweifel an seiner Arbeit laut. Zwei Kollegen stellten die Grundthese infrage, dass Fasten das Langlebigkeits-Gen SIR 1 anregt. Sie hatten in einer Hefe-Mutation das Gen entfernt und ließen diese fasten – es lebte trotzdem länger. Es war so wie bei diesem Gedankenspiel der ersten Genetiker: Nimm ein Auto, baue ein Teil aus und schaue, ob es noch fährt. Und das Auto fuhr und fuhr und fuhr – auch ohne Bauteil SIR 1.

Sinclair antwortete mit einer Studie, zusammen mit Rafael de Cabo vom National Institute on Aging, dem staatlichen Altersinstitut der Vereinigten Staaten. Ein Triumph. De Cabo und Sinclair hatten Mäuse in drei Gruppen aufgeteilt. Die erste ernährten sie gesund; die zweite mästeten sie, mehr als die Hälfte des Essens bestand aus Fett; die dritte Gruppe mästeten sie ebenfalls, aber gaben ihr dazu Resveratrol. Die Resveratrol-Mäuse waren zwar rund wie Obelix, aber hatten den Blutzuckerspiegel der Diät-Mäuse, und ihre Leber war nur halb so groß wie die der Mast-Mäuse, denen sie dazu im Laufrad davonrannten. Und: Sie lebten deutlich länger.

Was für ein Versprechen: Schlemmen, ohne krank und schlapp zu werden! Selbst die Kritiker fanden das »aufregend«, und die New York Times hob ihn auf die Titelseite. Ein Wundermittel im Rotwein! Allerdings, schränkte sie ein, müsste man am Tag 1500 Flaschen trinken, um auf die Resveratrol-Dosis der Mäuse zu kommen.

Der Rummel war so groß, dass Sinclair und seine Frau nach Deutschland flüchteten, nach Burlo, Sandras Heimatdorf in Nordrhein-Westfalen, 2400 Einwohner, Kloster, Schützenverein, ein Grenzstein von 1766, der Rehder Bach, ein guter Ort, um Ruhe zu finden, wobei man sagen muss, dass Sinclair mit seinen Versprechungen den Rummel angeheizt hatte: »Resveratrol«, sagte er dem Magazin Science, sei »so nah an einem Wundermolekül, wie es nur ginge.«

Im Jahre 2008 kaufte der britische Konzern GlaxoSmithKline (GSK) Sinclairs Unternehmen – für 720 Millionen US-Dollar. Reich machte es Sinclair nicht. Als Wissenschaftler spielte er in der Champions League, als Geschäftsmann in der Kreisliga. Um seine Firma zu finanzieren, hatte er fast alle Anteile abgegeben. Doch für ein schönes weißes Holzhaus westlich von Boston reichte es noch, mit kleinem Garten, Terrasse und Granitkamin, mit Buchsbäumen, Blaubeersträuchern und einem Koi-Teich.

Dort konnte David sich verkriechen, als die öffentliche Meinung umschwang, Kritik und Krisen über ihn fegten. Der Konzern Pfizer, Konkurrent von GSK, griff Sinclair 2010 mit einer Studie an, die, verkürzt gesagt, seine Arbeit als Quatsch bezeichnete und die ausgeräumt geglaubten Zweifel der früheren Kollegen verschärfte: Resveratrol aktiviere gar keine Sirtuine. Sinclairs Experimente ließen sich nicht mit denselben Ergebnissen wiederholen. Es ging um die für Wissenschaftler wichtige Frage, wie sichtbar gemacht wird, ob Sirtuine aktiv sind, im Detail hochkomplex, die Botschaft dahinter aber für jeden verständlich: Die komplette Sirtuin-Theorie wäre Unsinn.

GlaxoSmithKline nahm den Angriff so ernst, dass die Tests unterbrochen wurden. Sinclair antwortete beleidigt, Pfizer wüsste wohl nicht, wie man Resveratrol richtig isoliert. Es machte alles nur schlimmer.

Sinclair legte sich eine Woche ins Bett. »Ich dachte, ich hätte alle enttäuscht, mein Labor, mein Land, Australien, die ganze Welt«, aber seine Zahlen waren doch richtig, sagte er sich, ein Jahrzehnt Studien, und, Fanatiker wie er war, hatte er in diesen zehn Jahren mehr Zahlen gereiht, mehr Versuche gemacht, als andere in ihrem ganzen Berufsleben. Mit doppelter Wut stand Sinclair wieder auf, ging zurück in sein Institut, das auf vier Mitarbeiter geschrumpft war, und stürzte sich in eine Arbeit, in der es nicht mehr nur um Gene und Moleküle, ums Altern ging, sondern um sein ganzes bisheriges und zukünftiges Leben, und er schrieb eine Studie, die 2013 in dem renommierten Fachblatt Science erschien und später gerahmt in seinem Labor hängen würde. Darin zeigte er, geprüft von unabhängigen Gutachtern, wie Resveratrol Sirtuine aktiviert, er beschrieb im Einzelnen, an welcher Stelle Resveratrol das Sirtuin-Eiweiß bindet und wie es die Struktur ändert und so seine Aktivität steigert. Und er wies nach, welchen Fehler Wissenschaftler begehen können, wenn sie seinen Versuch nachbauen, dass sie, wenn sie Sirtuine genetisch verändern und dies bei einer besonderen Aminosäure tun, dem Resveratrol seine Wirkung rauben.

Den Glaubenskampf konnte er damit nicht beenden, aber er hatte überlebt, war sogar gestärkt aus der Krise herausgekommen, so stark, dass er überstehen konnte, was mit Sirtris geschah, mit ihrem Resveratrol-Medikament, das Diabetes behandeln sollte. Warum nicht das Altern selbst? Nun, die FDA, die Behörde in den USA, die Arzneimittel zulässt, prüft nur Medikamente, die eine Krankheit heilen oder mildern sollen. Das Altern selbst war von der Regierung nicht anerkannt. Also gingen die Konzerne den Umweg, die Wirkung auf einzelne Alterserkrankungen zu erforschen.

Ihre ersten Studien enttäuschten. Ihre Resveratrol-Formel war weniger wirksam, als sie sich erhofft hatten. Schwer löslich, wurde es vom Darm schlecht aufgenommen, es verursachte Durchfall. Schließlich stoppte GSK die teuren Tests, schloss Sirtris, ein Desaster. »Hätte der Konzern weiter Geld investiert«, sagte Sinclair, »wäre ein Medikament gekommen.« Und neben ihm glaubten weiter viele Wissenschaftler an Resveratrol, selbst frühere Gegner von Sinclairs Sirtuin-Forschung lobten die »wundersame« Wirkung des Moleküls.

Sinclair konnte zufrieden sein. Resveratrol war zwar nicht der erhoffte Durchbruch, aber hatte das Denken in der Altersforschung erweitert. Moleküle können genetische Pfade für ein Leben öffnen, das länger gesund ist. Wissenschaftler in aller Welt erforschen zwanzig Gene, von denen bekannt ist, dass sie uns länger leben lassen, erforschen die Epigene dahinter, erforschen die Sirtuine und die Stoffe, die sie anregen, STACs genannt, Sirtuin Activators. Hunderte Aktivatoren kennen wir inzwischen, einige haben in Studien mit Menschen gezeigt, dass sie Schuppenflechte lindern oder den Cholesterinspiegel senken, »und das ist nur ein Anfang«, schreibt Sinclair in seinem Buch: »Sirtuine befehlen unserem Organismus, sich in Zeiten von erhöhter Belastung ›ins Zeug zu legen‹ und schützen uns gegen die wichtigsten Alterskrankheiten wie Diabetes, Herzkrankheiten, Alzheimer, Osteoporose und sogar Krebs. Sie dämpfen chronische überschießende Entzündungen, die Krankheiten wie Arteriosklerose, Stoffwechselstörungen, Colitis ulcerosa, Arthritis und Asthma verursachen. Sie verhindern den Zelltod und regen die Tätigkeit der Mitochondrien, die Kraftwerke der Zelle, an.« Sämtliche Befunde, schreibt er, »wurden von Wissenschaftlern in Studien nachgewiesen.«

Und eines der Moleküle unter den Sirtuin-Anregern katapultierte Sinclair wieder nach oben, der Star unter den STACs, das größte Versprechen, weit größer als Resveratrol je war. Heiß diskutiert, verherrlicht und gefürchtet: NAD.

# 14

## As long as I live

»... und die Wippe des Alterns«

»Leonie. Leeeonie. Lee – ooo – niee.«

Es war einer der Augenblicke, in denen mir wieder klar wurde, wie falsch es gewesen war, unserem Hund diesen Namen zu geben. Welcher Hund hieß schon Leonie? Drei Silben sind zwei zu viel, wenn du sie hundertmal am Tag durch die Landschaft rufst, weil der Hund, verfressen, wie er war, keine Gelegenheit ausließ, um sich schnüffelnd in die Hecken zu schlagen und Äpfel, Bananenschalen oder Leberkäs-Semmeln zu erbeuten, die sie – abgesehen von den Bananenschalen – auf dem Weg zurück zu uns schmatzend und zu Sophias allergrößten Freude vertilgte. »Was macht die Maus da?«, fragte sie dann glucksend und darüber nachdenkend, ob sie sich auch in die Büsche schlagen, sich abrufen und lächelnd ausschimpfen lassen sollte. »Maus«, genau so hatte ich angefangen, Leonie immer öfter zu rufen, inspiriert von Franziska, die, wenn Leonie bettelnd vor ihr saß, den Blick unschuldig nach oben gerichtet, mal gesagt hatte: »Sie hat ein richtiges Mausgesicht«, was auch stimmte.

»Maus!«, alternativ »Mausmaus«, das klang zwar albern, aber sparte Mühe und Zeit. Pro Silbe eine knappe Sekunde Rufzeit, alleine für das »o« in Leonie verbrauchte das am Tag eine Minute, im Monat dreißig Minuten, im Jahr sechs Stunden und in einem Labradorleben von 10,7 Jahren mehr als vierundsechzig Stunden. Wenn nun ein Tag – ohne Schlaf – sechzehn Stunden hatte, vergeudete ich mit dem »o« und Leonies Verfressenheit vier Tage meines Lebens. Und es wäre noch mehr, wenn Leonie nicht braun, sondern schwarz wie Paula wäre, braune Labradore leben im Schnitt 1,5 Jahre weniger. Wobei mir bei dieser Rechnung gleich einfiel, dass ich Paula, die Leonie an Verfressenheit in nichts nachstand, ja auch noch rufen musste.

»Leeee – oooo – nie!!! Verdammt!« Was sie da am Ufer, im Gebüsch, wohl wieder fraß?

»Nicht so laut rufen«, tadelte Sophia. »Dann bekommt die Leonie Angst.«

Sophia hatte angefangen, sich mit Leonie zu verbünden. »Leonie ist meine Schwester«, sagte sie manchmal und legte sich – zu Franziskas Entsetzen – in Leonies Hundebett. Einige Kämpfe hatten wir ausgestanden, als Sophia ganz klein war. Franziska, fürsorgliche Mutter, wollte ihr Baby vor Keimen und Hundehaaren schützen, ich hatte die Einstellung, dass Bauernhofkinder weniger Allergien entwickeln als die Sprösslinge berüchtigter Helikoptereltern, die ihre Kinder mit Sagrotan-Tüchern jagten. Wir fanden einen Kompromiss, der Hund darf nicht ins Bad, nicht ins Bett, wo ich ihn eh nicht haben wollte, aber auch nicht ins Kinderzimmer, wo es mir egal gewesen wäre. Legte sich Sophia eben zum Hund statt der Hund zu Sophia. Eine Welt ohne Leonie kannte Sophia nicht. Leonie strukturierte ihren Tag. Sie war die erste Begegnung am Tag, schwanzwedelnd. Schon mit zwei hatte Sophia das Füttern übernommen, wild rührte sie – »Damit es warm wird« – in der Früh im Napf das Trockenfutter um, das sie mit einem Löffel – »1 – 2 – 3 – 4 – 5« – hineingefüllt hatte. Zu Leonies Freude flogen die Kugeln nur so durch die Küche. Vorm Gassigehen öffnete Sophia den Hunden die Gartentür, nachmittags lief sie neben ihnen über die Wiesen und Felder, und abends, nachdem sie – nun bei Oma Susi – wieder das Füttern übernommen hatte, sprang sie, bevor sie zu Bett ging, lange Minuten mit ihren kurzen Beinen über Leonie hinüber, hin und her, als wäre sie ein Hindernis beim Springreiten. Sah ich es, sträubten sich mir die Haare, Leonie aber schnarchte, und Sophia lachte nur.

Ohne Leonie wäre Sophias Welt ärmer. Und mir graute vor dem Gedanken, dass wir eines Tages die Hündin begraben müssten, nicht nur, weil ich sie selbst unendlich vermissen würde, sondern weil ich dann stark sein und Sophia trösten musste. Ich hatte ihr ja – trotz Willis Gegrummel über unser Getue – noch nicht mal erklärt, was Tod und Sterben bedeutete. Und als wir das erste Mal über den alten stillgelegten Friedhof gingen, auf dem Weg zu den Zicklein eines Bauernhofs in unserer Nähe, hatte ich zu den verwitterten Grabsteinen, »Maria Einsiedel 1862 – 1908« oder »Anton Redl 1850-1924«, die Sophia fragend anschaute, nichts weiter zu sagen gehabt, als dass die Steine brüchig wären und kein Ort zum Spielen. Zum Glück hatte Leonie die Gelegenheit genutzt und im Gebüsch einen Mangokern gefunden, den sie uns – Plopp – stolz vor die Füße legte, was weit lustiger und interessanter war als grauschwarze Steine mit Resten goldener Schrift. Schnell weiter.

Zu den Zicklein oder wie heute, wo es so heiß war, zum Anger, wie im Ort eine Wiese genannt wurde, einem versteckten Flussarm, nur fußtief, kieselklar, eiskalt, eines unserer liebsten Gassi-Ziele, weil Sophia ohne Gefahr durchs Wasser waten und Krebse und Fische begutachten konnte und es niemanden störte, wenn wir für Leonie Stöcke warfen oder Steine flippen ließen. Gerade beugte ich mich nach einem besonders flachen Kiesel, als ich hörte, wie Sophia, die es mal wieder als Erste entdeckt hatte, sagte: »Was hat denn die Leonie da?« Gutes versprach dieser Satz nie, in Flussnähe versprach er sogar Schlechtes, regelmäßig schleppte sie Fische an.

Ich hob den Kopf. Ah! Weit hinten, von der kleinen Brücke her, kam sie auf uns zu, im Stechschritt, den Schwanz nach oben gestellt, die Spitze im Triumph tanzend und in der Schnauze …

… ? …

… ein …

… ein …

… was war das? …

… schaukelnd …

… Fisch? …

… nein …

… ein …

… ein …

… EINE …

… SCHLANGE!

Gleich hob ich Sophia hoch. Empört wand sie sich in meinen Armen: Sie wollte das doch sehen!

»Was ist das?«

Schritte zurück, bei gleichzeitigem Versuch, das Mädchen in meinen Armen zu bändigen.

Noch mal: »Was ist das?«

»Pfui! Aus!!«

Leonie dachte nicht dran. Sah er denn nicht! Sie kam näher. Weitere Schritte zurück. Noch wilderes Gewinde in meinen Armen. Wie sich dieses Mädchen biegen konnte!

»Runter«, rief Sophia. Und landete auf dem Boden.

»Nein«, rief ich zu ihr. Und Leonie entgegen: »Aus!!!«

Plopp. Genau vor unsere Füße.

Sophia beugte sich neugierig nach vorne.

»Was ist das?«

Schillernd lag das Reptil vor uns und …

Bewegte sich nicht. Tot. Das Schaukeln im Maul war Leonies Tänzelgang geschuldet.

Die Schlangenaugen leer, der Rücken grau geschuppt, der Bauch weiß, mit braunen Flecken, am Schwanz aufgerissen, die Vögel waren schon vor Leonie dran gewesen.

»Was ist das?«, fragte Sophia zum fünften Mal. Sie beugte sich mit größten Augen noch tiefer. Der Geruch schien sie nicht zu stören, eine Mischung aus totem Fisch und totem Frosch.

»Eine Schlange«, antwortete ich endlich, angewidert.

»Eine Schlange«, freute sich Sophia. Und Leonie wedelte gleich wieder los.

»Nicht anfassen.« Ich holte aus dem Buggy einen der Stöcke, die wir gesammelt hatten, um sie für Leonie zu werfen, hob den Kadaver langsam hoch und warf ihn schnell unter Sophias und Leonies entsetzt-empörten Blicken den Hang neben uns herunter, wo er auf einem Vorsprung liegen blieb.

Beide liefen gleich rüber und schauten hinab.

»Was ist mit die Schlange?«

»Na, äh, sie, ja, sie, sie lebt nicht mehr.«

»Doch, sie lebt«, widersprach Sophia. Ohne zu wissen, was eine tote Schlange überhaupt war.

»Äh, nein.«

Wäre Willi da, was hätte er sich über mein Gestammel aufgeregt.

»Wo ist die jetzt?«, fragte sie und schaute nach unten.

Ich hob Sophia hoch. »Da«, zeigte ich. Drei Meter unter uns, nicht weit vom Wasser entfernt.

»Ich will da hin.«

»Nein.«

»Warum nicht?«

»Ich will nicht.«

Sophia schaute mich an, ohne jedes Verständnis, wie konnte ich da nicht hinwollen? Und doch, unterbewusst, schien sie mein Unbehagen zu spüren, dass ich nicht wusste, was ich tun sollte, dass ich tatsächlich nicht hinwollte.

Sie dachte kurz nach.

Auf einmal umfasste ihre kleine Hand meinen Zeigefinger.

»Komm«, sagte sie. Besser gesagt: »Tomm«, sie sprach noch »K« als »T«. »Tomm, ich helfe dir.« Sie dachte, ich hätte Angst.

\* \* \*

Es gibt diese Augenblicke, die Eltern nie vergessen werden. Als Sophias Lippen im Kreißsaal, in dem wir eine ganze Stunde bleiben durften, Franziskas Brust suchten, saugten, in der Suche nach Essen und Leben. Die Tränen befeuchten meine Augen, wenn ich nur daran denke, ihre rechte Hand bewegte sich dazu langsam in der Luft. Und als wir beide alleine im Wohnzimmer hockten, sie wütend, weil es beim Versuch zu krabbeln wieder nicht voranging – sie ächzte und stöhnte und schob sich doch nur nach hinten, nicht nach vorne. Und ich, neben ihr, ging auf alle viere, ahmte ihr Ächzen nach und setzte langsam Bein vor Bein, und wir kamen gemeinsam ans Ziel, eine Spielmaus. Ihre ersten Krabbelmeter!

Einige solche Augenblicke gibt es, und dieser war so einer. Sophia fühlte sich ein, zeigte Empathie, sie nahm meine Hand und wollte mir Mut machen, mir helfen, mich führen, sie verkehrte die Rollen, welche die Natur vorgibt. In den ersten Sekunden brachte es mich zum Lächeln und rührte mich, in den Tagen danach machte es mich nachdenklich. Es war ein für mich ungewöhnliches Nachdenken, in Distanz zu mir und meinem jetzigen Leben, weit in die Zukunft hinein. Lag es daran, dass mich dieser unschuldige Rollentausch so überrascht hatte? Er kam aus dem Nichts. Und fühlte sich fremd an. Diese Verkehrung der Natur: Ein Papa ermutigt das Kind, nicht umgekehrt. Es hallte nach. Und wäre sicher ohne tieferen Gedanken verhallt, hätte ich nicht angefangen, mich mit dem Altern zu beschäftigen, mich ihm von allen Seiten anzunähern, im Haus und in den Instituten. Ich hatte mit Willi und Helga über das Altern gesprochen, mit Sinclair und vielen anderen Wissenschaftlern, aber die Frage der Fragen – was überhaupt ist Altern? – hatten sie mir noch nicht beantwortet.

Gerade die wissenschaftliche Erklärung reichte mir noch nicht, dieses »Altern ist der Verlust der Fähigkeit unserer Zellen, sich zu reparieren«. Sinclair sprach immer gleich von Zellen, von Molekülen, den Vorgängen in unserem Körper, alles wichtig, ich würde mich diesen noch nähern. Aber bevor ich das Kleine verstehen kann, hatte ich mir gedacht, sollte ich doch wissen, was das Große ist. Und den ersten Halt auf meiner Suche hatte mir Steve Horvath gegeben, der gefeierte Altersforscher, geboren 1967 im Taunus als Stefan Horvath, seinen Vornamen hatte er geändert, als er zum Studieren in die Vereinigten Staaten ging. Horvath ist Mathematiker, Biostatistiker, Genetiker, ist Professor an der University of California, einem Universitäts-Verbund, der sich über zehn Städte erstreckt, darunter die ehrwürdige Berkeley, 200 000 Studenten, unter den Professoren viele Nobelpreisträger.

Schnell hatte Horvath auf meine E-Mail geantwortet: Wie schön, eine Nachricht aus Deutschland, dort hätte seine abenteuerliche Reise ihren Anfang genommen. Eine Woche nach dem Abitur war das gewesen, als er mit Markus und Jörg, seinem Bruder und seinem besten Freund, einen Pakt geschlossen hatte, inspiriert vom Club der toten Dichter, dem Kinohit, in dem der Lehrer eines Internats die gedrillten Schüler ermutigt, einen eigenen Willen zu entwickeln, die Lebendigkeit zu wählen, denn »Tomorrow will be dying – Morgen kommt der Tod«. Und wie die Jungs im Film hatten Markus, Jörg und Stefan über Tod und Leben nachgedacht und mit ihren Unterschriften vereinbart, dass sie ihr Leben dem Kampf gegen den Tod widmen wollten.

Erstmals hatte ich die Geschichte auf Horvaths TED-Talk gehört, dieser weltbekannten Vortragsreihe, die drei Buchstaben stehen für Technologie, Entertainment und Design. Die Talks sind Wegweiser, wenn es um die Zukunft geht, um das Morgen, viele Vordenker waren zu Gast: Steve Jobs, Bill Gates, Larry Page, Stephen Hawking. Bei seinem Talk hatte Horvath sein Publikum erst mal zum Lachen gebracht:

»Was können wir tun, um unser Sterblichkeitsrisiko zu senken?«, fragte er. »Nun, nachdem ich über 10 000 Blutproben analysiert habe, kann ich mit Gewissheit sagen: Ihre Mutter hatte recht.« Gemüse, Sport, nicht rauchen.

»Leider«, hatte er weiter ausgeführt, »wird es nicht ausreichen, dass Sie 123 Jahre alt werden. Was wir entwickeln müssen, sind Eingriffe, die viel wirksamer sind. Aber welche? Und wie misst man sie?«

Die ewige Frage der Altersforschung: Wie misst du, ob ein Wirkstoff dich jung hält? Hundert Jahre warten?

Horvath hatte auf diese Frage eine Antwort gefunden. Er hatte einen Weg entdeckt, unser inneres Alter zu messen.

In jedem von uns tickt eine Uhr, in jeder Zelle zeigt sie dieselbe Zeit. Bei einigen tickt sie schneller, bei anderen langsamer. Spucke in ein Röhrchen und Horvath kann dir sagen, wie schnell deine Uhr tickt – wie alt du wirklich bist. Und wie viele Jahre dir bleiben.

Sinclair hatte Horvath auf Twitter eine Eloge geschrieben, in sieben Kapiteln, oben eine Skizze, von Sinclair gezeichnet: Horvaths Profil. »Wer bin ich?«, steht darunter. Und ein Hinweis für Ratefüchse: »Ich bin kein Dummkopf, Doktortitel in Mathe und Biostatistik. Bekannt bin ich dafür, dass ich herausgefunden habe, dass Altern kein Zufall ist.«

Weiter: »Wir neigen dazu, das Altern als etwas zu sehen, das in der Mitte unseres Lebens beginnt. Aber Horvaths Uhr beginnt in dem Augenblick zu ticken, in dem wir geboren werden.« Und sein Fazit: »Steves Arbeit war wegweisend, und sein Name wird bleiben.«

Als ich Horvath kennenlernte, traf ich auf einen Mann, der vor Videokonferenzen hinter sich das Logo seiner Universität aufbaute. Dessen Stimme auch sanft blieb, wenn Tochter Lily die Arbeit störte.

»Wir können Deutsch sprechen«, sagte er gleich.

»Was ist Altern, Steve?«

»Nun, 99 Prozent der Menschen würden sagen: Altern ist Zerfall. Aber es gibt eine Gruppe, die sagt: Altern ist eine Art Programm.«

Aha, ein Ablauf, vorher festgeschrieben. Das, was Sinclair twitterte. Altern ist kein Zufall. Und beginnt mit der Geburt.

»Es beginnt vorher.«

Schon im Bauch der Mutter tickt die Uhr.

»Gut, aber noch mal: Was ist Altern?«

»Sagen wir so: Erst heißt es Entwicklung, dann heißt es Altern. Es ist ein Kontinuum.«

Altern ist nichts anderes, als sich zu entwickeln. Beides zusammen ist der rote Faden des Lebens. So langsam hatte ich begonnen zu verstehen, was Horvath mir da sagte. Hatte gespürt, dass es wichtig war. Wie wichtig, sollte mir erst später klar werden. Es war das Große, der Rahmen:

Altern ist nicht Zerfall.

Altern ist Entwicklung.


Und während ich in den Tagen nach dem Ausflug mit Sophia meine Gefühle ordnete, versuchte, Bauch und Kopf in Einklang zu bringen, begann ich auch zu verstehen, was Sophia in mir ausgelöst hatte. Erst im Bauch, dann im Kopf war mir bewusst geworden, dass dieses Naturgesetz, das ich nie infrage gestellt hatte, dass der Papa stark und das Kind schwach ist, nur für eine Weile gilt, dass der Tag kommen wird, in der sich unser Verhältnis verkehren würde, sie mir ihre Hand reichen und ich sie brauchen würde, eine Binse für den Kopf, aber eine echte Erfahrung für den Bauch. Und als ich eine Weile darüber nachdachte, verwandelte sie sich auch im Kopf von der Binse zu einer doppelten Erkenntnis.

Philosophisch:

Entwicklung ist gut, Altern ist schlecht. Aber gilt das auch, wenn Entwicklung und Altern dasselbe sind?

Medizinisch:

Sich entwickeln, also wachsen, ist gut. Lebensnotwendig. Aber die Vorgänge, die uns wachsen lassen, scheinen uns im Alter zu töten.

Auch unser kleines liebendes Familienleben sah ich mit neuen Augen. Bisher war das Altern für mich Entwicklung, mein Freund, es hob mich vom Boden hinauf, höher, höher. Aber irgendwann würde der Punkt kommen, über den ich nie nachgedacht hatte, an dem es kippte wie auf einer Wippe, und es begann der Weg nach unten, erst langsam, dann schneller und schneller, bis zum Aufprall. Nach dem Wachsen aus dem Nichts zum höchsten Punk entwickeln wir uns wieder zurück ins Nichts hinein, wir schrumpfen, verlieren alles, was wir gewonnen haben, und mir wurde bewusst, dass die Wippe zwischen Sophia und mir nicht in der Balance war, Sophia war erst dabei, Schwung zu nehmen. Aber meinen Körper betrachtend, die Statistik, schwang ich schon wieder nach unten.

Und zum ersten Mal in meinem Leben haderte ich mit meinem Alter, ich haderte damit, dass ich erst mit neununddreißig die Frau getroffen hatte, mit der ich ein Kind haben wollte, dass ich erst sieben Jahre später, mit sechsundvierzig auch Vater wurde, also in der zweiten Lebenshälfte, wenn die Wippe schon runtergeht. Es fühlte sich falsch an, ich wollte nicht gegen sie schwingen, und ich fühlte mich schuldig der schlimmsten denkbaren Verschwendung, der Zeitverschwendung, und ich stellte mir vor – wissend, dass es Unsinn ist, da kannte ich Franziska ja noch nicht –, trotzdem stellte ich es mir vor, wie es wäre, wenn ich Sophia mit dreißig bekommen hätte, mit dreißig Papa geworden wäre, wie es die Regel ist, nicht die Ausnahme. Sie wäre schon volljährig, es wäre keine große Sache, mir die Hand zu reichen, Sophia bräuchte mich nicht mehr so, wie sie mich jetzt noch braucht, das kleine Wesen, das ich mehr liebte als alles, was ich in meinem Leben geliebt hatte, mich selbst eingeschlossen. Und ich dachte, je älter du als Vater bist und umso zerbrechlicher und wertvoller deine Gesundheit wird, umso mehr verwandelt sich diese von einer Privatsache zu einer Familienangelegenheit.

Und ich dachte an diese Tage am Anfang des Jahres zurück, um Fasching herum, ich war bei meiner Orthopädin gewesen, eine lustige, kluge Ärztin, die nicht nur meine Hexenschüsse, sondern auch meine Arbeit verfolgt, und zu der ich sagte, okay, hier in der rechten Wade, wenn ich hier drücke, habe ich so einen Schmerz, einen Schmerz, wie ich ihn nicht kenne! Es ist, scherzte ich, wie bei Asterix, wie in diesem albernen Bild, in dem Häuptling Majestix unter einem Baum schläft, der ein Blatt verliert, das federleicht segelnd ihm genau auf die Leber fällt, die, fett vor Cervisia und Wildschweinbraten, ihn aufheulen lässt. Ich musste die Stelle gar nicht drücken, es genügte, den Finger draufzulegen, und ich dachte, mich trifft ein Blitz.

»Nun«, sagte die Orthopädin, »schauen wir uns das mal an.« Ihr Blick wurde ernst, und sie sagte, das ist nicht die Wade, das ist der Knochen, und sie rief in der Praxis im Nachbarhaus an, ein Radiologe, mit der Bitte um einen Termin, so schnell es geht. Und dann lag ich auf einer Liege, und sie schoben mich in eine Röhre, auf den Ohren Kopfhörer. Nach einer halben Stunde kam die Arzthelferin und sagte, sie müssten leider noch mal genauer schauen, und in meinen Arm tröpfelte kühles Kontrastmittel, und in meinem Kopf machte sich kalte Angst breit, nur eines hatte ich in der Röhre im Kopf gehabt: Sophia. Das war alles: Sophia. Neben einem: »Das wird schon gut.« Schließlich der Befund der Radiologin, das Gespräch mit der Orthopädin, die erleichtert schaute: »Nur eine Entzündung der Knochenhaut« und von einer Patientin erzählte, die weniger Glück hatte als ich. Erleichtert war ich danach im Englischen Garten spazieren gegangen, hatte Angst und Gedanken abgeschüttelt oder, sagen wir besser, verdrängt, denn nun, in diesen nachdenklichen Tagen, stiegen sie wieder auf, nicht die Angst, die Gedanken, mit bald fünfzig ist Gesundheit schon auch ein Geschenk, sollte man dankbar sein, nicht mehr so leichtfertig, achtsam, für Franziska, für Sophia, die Familie.

Und mir kam ein Lied in den Kopf, das ich früher so gerne sonntags hörte, bevor Sophia auf die Welt kam und diese faulen Sonntage selten wurden, in denen der Vormittag dahinplätscherte, in der Badewanne, am Frühstückstisch, die beste Zeit für Musik, die großartige, quäkende Billie Holiday oder eben Harold Arlen, der große Filmkomponist; »Over The Rainbow« hatte er geschrieben, über meinen iPod lief diese Platte und eben dieses bestimmte Lied, »As Long As I Live«, mein Lieblingslied auf der Platte, weil ich den Text so herrlich albern und ein bisschen rührend fand:

Eine Frau singt darüber, dass sie immer in den Tag lebte, aber nun hat sie sich so sehr verliebt, dass ihr Leben nicht für all die Liebe reicht. Dass es wenigstens lange währt, will sie von nun an bei Regen Gummistiefel tragen, bei Schnee lange Unterhosen und jeden Tag einen Apfel essen:

»Was, wenn ich dich nicht so lange lieben kann, wie ich möchte? / Nicht so lange, wie ich es dir versprochen habe? / Dann liebe ich dich, solange ich lebe.«

\* \* \*

Ich beschloss, auch auf mich in Zukunft achtzugeben. Vielleicht ließe sich die Wippe doch verlangsamen? Und wenn ein Apfel am Tag nicht reicht, warum sich also nicht mal anschauen, was Sinclair und seine Kollegen so nahmen? Ich bestellte einige der Moleküle, in London, Den Haag, und für dieses NAD, von dem alle sprachen, Nicotinamid-Adenin-Dinukleotid, nannte mir Sinclair eine Quelle in den USA.

Und Steve Horvaths Test würde ich mir auch mal besorgen, diese bejubelte Uhr. Vielleicht war ich gar nicht so alt, wie meine Geburtsurkunde behauptet. War ein jüngerer alter Vater. Oder, falls ich die Mittel nehmen sollte, ein zukünftig jüngerer alter Vater.

# 15

# Corona

»... und das Paket ist da«

Alle Lebewesen bestehen aus Zellen, alle Zellen brauchen zum Leben Energie, sie gewinnen diese aus Nahrung, aus der Sonne oder warmen Quellen. Und alle Zellen brauchen das Molekül NAD, ein Helfer, ein Coenzym.

Wir essen, um zu leben. Die Nährstoffe treiben uns an, die Moleküle, wie kleine chemische Verbindungen genannt werden, die Fette, Zucker und Proteine. Brauchen Zellen Energie, zerlegen sie Zucker in seine Teile. Wollen sie wachsen, wandeln sie Zucker in andere Moleküle – chemische Reaktionen, Katalysen, wenn man es mit Gerhard Ertls Augen sieht. Und NAD ist einer unserer wichtigsten Katalysatoren.

Die Gesamtheit der Reaktionen, mit denen wir Nahrung in Energie verwandeln, nennen wir Zellatmung. Ständig werden dabei Moleküle zerlegt oder verbunden. Zerlegen erzeugt Energie; Verbinden, also Wachsen, verbraucht Energie. NAD hilft beim Zerlegen, sein Schwester-Enzym NADP hilft beim Wachsen. Ohne NAD keine Energie, ohne Energie kein Leben. Oder wie Sinclair sagt: »Ohne NAD wären wir in dreißig Sekunden tot.«

Entdeckt wurde das Molekül zu der Zeit, als unser Haus hier gebaut wurde. Von dem britischen Chemiker Arthur Harden, der später den Nobelpreis bekommen sollte. Er führte die Forschung Louis Pasteurs weiter, der gezeigt hatte, wie Hefezellen Gärung ermöglichen, wobei Zucker in Alkohol gewandelt wird. Fermentation nannte er das, vom lateinischen Wort »fermentare«, gären, wallen lassen. »Fermentation«, sagte er, »ist das Leben.« Fermentation lässt den Teig aufgehen, zaubert die Luftlöcher ins Brot, macht aus Trauben Wein. Wissenschaftler stellten dann fest, dass es gar nicht so unterschiedlich ist, wie Hefen gären und wie unsere Zellen Energie gewinnen, und wie wichtig NAD für beides war. Im Laufe der Jahrzehnte verlor die Forschung ein wenig das Interesse an dem Molekül. Wir brauchen NAD zum Leben, damit war alles gesagt, zum Leben brauchen wir viele Moleküle, nicht zuletzt Sauerstoff, gut zu wissen, Pflichtstoff für Studenten, wichtig für manche Krankheit; mit NAD behandelten Tierärzte bei Hunden die Schwarze Haarzunge.

In den Sechzigerjahren machten Wissenschaftler eine Entdeckung, deren Bedeutung für die Erforschung des Alterns erst heute erkannt wird. Die Wissenschaftler hatten festgestellt, dass NAD-Bruchstücke nicht nur Akteur waren, Energie-Manager, Helfer beim Zerlegen anderer Moleküle. Nein, NAD wurde selbst zerlegt, selbst verbraucht, von anderen Enzymen. Sie banden NAD an Stellen, wo das Erbgut beschädigt war, durch Smog, Strahlung, Stress, durch die Zellteilung, wodurch auch immer, und durch das Zusammenspiel der Enzyme konnte der Körper die Schäden näher bestimmen und reparieren. Schäden reparieren – Synonym für Jungbleiben.

Eine andere Gruppe von Enzymen verwendete die NAD-Bruchstücke, um Moleküle des Epigenoms zu verändern, das die DNA verpackt, Moleküle, die bestimmen, ob sich die Perlen um die DNA an ein Gen binden oder nicht, ob sie das Gen anschalten oder nicht – und diese Enzyme waren die Sirtuine.

Die Erkenntnis, wie Sirtuine NAD nutzen, kam unter anderem von Sinclairs Laborkollegen: Lenny Guarente und dem Japaner Shin-ichiro Imai. Die Erforschung von NAD wurde für die Altersforscher in den nächsten Jahren zu einer großen Sache, zu einem Wettlauf zwischen den Instituten, Guarente am MIT, Imai inzwischen an der University of Washington, Sinclair in Harvard, und je mehr die Menschheit über NAD erfuhr, umso größer wurde der Hype. Im Alter, so lernte man, nahm der NAD-Spiegel in der Zelle ab. Lag hierin begründet, dass wir Energie verlieren? DNA-Schäden schlechter reparieren? Unsere Überlebens-Gene leiser werden oder gar stumm bleiben? DNA schien eine Zauberkugel zu sein, ein Wundermittel, während Resveratrol nur ein Sirtuin aktivierte, regte NAD alle sieben an. Ohne NAD funktionieren die Sirtuine nicht mal. Kein Wunder, dass Sinclair sich vom Resveratrol abwandte. Sicher, er nahm es noch, sah darin weiter einen Jungbrunnen, aber im Vergleich zu NAD war es ein Brünnchen. NAD verlängerte das Leben der Hefen um 50 Prozent, so als würde ein Achtzigjähriger auf einmal 120.

Aber wie NAD herstellen? Wie lagern? Es ist empfindlich, kein Laborstoff, mit dem du leicht arbeiten kannst. In Iowa machte Professor Charles Brenner von sich reden, der herausfand, dass eine Form des Vitamins B3, Nicotinamid-Ribosid (NR), ein Vorläufer von NAD war. Ein erstes vielversprechendes Nahrungsergänzungsmittel. Es machte aus der seltenen Chemikalie ein Massenprodukt.

Sinclair setzte – wie Guarente und Imai – auf eine andere Verbindung, NMN, Nikotinamid-Mononukleotid, die in Brokkoli oder Kohl steckt. Unser Körper wandelt NMN in NAD um. Verabreichten die Forscher es Tieren, bewirkte es Erstaunliches.

Imai zeigte, wie das Molekül bei Mäusen Altersdiabetes linderte. In anderen Studien stärkten NMN-Spritzen die Mitochondrien, wuchsen Ausdauer, Kraft und Gedächtnisleistung der Mäuse. Und Sinclair erzählte, wenn er über NAD sprach, gerne die Geschichte, als sein Postdoktorand zu ihm kam, der Tests mit Mäusen machte, die – gerechnet auf Menschenleben – gerade ins Rentenalter kamen:

»David, wir haben ein Problem.«

»Was ist es?«

»Die Mäuse. Sie hören nicht auf zu laufen.«

»Aber das ist doch toll!«

»Nein, sie haben unser Laufband kaputtgemacht.«

Gute Läufer-Mäuse liefen einen Kilometer, Olympia-Mäuse zwei. Die Rentner liefen drei Kilometer, bis das Laufrad versagte.

Bei den Mäusen hatten sich neue Blutgefäße gebildet, die brachten Sauerstoff in die Muskeln und schufen schädliche Milchsäure und Giftstoffe weg. Es war, als würden die Mäuse trainieren. Die Gebrechlichkeit schwand.

\* \* \*

Leonie bellte auf, Paula stimmte ein, Sophia quietschte vor Neugier und sprang in meine Arme. Wie ein Klammeräffchen kletterte sie nach oben, wie ich das mochte.

»Warum bellt die Leonie?«

»Die Post ist da.«

Wir schauten vom vorderen Balkon herunter, sahen einen Boten unter dem alten gemauerten Eingangsdach, er bückte sich über das hölzerne Tor und stellte ein Paket auf den Boden.

»Holen gehen.«

»Später, Sophia.« Wir waren am Kochen, Makrele und Meeresspargel, und ich hatte keine Ahnung, wie ich Fisch und Spargel zubereiten sollte. Makrelen hatte ich das letzte Mal als Kind gegessen, am Cap d'Erquy, der Bucht an der bretonischen Küste, in die Albert Uderzo sein berühmtes gallisches Dorf hineingezeichnet hat. Bobo, ein Fischer, der mit uns Kindern in der Früh hinausgefahren war, hatte sie am Abend über einem großen Feuer gegrillt, wobei ich seine Sardinen lieber mochte. Der Besitzer des Fischautos auf unserem Markt, ein Franzose, hatte sie mir aufgeschwatzt. Und den Meeresspargel dazu geschenkt. »Déliceux«, hatte er gesagt und ich mich wieder ein wenig wie ein Kind gefühlt, auf einmal stand Bobo vor mir, das Franzosen-Klischee schlechthin, schwarze Haare, gegerbte Haut, Zigarette, weiß-blau gestreiftes Shirt.

Nun versuchte ich, Rezepte aus dem Internet nachzukochen, Meeresspargel klang noch einfach, »Zwiebeln mit Butter anbraten und dazugeben. Auf keinen Fall salzen«, aber die Makrelen … Ich hatte mich für »à la moutarde« entschieden, die Makrelen wie Doppelmatjes aufgeschnitten, die beiden Filets, am Schwanz verbunden, mit Senf bestrichen und fünfzehn Minuten bei 180 Grad in den Ofen geschoben. Ich schwitzte, vor Hitze und Sorge, dass sich Kind oder Hund am Ofen verbrennen könnten. Und dass die Gerichte misslängen, ich sah Franziska schon missmutig vor mir sitzen. Makrelen waren wohl das Letzte, was Franziska kaufen würde. Am besten würde ich sie im Garten auftischen, mit ein paar Blümchen auf dem Holztisch, »Maquereaux à la moutarde« waren für Franziska das Gegenteil ihrer Esskultur. Dijonsenf? Sie bevorzugte süßen Senf zur Weißwurst. Und Fisch ließ sie sich nur gefallen, wenn er nicht nach Fisch roch, nicht nach Fisch schmeckte und auch nicht so aussah, ab und an mal einen Lachs oder – verrückt – eine Scholle, Speckscholle.

Aber mit dem Speck, den Weißwürsten und dem süßen Senf sollte für eine Weile Schluss sein. Vor einigen Wochen hatten wir beschlossen, anders zu essen: Mehr selbst zu kochen, wenig Fleisch, dafür mehr Gemüse, Obst, Linsen. Wir experimentierten mit Gerichten wie Süßkartoffelsuppe mit Joghurt, Zucchini-Spaghetti mit Bärlauch-Pesto, Fenchelsalat mit Parmesan, Seitlinge mit Papaya und Kokosflocken. Ab und an schoben wir »echte« Spaghetti oder Fleischpflanzerl dazwischen, aber selten, wir wollten das gesunde Essen schon ein paar Wochen durchziehen, wenig Wurst, Zucker, wenig Wein.

Die Pandemie hatte uns dazu gebracht. Unser geliebtes Café war geschlossen, in dem man wie im Wohnzimmer saß, Teppiche, das gemütlichste Licht, eine Ecke, in der Sophia sich aus Kissen eine Höhle baute, um sich vor dem Fuchs zu verstecken. Dort gab es die besten Suppen und Kuchen. Auch der Italiener am Marktplatz, wo wir auf der weiten Terrasse Lasagne oder Ossobuco aßen, während Sophia, nach drei Bissen, mit Leonie auf dem Platz Fangen spielte. Und verschreckt waren wir auch: die Bilder aus Bergamo, aus New York, Sterbende in Plastikzelten, die vollen Klinikflure, Kranke, gereiht,

Bett an Bett, Ärzte in weißen Schutzanzügen, Pfleger mit verweinten Augen und Abdrücken der Masken im Gesicht, vor den Türen Leichen in Kühllastern, die Kirchen voller Särge, die Straßen leer, die Menschen verzweifelt, Laken an allen Häusern: »Insieme ce la faremo – Zusammen schaffen wir das.« Wir saßen abends bei Opa im Zimmer, vor dem größten Fernseher im Haus, sahen Bilder der Tiermärkte von Wuhan und lauschten den Virologen und den Ärzten. Vom Tier auf den Menschen war das Virus übergesprungen, in der Lunge löste es Stürme aus, wer beatmet werden musste, war dem Tode geweiht, die Menschen ertranken innerlich, ohne Abschied, ohne Ehepartner, ohne Kinder, die ihre Hand halten, Asien, Australien, Europa, Amerika, Afrika. Es raste um die Welt, über uns alle hinweg, wir saßen da, versammelt um Willis Bett, Helga auf dem Sessel, Susanna auf dem Stuhl, Franziska und ich auf dem Teppichboden, neben uns die Hunde, ihr Schnarchen das einzige beruhigende Geräusch im Zimmer, sonst nur kalte, angstvolle Worte aus dem Fernseher und unser Schweigen. Es war dieses Schweigen, das zugleich so schrecklich laut ist, das Schweigen des Entsetzens, der Sprachlosigkeit, kein Wort fiel uns ein, das in diese Stille passen würde, unsere Stimmen waren auch schweigend belegt, es war zum Weinen, zum Schreien, zum Sichverstecken, nur Helga traute sich ab und an, was zu sagen, musste was sagen, weil sie das Schweigen als noch schlimmer empfand als das Sprechen. »Das ist ja schlimm«, sagte sie, als die Ärzte über die Sterberaten bei alten Menschen sprachen, und als sie die Herkunft des Virus erklärten, wiederholte Helga: »Aha, die Schuppentiere«, dabei waren die doch so putzig, kleine dicke Langnasen, genannt Tannenzapfentiere, weil ihre Schuppen Tannenzapfen ähnelten.

»Es sind nicht die Tiere, es ist der Mensch«, sagte ich. In China waren die Schuppentiere eine Delikatesse. Und ihre Viren ähneln denen des Menschen, die Art, wie sie an Zellen andocken. Und in der Enge der Märkte waren sie, so die Vermutung, vom Tier auf den Menschen übergesprungen. Diese Märkte sind unvorstellbar, Franziska und ich waren mal auf einen geraten, in Schanghai, die Masse an Menschen und der Gestank der Tiere hatten uns verstört.

Am Ende eines der Fernsehabende versenkte sich Susanna in ein Buch über Viren, so dick, dass Sophia es kaum heben konnte, und bestellte Pflanzen und Alkohol und begann, in ihrem kleinen Bad mit den grünen Fliesen und geschwungenen Waschbecken aus den Siebzigerjahren Tinkturen, Elixiere und Heiltränke anzurühren. Sie erstellte ein hausinternes Notfallszenarium – Abstandsflächen, Erstmaßnahmen, Folgestrategie –, das jedem Krisenstab zur Ehre gereicht hätte. Franziska machte sich auf die Jagd nach Desinfektionsmitteln, verteilte Fläschchen in allen Autos, neben dem Schlüsselbrett im Eingang und entwarf Logistikkonzepte und Einkaufspläne. Ich stürzte mich, auf der Suche nach Lösungen, in Videokonferenzen mit Virologen in Melbourne, New York, Nairobi, Dresden, Seoul, São Paulo, Rotterdam – und am Ende der Gespräche hatte ich nur noch mehr Angst.

»Es sind nicht nur die Alten und Kranken, die sterben«, sagte Ian Lipkin. »Es sterben auch junge Gesunde. Es sterben in New York Kinder am Kawasaki-Syndrom.« Lipkin ist Professor an der Columbia University in New York, beriet einst die chinesische Regierung und die WHO bei der SARS-Epidemie und 2011 Steven Soderbergh beim Hollywood-Pandemie-Drama Contagion, das die Menschen in der Pandemie gerade wiederentdeckten.

Mit ihm in der Videokonferenz saß auch Marion Koopmans, Leiterin der Abteilung für Virologie an der Erasmus-Universität in Rotterdam und Mitglied des Corona-Beraterstabs der Europäischen Kommission. Ihre Forschungen über die Influenza waren wegbereitend für Pandemiepläne weltweit. Sie ergänzte:»Wir sollten nicht nur auf die Sterblichkeit schauen. Patienten, auch junge, die beatmet werden mussten, haben Langzeitschäden davongetragen, die wir noch nicht auf der Rechnung haben.« Sie erzählte von einem Telefonat mit einem WHO-Verantwortlichen, der auf ein schnelles Ende der Pandemie hoffte. »Viele glauben immer noch, dass der ganze Spuk bald vorbei wäre. Dass wir uns für eine lange Zeit wappnen müssen, scheint noch nicht durchgedrungen zu sein.«

Bitter war auch das Gespräch mit Peter C. Doherty, Immunologe, Autor des Standardwerks über Pandemien, erschienen 2013: Pandemics: What Everyone Needs to Know. Australiens führendes Institut für Infektionskrankheiten trägt seinen Namen. Es war, als würde man bei uns mit Robert Koch persönlich reden. Seit dem Beginn der Pandemie blieb der Achtzigjährige zu Hause, in seinem kleinen Büro, hinter sich eine Wand voller Bücher und Preise. Als Doherty den Nobelpreis für Medizin erhielt — er hatte entdeckt, wie das Immunsystem virusinfizierte Zellen erkennt —, bat ihn das Komitee um einen Lebenslauf. Darin erzählte er, wie sein Großvater 1919 während der Grippeepidemie, der Spanischen Grippe, an einer Lungenentzündung starb. Sein Sohn arbeite als Arzt in den USA in einem Krankenhaus. »Wir werden uns lange nicht sehen«, sagte Doherty. »Wir werden erst wieder verreisen, wenn wir geimpft oder gute Medikamente auf dem Markt sind.«

Auch wir in der Familie wollten zu Hause bleiben, und Franziska und ich wollten uns wappnen, dem Körper etwas Gutes tun, dem Virus etwas entgegensetzen, die vier, fünf Kilo zu viel, die mich nur störten, wenn bei einer Feier die feine Hose zwickte, bekamen eine neue Bedeutung: Risikofaktor! Mit langen Spaziergängen, Leonie und Paula schauten schon ganz griesgrämig, so oft wurden sie hinausgetrieben, mit Ingwertee und, ja, auch Makrelen und Meeresspargel würden wir das Virus aus Körper und Garten raushalten. Der Garten, welch Privileg in diesen Zeiten, zusätzliches Glück des Einzugs. Aber auch Quell großer Sorge: Wir lebten mit der Risikogruppe schlechthin unter einem Dach. Mit einer Mischung aus Angst und schlechtem Gewissen schlichen wir nach dem Einkaufen die Treppe hoch. Bald aber stellten wir fest, was mit »Gelassenheit des Alters« gemeint ist. Die Einzigen im Haus, die Ruhe bewahrten, waren bald fünfundachtzig und fünfundneunzig Jahre alt. Helga quittierte Franziskas Idee, für sie mit einzukaufen, damit sie nicht in die böse Virenwelt hinausmüsse, mit einer Mischung aus Hohnlachen und maßregelndem Blick. Das Rausgehen in die Welt, ob nun böse oder nicht, war ihr ureigenes Menschenrecht und eine Freiheit, die sie sich nicht nehmen ließ. Auch nicht die Spaziergänge mit ihrer Freundin Ruth, bei denen sie gerne Sophia mitnahmen, weil sie mit ihr den Wald mit ganz anderen Augen sahen. Wie Sophia die Bäume betrachtete, die Steine, die Blätter, wie sie die Alten zwang, sich mit ihr auf Hohlflächen zu legen und in den Blätterhimmel zu schauen, wie sie ihnen die Welt auf neue Art zeigte. Also, nix da. Telefonat mit Ruth, die ihnen Masken genäht hatte. »Sophia, wir gehen Gassi. Magst du mitkommen?«

Und das Einzige, das Willi bekümmerte, war die Triage,

von der alle im Fernsehen sprachen, diese Entscheidung der Ärzte auszuwählen, alte Menschen weniger wichtig zu nehmen als junge. Seine Stimme bebte: »Sind wir nichts wert?« Nie zuvor hatte ich ihn so wütend gesehen. Er war verletzt. »Ist mein Leben weniger wert? Zählen wir Alte nichts?«

Ich saß daneben und nickte. Schon oft hatten wir über den Tod gesprochen, und nie hatte ich das Gefühl gehabt, Willi klammerte sich ans Leben. Ganz anders war er als meine Großmutter Hedi, sie wollte das Leben noch mit neunundneunzig nicht loslassen. Das letzte Mal besuchte ich sie im Winter 2018, kurz vor ihrem letzten Geburtstag, im Saarland, im Altenheim meines Heimatdorfs, es lag hundert Meter neben den Häusern meiner Eltern und meines Bruders Thorsten. Es war Mittagszeit, Hedi saß im Rollstuhl am Tisch und schob mir ihr Erdbeereis rüber. »Dünn bist du geworden« – einmal Enkel, immer Enkel.

Mein Blick fiel auf die Bilder, die neben dem Tisch hingen. In Schwarz-Weiß die Mannschaft vom Turnverein aus dem Jahr 1938, meine Großmutter als junge Frau, sie war eine gute Sportlerin, erst mit achtzig hörte sie auf, Tennis zu spielen, weil sie es nicht ertrug, in Spielen gegen Sechzigjährige zu verlieren und in der Vereinsrangliste abzurutschen. Daneben, in Farbe, das Bild meines Großvaters, das letzte Foto von ihm, ein wenig verwackelt, verschwommen, 1980, ich war damals neun. Zwei Tage dieses Jahres werde ich nie vergessen: Als eines Abends das Telefon klingelte, ich sehe es vor mir, meine beiden Brüder und ich spielten mit Spielzeugautos im Flur, da rannte mein Vater die Treppe hoch, nur das Handtuch um, verschwitzt, aus der Sauna raus, Entsetzen im Gesicht. Meine Mutter hatte ihn gerufen, Opa Toni, ein Schlaganfall. Mit nur neunundfünfzig Jahren. Meine erste Beerdigung, der zweite Tag, den ich vor mir sehe. Die Kränze, der Weihrauch. »Der Mensch ist wie die Blume des Feldes«, sagte der Pfarrer, ein dicker Mann. »Fährt der Wind darüber, ist die dahin, und der Ort, wo sie stand, weiß von ihr nichts mehr.« Mein junger Kopf verstand diese Worte nicht, die ich nie vergessen sollte. Sie trösteten nicht. Und falsch waren sie auch. Wir würden Opa nicht vergessen. Wir weinten, mehr weiß ich nicht mehr. Meine Großmutter kam nie darüber hinweg. Fast vierzig Jahre sollte sie noch leben. Bitterkeit raubte ihr die Hälfte davon. Nie will ich bitter werden, dachte ich.

Dann hing neben ihrem Tisch, ich war ganz gerührt, das Bild, das ich ihr im Mai 2017 geschickt hatte, Franziska, Sophia und ich, im Krankenhaus, wenige Tage nach Sophias Geburt.

Hedi wollte nicht über sich reden, »Ach ja«, »Geht so«, sie wollte von München hören, von Franziska, Sophia, und sie schimpfte ein wenig mit mir. »Melde dich doch öfter«, sagte sie, »ich will doch wissen, wie sich alles so entwickelt.«

Wir sprachen über ihren hundertsten Geburtstag in einem Jahr. »Ob ich dann noch lebe?«, sagte sie. Ihr Standardsatz, sie sagte ihn, solange ich denken konnte, zumindest seit Opa Tonis Tod. So oft sagte sie ihn, dass mein Großvater Eugen gerne Witze darüber machte: »Mach keine leeren Versprechungen«, sagte er dann, wissend, dass Hedi nicht sterben wollte, mit keiner Faser ihres Lebens. Und dass sie, was auch eintrat, ihn überleben würde. Ihren Hundertsten aber erlebte meine Großmutter tatsächlich nicht. Im Januar färbten sich ihre Zehen schwarz. Eine Vene hatte sich verschlossen, sodass sie nur eine Wahl hatte: Bein abnehmen lassen oder sterben. »Was soll ich tun?«, fragte Hedi meine Mutter. »Das musst du wissen«, antwortete sie. Und meine Großmutter verstand.

Sie ließ los. Auch die Bitterkeit schwand. Ob es noch was zu sagen gäbe?, fragte meine Mutter. Nein, es war alles gesagt. Sie hörte auf zu sprechen, zu essen und zu trinken und schlief und schlief. Und schlief.

Willi war da ganz anders, sein Hundertster? »Gott bewahre.« Er lebte im Jetzt. Käme das Virus ins Haus, er würde nicht mal fragen: »Was soll ich machen?« Er wüsste es von alleine. Niemals würde er sein Zimmer, sein Haus, seinen Garten verlassen. Er würde nicht von den Ärzten verlangen, dass sie den Versuch unternähmen, ihn zu retten; aber er wollte selbst entscheiden. Keiner hatte das Recht zu sagen, er sei minder wert, nur weil er alt war. Keiner.

Es war nicht die Angst vor dem Tod, die aus ihm sprach. Es war die Diskriminierung, die in der allgemeinen Erklärung der Menschenrechte von 1949 so definiert ist: Diskriminierung ist ein Verhalten, »das auf einer Unterscheidung basiert, die aufgrund natürlicher oder sozialer Kategorien getroffen wird«. Auf Willi angewandt: Er ist alt, also ist er anders – und muss zurückstehen. Das war nicht gerecht.

Als ich im Winter 2020 für das *SZ-Magazin* der Frage nachspürte, was Gerechtigkeit ist, wie die Welt nach der Pandemie gerechter werden könne, sprach ich mit vielen Menschen, Politikern, Ökonomen, Soziologen. Besonders berührt hatte mich, was Judy Heumann zu sagen hatte. Für die Menschenrechte ist Heumann so wichtig wie ein Martin Luther King oder die Frauenrechtlerin Louise Otto-Peters. Sie war Sonderberaterin Barack Obamas, Beraterin der Weltbank, in den USA kennen sie alle. Mit achtzehn Monaten erkrankte Heumann an Polio. Als sie zwei Jahre alt war, schlugen die Ärzte den Eltern vor, Judy in ein Heim zu geben. Dann wären sie ihre Sorgen los. Als sie fünf war, durfte sie nicht in die Schule:

Ihr Rollstuhl sei eine »Brandgefahr«. Mit neun durfte Judy auf eine Förderschule, nur Schüler mit Behinderungen, die Klassenältesten einundzwanzig Jahre alt. Judys Eltern erhoben die Stimme. »Mit Diskriminierung kannten sie sich aus. Sie waren Deutsche, waren 1936 geflohen, hatten im Holocaust ihre Eltern verloren. Sie konnten nicht still sein«, sagte sie. Schließlich durfte Judy auf die Highschool.

Die Sommer verbrachte sie in einem Feriencamp für Jugendliche mit Behinderungen. Sie hatten Spaß – und teilten ihre Wut: Wie sie behandelt, was ihnen verwehrt wurde. »Wir begannen uns vorzustellen, wie die Welt sein könnte«, sagte Heumann. Sie organisierte ihre ersten Proteste: Rampen für Schulen, Plätze im Studentenwohnheim.

Zum Abschluss des Lehrstudiums, in der medizinischen Prüfung, fragte eine Frau vom Bildungsausschuss, ob Heumann ihr mal zeigen könne, wie sie auf die Toilette gehe. Schließlich die Ablehnung. Offizieller Grund: »Lähmung unterer Gliedmaßen«. Heumann klagte, stellte sich angstvoll offen gegen das System.

Dann sah sie auf dem Richterstuhl Constance Baker Motley, erste afro-amerikanische Bundesrichterin. Heumann wurde Lehrerin in einer Grundschule.

Es ist ihre erste Regel für Gerechtigkeit: »Wenn es Diskriminierung ist, nenne es Diskriminierung.«

Zweite Regel: Fordere Gesetze – und sorge dafür, dass sie angewandt werden. Als Richard Nixon sein Veto gegen eine Verordnung einlegte, die Menschen mit Behinderungen vor Diskriminierung durch den Staat schützen sollte, setzten sie sich vor sein Büro auf die Madison Avenue und legten New York lahm. Nixon unterschrieb. Seitdem demonstrieren sie sich mit ihren Mitstreitern von Gesetz zu Gesetz. »Ich bin es leid, fragen zu müssen«, sagte Heumann. »Ich kann nicht darauf warten, dass andere Leute entscheiden, ob ich ihrer Meinung nach ein Recht darauf habe, zur Schule zu gehen oder in meinem Rollstuhl in einem Kino zu sitzen. Oder ob wir Teil der Gesellschaft sein dürfen.«

Es ist die große Botschaft, das, was ich von Heumann gelernt habe: Gerechtigkeit ist Inklusion, ist Teilhabe, dass Menschen dort sind, wo sie hingehören: unter uns, ohne Einschränkung.

Und mit dieser Botschaft hatte sich Heumann zur Ikone der weltweiten »Independent Living«-Bewegung aufgeschwungen. Anfangs wollte die Bewegung Menschen mit Behinderungen ein »unabhängiges Leben« bringen, sie sollten geachtet werden, wo es nur möglich ist, selbst entscheiden können und gleiche Chancen haben. Die Bewegung erweiterte sich auf die Altenhilfe, wo viel über betreutes Wohnen gesprochen wird, über neue Formen des Lebens im Alter, eben auch in Mehrgenerationenhäusern.

Die Schnittmenge zwischen Alten und Behinderten ist größer, als viele Menschen denken. »Die Wahrscheinlichkeit, dass Sie einmal eine Behinderung haben, ist hoch«, sagte mir Heumann. Und Altersforscher sagen dasselbe. Die einen nennen es lahm, blind, taub, hilflos, die anderen Presbyakusis, Arthrose, Osteoporose, Diabetes, Parkinson oder Demenz.

Und so wie es nicht gerecht ist, Menschen mit Behinderung auszuschließen, ist es nicht gerecht, Alte auszuschließen, ob gesund oder nicht, und es ist nicht gerecht, ihnen ein Krankenbett zu verwehren. Und doppelt ungerecht ist es, Jüngere diese Entscheidung treffen zu lassen. Es gibt eine philosophische Theorie, »eine Theorie der Gerechtigkeit«, sie stammt von Harvard-Professor John Rawls und prägte das philosophische Denken des 20. Jahrhunderts. Rawls entwickelte eine Methode, mit der man überprüfen kann, ob eine Entscheidung gerecht ist. Stell dir vor, du hättest alle Macht der Welt: Darf es eine Triage geben? Ja oder Nein?

Du darfst frei entscheiden, du ordnest die Welt – aber du musst einen »Schleier des Nichtwissens« über die Augen legen: Du weißt nicht, als was du in die neue Ordnung zurückkehrst, als junger oder alter Mensch. Und solltest du zufällig so alt sein wie ich nun, in deinen Vierzigern, weißt du nicht, wer da im Flur liegt, deine Eltern, deine Großeltern. Was würdest du tun? Eine unmenschlich schwere Entscheidung. Und unmenschlich ist es auch, diese Entscheidung, wer stirbt und wer nicht, den Ärzten aufzubürden. Die Gesellschaft müsste sie selbst beantworten.

Und sich vielen anderen Fragen stellen, die unsere alternde Gesellschaft verdrängt.

* * *

Ich ließ das Paket, das Leonie so aufgeschreckt und Sophia in Vorfreude versetzt hatte, also erst mal am Eingang liegen, strich gewissenhaft den Senf auf die gemaserten Makrelen, rüttelte die Pfanne mit dem Meeresspargel, er ähnelte dicken Baumnadeln und roch wie ein Kindheitstag in Erquy. Als beides fertig war, trug ich es nach unten und legte im Garten, wo Franziska den Tisch deckte, einen Blick auf, als hätte ich Großes vollbracht und verkündete, selbst Bobo hätte dieses Gericht nicht besser hinbekommen, nebenbei erwähnte ich, wie schmackhaft Meeresspargel doch wäre, da er am Ufer wächst und bei Flut überspült wird, innerlich gewürzt mit Fleur de Sel und gesund wie wenige Pflanzen, war er doch den Launen der Natur ausgesetzt, ein Stressgewächs, was ihn gewiss zum Sirtuin-Aktivator mache. Die Asiaten würden ihn als Heilpflanze nutzen, er reinige das Blut und stärke überhaupt alles, ein wahres Wunderkraut – wie alt würde Willi wohl werden, wenn er nur mit uns äße? Auch Susanna trat neugierig näher: auf den Teller damit, Gabel rein, mit der vorderen Zunge getastet und – »Schmeckt«. Und die Makrele war auch nicht schlecht, fast so gut wie Steckerlfisch, Klassiker eines Wiesn-Besuchs, was wiederum für Franziska eine selige Kindheitserinnerung war. Mittagessen gerettet.

Während Franziska Kaffee kochte und Sophia noch am Maiskolben nagte, der verhinderte, dass sie durch unser Bauch-weg-Programm einige Kohlenhydrate zu wenig bekam, ging ich runter zum Eingang. Vorletzte Woche hatte ich einen Brief des Zulieferdienstes bekommen, das Paket lagere am Flughafen in Frankfurt, und der Zoll habe da noch die eine oder andere Frage an mich, was da drin sei. Weißes kristallines Pulver gehört nicht zu den Stoffen, die leichtfertig in ein Land gelassen werden. Ein Mittel zur Nahrungsergänzung, hatte ich geantwortet, eine Form des Vitamins B3, und offenbar hatte der Zoll sich damit zufriedengegeben. Nun war es also da, NMN, Reparaturwerkzeug meiner DNA, Sirtuin-Aktivator, aus einem Labor, das Sinclair mir empfohlen hatte. Unbemerkt brachte ich es hoch und stellte es neben die anderen Pakete, die ich im Damenzimmer gelagert hatte, weitere Mittel, die Altersforscher in aller Welt nehmen. AMPK und RTF2-Aktivatoren. mTOR-Modulatoren. NF-kB-Hemmer.

Sie führen auf die Pfade für ein langes Leben, sagten sie, »longevity pathways«.

Stimmte das?

# 16

# Auf den Pfaden der Jugend

»… und die Sterne und eine Party«

»Wir sind Sternenstaub.«

Es war nicht irgendeine Träumerin, die das zu mir sagte, es war Marica Branchesi, Astrophysikerin. 2016 bekam sie den Breakthrough Prize, den höchstdotierten Wissenschaftspreis der Welt, drei Millionen US-Dollar, dazu eine Skulptur des Künstlers Olafur Eliasson, die an die Form des Lebens erinnert, an Galaxien und an die DNA.

Wir standen auf der Dachterrasse ihres Gran Sasso Science Institute in L'Aquila, vor uns die Abruzzen, weiße Bergspitzen, der Himmel funkelnd. Ich hatte Marica gefragt, ob wir in den Himmel schauen könnten. Ich wollte das Leben besser verstehen.

Sie erzählte mir, was geschieht, wenn sie Menschen erzählt, was ihr Beruf ist. »Sage ich Astronomin, rücken sie näher. Der Himmel ist poetischer als alles andere.« Aber wehe, sie sagt Physikerin, dann rücken die Menschen ab. »Vor Physik haben die Leute Angst. Dabei ist auch die Physik direkt mit dem Himmel verbunden. Sie hilft dir, erst die Schönheit zu verstehen.«

Und wer das Leben verstehen will, seine Schönheit, aber auch seine Leiden, der sollte nicht nur mit Philosophen und Medizinern sprechen, sondern erst mal mit den Physikern. Wenn er noch mal beginnen dürfte, hatte mir Gerhard Ertl gesagt, der Grandseigneur der Katalyse, er würde in die Physik gehen. Dort liegen die Antworten auf die großen Fragen.

Und Marica hatte mir in dem Gespräch einige dieser Antworten gegeben. Fröstelnd standen wir da, über uns also der weite, kalte, nachtklare Himmel.

»Was sehen Sie, was ich nicht sehe?«, fragte ich.

»Wenn Sie Sternbilder meinen: nichts.«

»Nichts?«, fragte ich überrascht.

»In Sternbildern bin ich nicht gut. Immer wenn die Leute mich das fragen, muss ich sagen: tut mir leid. Ich weiß nicht mal, wo gerade die Planeten stehen. Okay, dort ist der Große Wagen. Das ist einfach. Aber sonst? Was ich natürlich weiß: Alle Sterne, die wir sehen, kreisen beeindruckend schnell. Das Sonnensystem bewegt sich um ein Vielfaches schneller als ein Ferrari. Dabei wirkt alles so ruhig.«

Eugenio, ein Kollege, der auch auf der Dachterrasse stand, nahm sein Smartphone heraus und hielt es Branchesi vor die Nase, dem Himmel entgegen: eine App, die Sternbilder sichtbar machte. Lachend nahm sie es, schaute hinein und drehte sich.

»Ah, hier: Orion. Stier. Löwe. Krebs.«

Sie gab das Handy zurück, blickte wieder in den Himmel.

»Wenn Sie genauer hinsehen, können Sie erkennen, dass die Sterne alle verschieden sind. Es gibt kleine und große, helle und weniger helle. Wir sehen nur Sterne, die der Erde nah sind. Dahinter gibt es Milliarden andere. An ihrem Licht können Sie erkennen, ob sie vor dem Tod oder am Anfang ihres Lebens stehen. Die Sterne sind wie ein Volk, wie alte Menschen und junge Menschen.«

Wie erkenne ich, ob ein Stern alt oder jung ist?

»Schauen Sie auf die Farbe. Manche schimmern bläulich, andere rötlich. Blau heißt: Sie haben mehr Energie, sind jünger. Rot heißt, sie sind alt. Leider haben wir hier kein Teleskop. Durch ein Teleskop können Sie alle möglichen Farben erkennen, auch den Staub um die Sterne herum. Oder wie sie pulsieren. Sie erscheinen und verschwinden wie das Licht eines Leuchtturms. Wenn ich gerade so dastehe, kommen mir aber weniger wissenschaftliche Gedanken. Es erinnert mich an den vergangenen Sommer, als ich mit meinen beiden Kindern den großen Sternschnuppenregen beobachtet habe. Wir haben uns was gewünscht. Wenn ich in den Himmel schaue, schaue ich nicht als Wissenschaftlerin, ich schaue als Marica, sehe nur die Schönheit. Und entspanne mich.«

Worin liegt für Sie die Schönheit?

»In der Größe. Das, was wir sehen, ist nur ein winziger Teil. Für mich ist das Universum direkt verbunden mit dem Sinn des Lebens. Sterne machen unser Leben erst möglich. Wir leben durch ihre Energie und bestehen aus den Elementen, die durch Sterne geschaffen werden. Das Kalzium in unseren Knochen, Eisen, Gold, alles verdanken wir den Sternen. Von dort oben kommen wir. Deswegen habe ich mich von Anfang an mehr für Sterne außerhalb unserer Galaxie interessiert. Wenn wir dorthin vorstoßen, gehen wir zurück in der Zeit.«

Wenn wir nun in die andere Richtung wandern, nach

innen, in den Sternenstaub, in die Elemente, aus denen wir geschaffen sind, hinein in die Zellen, weitet sich für uns ein eigenes Universum, wie für Marica, wenn sie mit ihren Teleskopen in den Himmel schaut, viele Meter groß, die Hauptspiegel messen im Durchmesser bis zu neununddreißig Meter.

Große Zellen können wir noch mit dem Auge sehen, eine Eizelle, sie ist groß wie eine Amöbe oder ein Pantoffeltierchen. Wird es kleiner als 0,1 Millimeter, feiner als ein Haar, brauchen wir das Mikroskop, das Teleskop nach innen, ein Lichtmikroskop blickt schon in die Zelle hinein, erkennt den Zellkern und die Mitochondrien. Dieses Mikroskop kann Bakterien auflösen, aber keine Viren. Um tiefer zu tauchen, braucht man ein Elektronenmikroskop, seine Wellen sind feiner, sie lösen Viren auf, Moleküle und die DNA.

Der Blick in die Zelle überfordert uns so wie der Blick hinter die Sterne. So wie sich oben Sterne schneller als Rennwagen bewegen, rasen in der Zelle Moleküle hin und her. Diese Moleküle zerbrechen, verschmelzen neu, Leben schafft sich. Mithilfe der Enzyme. »Für ein Enzym ist ein Millimeter so groß wie ein Kontinent«, erzählte einmal Sinclair. Sie schwirren in einem leicht salzigen Meer, 75 000 in jeder Zelle, schleudern wilder als ein Hurrikan, einzelne Enzyme spalten in der Sekunde 10 000 Moleküle. Und diese finden neu zueinander. Leben aus Chaos.

Nehmen wir die Sirtuin-Enzyme, diese Wunderpianisten der Genetik. Sie steuern in der Zelle die Eiweiße, die bestimmen, ob ein Gen spricht oder schweigt. Man hat Brokkoli gegessen, das NMN darin wird im Körper zu NAD, das NAD hat ein Sirtuin-Enzym belebt, es vibriert, es greift sich ein NAD-Molekül und greift sich eines der Eiweiße, das Gene an- oder ausschaltet, ein Histon, das die DNA verpackt. NAD und

Histon hatten nichts miteinander zu tun, das Sirtuin führt sie zusammen und reißt sie wieder auseinander. Dabei entzieht es dem Histon einen Stoff, wodurch das sich positiv auflädt und sich enger an das negativ geladene Gerüst der DNA bindet. Die Verpackung wird an einem Abschnitt so fest, dass keine Botschaften mehr durchkommen, Gene dahinter, die ans Fortpflanzen denken, schweigen. Gleichzeitig befeuert das Sirtuin Eiweiße, die Überlebens-Gene anschalten, eines mit dem Namen FOXO3, das in Menschen gefunden wurde, die länger gesund bleiben. Wer, wie zwei von Sinclairs Kindern, eine gewisse Form des FOXO3 im Körper trägt, könnte Glück haben. Sie haben eine größere Chance, so alt wie Willi zu werden. Er selbst hat diese Gen-Variante nicht. Aber er hat ja seine Moleküle.

\* \* \*

Das erste Paket, das Wochen im Zollamt gelegen hatte, ist also geöffnet. Fünf kleine Dosen, weißes Pulver, pludrig und kristallin zugleich. Sauer-bitter, ein wenig wie Pampelmuse, mein Mund zog sich zusammen, ich musste niesen, so wie ich bei Bitterschokolade niesen muss, bei Rotwein, der in Eichenfässern lagerte, oder eben bei echten Pampelmusen. Keine Ahnung, warum. Weil ich das alles sehr mag, habe ich es nie testen lassen.

NMN. Angabe des Herstellers: im Labor auf seine Reinheit geprüft, 100 Prozent natürlich, veganerfreundlich, glutenfrei und, sehr lustig, frei von Gentechnik.

Es gibt – zumindest gefühlt – gute und böse Gentechnik. Als die Mainzer Firma BioNTech die Zulassung für einen Impfstoff gegen Covid-19 bekam, freuten sich darüber sogar

Gegner der Gentechnik, ich eingeschlossen. Und als ich Melinda Gates zu Gesprächen über den Hunger in Afrika traf, und sie mir erzählte, dass sie und ihr Mann Bill gentechnisch verändertes Getreide fördern, weil das besser Hitze und Dürre verträgt, fand ich das schlüssig. Wenn damit weniger Kinder verhungern müssen, ist das großartig. Trotzdem kaufe ich keinen gentechnisch veränderten Mais. Und freue mich über den Hinweis auf der NMN-Dose.

NMN, also Lieferant von NAD. Es öffnet den ersten Pfad für ein langes Leben: den Pfad der Sirtuine. Es gaukelt dem Körper vor, ich faste und treibe Sport.

Nun kennt die Wissenschaft neben dem SIRT-Pfad zwei weitere Pfade, um Gengruppen anzuschalten, die für ein langes Leben stehen. Der TOR-Pfad und der AMPK-Pfad. Sie steckten in den beiden nächsten Paketen.

Braune Dose: Resveratrol.

Das Zeug, das an Ziegelsteinstaub erinnert und Sinclair im Joghurt verrührt. Erst mal ist es unnötig, es lässt die SIRT-Gene klingen wie das NAD, nur eben nicht so viele. Verschwendetes Geld? Nun, vielleicht nicht. Es wirkt auf die TOR-Gene, bei Menschen MTOR genannt, weil wir ja keine Hefen, sondern »mammals« sind, Säugetiere.

Was hatte ich bei Horvath und Sinclair gelernt? Altern ist Entwicklung. Und ob Mensch, ob Hefezelle, wir wollen zwei Dinge: essen und uns vermehren.

Ist genug zu essen da, im Magen die Lasagne, im Blut die Nährstoffe, in der Zelle Aminosäuren, werden die TOR-Gene angeschaltet, das Leben an sich: Die Zellen wachsen, wir wachsen; die Zellen teilen sich, wir vermehren uns; alles wunderbar.

Im Einzelnen sieht das so aus: Das Gen MTOR sorgt dafür,

dass das Protein mTOR gebildet wird, es liefert dem Protein einen Bauplan, den es liest und umsetzt. mTOR tut sich dabei mit anderen Proteinen zusammen, es entstehen zwei Proteingruppen, die wie die Sirtuine Signale übertragen, also den Zellen sagen, was sie zu tun haben: weitere Eiweiße herstellen, die Zellen wachsen und sich teilen lassen. Dank dem mTOR-Signal entwickelt sich unser Gehirn, verbinden sich die Nervenzellen, können wir lernen und uns erinnern.

Aber während wir satt und zufrieden dahinleben, uns entwickeln, uns vermehren, wachsen und wachsen, verbrauchen wir viel Energie. Und wer – in Maricas universaler physikalischer Logik gedacht – eines Tages seine Energie verbraucht hat, der steht, wie die rötlichen Sterne über uns am Himmel, vor dem Tod. Und wer zu sehr wächst und gedeiht, also besonders viel Energie verbraucht und wenig erzeugt, der verkürzt die Lebenszeit, das zeigt sich auch in der kleinen biologischen Zellen-Logik, in der Zellatmung. Wenn wir Nahrung in Energie verwandeln, werden dabei Verbindungen zerlegt oder geknüpft. Zerlegen erzeugt Energie; Wachsen verbraucht Energie, doppelte Zellenenergie, denn wer sich teilt, baut seine DNA auseinander und wieder zusammen. Dabei entstehen DNA-Schäden, und die Zellen verbrauchen weitere Energie, um die Fehler zu beheben. Mal ganz abgesehen von anderen Dingen, die mit einem satten Leben gerne einhergehen: Faulheit, dicke Bäuche, hoher Blutzuckerspiegel. Die Lebenskerze brennt an beiden Enden. Aus dem Glücksfall erwächst die Katastrophe, aus TOR, dem Freund, wird ein Feind.

Nun werden MTOR-Gene wie die SIRT-Gene durch Nährstoffe gesteuert. Fleisch und Milch aktivieren sie besonders. Bei Hunger aber verstummen ihre Befehle zum Bau der mTOR-Proteine, die Zellen sparen so Energie, sie dürfen sich weniger teilen, weniger wachsen, was MTOR auch zu einem wichtigen Helfer im Kampf gegen Krebs macht.

Und in Notzeiten bremsen die Gene nicht nur, sie schalten um. Volle Kraft zurück! Dann heißt es, überleben statt wachsen. Sie bekämpfen Entzündungen, die viele Erkrankungen des Alters verursachen, vermutlich auch Alzheimer. Sie flicken Schäden an der DNA, und sie lassen die Zellen aus allem Energie gewinnen, was noch da ist. Es ist, als würde Helga ganz hinten in die Speiseregale greifen und den Weißkohl servieren, dem bereits Haare wachsen. Aber es steckt noch viel mehr dahinter, so bedeutsam, dass der Japaner Yoshinori Ohsumi dafür 2016 den Nobelpreis für Medizin bekam.

Der Vorgang heißt Autophagie – Selbstverspeisung. In der Tat verspeisen sich die Zellen von innen selbst, spalten und verdauen Eiweiße, was nicht nur Energie bringt, sondern auch die Zelle entgiftet. Der Vorgang ist wie eine Müllabfuhr, die den Müll in eine Recyclinganlage bringt – wo sich die Zelle in Not bedient. Es ist also dreifach wichtig für den Körper: Es gewinnt Energie, verhindert, dass die Zelle vermüllt, und hilft beim Reparieren.

Sport hemmt mTOR übrigens auch. Immer wieder: Sport und Fasten – die beiden natürlichen Wege zu einem langen und gesunden Leben.

Nächste Dose, orange: Berberin, Kapseln, gelb, leicht bitter, gewonnen aus Sauerdorn, in der Traditionellen Chinesischen Medizin geschätzt, tausend Jahre bevor wir den AMPK-Pfad kannten.

Um diesen Pfad ranken sich Legenden. Nüchterne Wissenschaftler geraten darüber ins Schwärmen, Sinclair, klar. Aber auch Nir Barzilai, Professor am New Yorker Albert Einstein College of Medicine. Oder Steven Austad, Professor in Alabama, Grandseigneur der Altersforschung, mit seinem Buch *Why We Age* prägte er eine ganze Generation von Forschern.

Auch mir war dieser Pfad schon begegnet, damals wusste ich noch nicht, was diese AMPK-Gene genau machten, unsere Freundin Friederike, Malerin und eine Frau, die gerne Menschen zusammenbrachte, feierte in ihrem Garten eine Sommerparty. Luise und Peter, unsere liebsten Freunde, waren da, auch Harald und Thomas, die wir selten sahen, aber wenn, dann war es ein Spaß. Die beiden waren lustig und warmherzig und teilten ein Hobby: Essen. In ihrer Freizeit testeten sie für Magazine Restaurants, und für ihr Leben gerne luden sie Gäste in ihre Dachgeschosswohnung ein, auch Franziska und ich durften mal kommen, und sie servierten ein Menü, wie ich es in meinem Leben nicht gegessen hatte. Das meiste kannte ich nicht, alles mit asiatischem Hauch, gewürzt mit Galgant und Sägezahn-Koriander, der Gipfel das Dessert in dünnen, länglichen Pandan-Blättern, die nach Vanille schmeckten und die sie sorgfältig eingewickelt in der Tiefkühltruhe aufbewahrten – fünfzehn Jahre vorher hatten sie die aus Thailand mitgebracht.

Die beiden saßen nun bei Friederike auf der Bierbank und redeten – sie waren mit Anfang sechzig die Ältesten am Tisch – über das Altern, über das Sterben der Eltern, aber auch das eigene Altern. Das Gespräch mündete in einen ultimativen Test: Den Arm locker nach vorn halten und schauen, ob der Oberarmmuskel fest blieb oder nach unten hing. Alle machten mit, alle bestanden, nur Thomas nicht, der sich gleich beklagte, dass Harald, obwohl beide meist dasselbe aßen, schlank blieb und er dicker wurde. Ja, Harald wurde sogar dünner. »Harald hat einfach bessere Gene«, seufzte er.

»Nun, unsere Gene sind weniger verantwortlich, als du denkst«, sagte ich, was nicht gerade ein Trost war und die Runde nur noch lauter und lustiger machte. Woher ich das denn wissen wolle?, fragte Thomas, und ich begann von meinen Recherchen zu erzählen, dass gerade Arzneimittel gegen das Altern entwickelt würden, es gäbe auf dem Markt sogar schon eines, das verjüngen soll, ein Diabetes-Medikament.

»Harald, du nimmst doch eines«, rief Thomas.

»Ja, mein Hausarzt hat es mir verschrieben.«

»Metformin?«, fragte ich.

Ich erinnerte mich an den Vortrag von Stephen Austad, auf einer TED-Zukunftskonferenz hielt er eine Dose in die Luft.

»Sehen Sie diese Pillen? Lassen Sie mich Ihnen erzählen, was diese Pillen tun können. Wenn Sie in der Mitte Ihres Lebens beginnen, sie zu nehmen, werden sie Alzheimer verhindern.«

Stille im Publikum.

»Aber es ist ein Medikament, und wie jedes Medikament hat es Nebenwirkungen. Eine ist, dass sie Krebsarten verhindern. Und Herzkrankheiten. Und Schlaganfall. Und sie erhalten die Grundspannung im Muskel, sie bewahren die Koordination, verbessern den Schlaf und begrenzen diese Gedächtnislücken ein, die wir alle haben, wenn wir älter werden. Diese Pillen kosten nur ein paar Cents pro Tag, tatsächlich kostet die ganze Dose weniger als fünf Dollar.«

Längere Pause.

»Ich höre, ich fühle eine gewisse Skepsis.«

Schallendes Gelächter. Er scherzt ein wenig. Und weiter:

»Jetzt werden Sie vielleicht denken: Warum habe ich davon

noch nichts gehört? Nun, ich vermute, dass viele im Publikum es schon nehmen. Es ist das am häufigsten verschriebene Medikament zur Behandlung von Diabetes und Prädiabetes in der Welt. Wer hätte je gedacht, damit auch das Altern behandeln zu können? Lassen Sie mich klarstellen: Ich sage nicht, Sie werden unsterblich, wenn Sie es nehmen. Aber ich sage, dass zehn bis zwanzig zusätzliche Jahre gesundes Leben greifbar sind.«

Metformin, in seiner Wirkung ähnelt es Berberin. Beide führen über den AMPK-Pfad.

Das Enzym AMPK ist der Gegenspieler des Enzyms mTOR. Im Alter sinkt unser AMPK-Wert. Das ist ein Grund, warum wir im Alter dicker werden. Auch AMPK übermittelt Nachrichten, sagt den Genen und Zellen, was sie zu tun haben. Bei sattem Leben hält es sich zurück und sagt dem Körper damit, er soll Energie speichern, in Fett. Bei Hunger wird das Enzym lebhaft. Es wappnet uns fürs Überleben, sagt dem Köper, er solle Fett verbrennen. Dabei zieht es alle Register, die wir von den anderen Überlebensenzymen kennen: Wachstum hemmen, Autophagie und und und.

AMPK bekämpft Entzündungen, senkt Blutfette und Cholesterin. Es verringert das Gewicht und regt die Mitochondrien an, was mehr Energie bedeutet, mehr Muskelleistung. Es erweitert die Blutgefäße, die Zellen werden besser versorgt, können Gifte abtransportieren. Regt dazu an, dass die Zellen Zucker spalten und in die Muskeln bringen, die Zuckerwerte im Blut sinken. Und es wirkt auf die beiden anderen Pfade: hemmt mTOR und befeuert die Sirtuine. Kurz: Es ist eine Zauberkugel.

Eine Studie mit 41 000 Menschen zwischen achtundsechzig und einundachtzig Jahren ergab: Metformin schützt vor

Gebrechlichkeit und verringert die Gefahr von Demenz, Depressionen, Herzkrankheiten und Krebs in Lunge, Darm, Brust und Bauchspeicheldrüse. Das Risiko sank bis zu 40 Prozent.

Eine andere Studie wertete die Daten britischer Apotheken aus. Sie verglichen zwei Gruppen, Menschen von etwa fünfundsiebzig Jahren, die von denselben Ärzten behandelt wurden und unter ähnlichen Umständen lebten. Die eine Gruppe, 78 000 Menschen, waren Zuckerkranke, die neben Altersdiabetes an weiteren Krankheiten litten und Metformin einnahmen. Die andere Gruppe, ebenfalls 78 000 Menschen, litt nicht an Zucker, weniger an anderen Krankheiten und war schlanker. Die Forscher zeigten, dass die Zuckerkranken, die Metformin einnahmen, länger lebten als die gesünderen Nichtdiabetiker. »17 Prozent geringere Sterblichkeit.«

Dicker, kränker, Diabetiker – und ein längeres Leben. Dank Metformin. Zuckerkranke, die andere Diabetes-Medikamente einnahmen, starben in der Studienzeit doppelt so häufig.

78 000 Gründe, mal über den AMPK-Pfad zu wandern.

Aber den Schub, die Dose mit Berberin zu bestellen, gaben mir nicht diese Statistiken, das gab mir ein Video-Call mit einem Arzt und Forscher in New York.

# 17

# Der Doktor und das Virus

»... und das Geheimnis der Hundertjährigen«

Er spürte, wie das Virus in ihm andockte. Nir Barzilai war zu Hause, in seinem Stadthaus, mit dem großen Garten, dem Flügel im Wohnzimmer, auf dem seine Frau Laura so gerne spielte.

Was war Nir gereist in den letzten Wochen – Israel, sein Heimatland, Singapur, Abu Dhabi, auch China. Aber erwischt hatte es ihn zu Hause, in New York, wie es dort Zehntausende andere erwischte, als die erste Welle über die Stadt fegte, als das Lazarettschiff der Navy im Hafen ankern musste, Retter in der Katastrophe. Die Zeiten erinnerten Nir an Krieg.

Als junger Mann hatte er ihn erlebt, wie alle Israelis wurde er für drei Jahre Soldat, Sanitäter, er wollte Menschen helfen, nicht auf sie schießen. Ende der Siebziger begann er, Medizin zu studieren, blieb aber Sanitäter in Reserve. Einmal setzte ihn ein Hubschrauber in einem Feuergefecht im Libanon ab, wo er den Anführer einer Terrorgruppe behandelte. Kugeln schwirrten an ihm vorbei, trafen das Bein des Patienten. Er lernte, wie verletzlich der Mensch ist, wie nah am Tod.

1979, nachdem Vietnam in Kambodscha einmarschiert war und Zehntausende zur Grenze nach Thailand flohen, leitete Barzilai das israelische Nothilfe-Team, das über Monate hinweg das Leid der Menschen linderte: Malaria, Masern, Hakenwurm-Infektionen, Schusswunden. Die Zahl der Toten vor der Lazarett-Tür stieg von Minute zu Minute. »Aber«, schrieb er später im Einstein Journal of Biology and Medicine, »ich denke, dass ich in all meinen Berufsjahren nicht so viele Leben retten werde wie in einer Stunde in diesem Lager.«

Er wurde Arzt, Biologe, Forscher, er wollte die Ursache von Krankheiten erforschen. Diabetes fesselte ihn am meisten, so kam er in Berührung mit Metformin.

Es wird aus einer zartlila Pflanze gewonnen, der Echten Geißraute, auch Französischer Flieder genannt, ein Kraut, das Schafe, Ziegen und Kühe mehr Milch geben lässt, sie aber vergiftet, wenn sie zu viel davon fressen. Im Mittelalter behandelten Heiler damit die Pest, als Tee auch häufiges Pinkeln. Das brachte im siebzehnten Jahrhundert den englischen Botaniker und Arzt Nicholas Culpeper auf den Gedanken, dass es gegen die Zuckerkrankheit helfen könnte. Doch das Kraut war zu giftig, um Arzneimittel zu werden.

Im Laufe der Jahrhunderte verstanden die Biologen die Geißraute besser: Sie war reich an Guanidin, eine Verbindung, die auf Umwegen den Zuckerspiegel senkt, aber das Gift in die Pflanze bringt. Und an Galegin, weniger giftig und weniger wirksam gegen Diabetes. Und so ließen die Ärzte weiter die Finger von dem Kraut.

Bis die Spanische Grippe zwischen 1918 und 1920 Millionen Menschen tötete; bis die Malaria in England zur Volkskrankheit wurde, welche die Ärzte mit Chinin behandelten, das aber knapp und teuer war. Chemiker suchten Alternativen – und fanden sie in Guanidin und Galegin.

1922 schufen die irischen Chemiker Emil Werner und James Bell aus Galegin Metformin. Es geriet bald wieder in Vergessenheit, mit kurzem Zwischenhoch, als der renommierte philippinische Arzt Eusebio Garcia ein Mittel erfand, ein nachgebautes Guanidin, das die Grippe und Fieber linderte. Er sagte, es wirke auch bei Malaria, indem es den Zuckerspiegel im Blut senke, den die Malariaparasiten zum Leben brauchen.

Als Diabetes-Mittel zu giftig, in Notlagen wie Grippe oder Malaria eine Hilfe. So blieb es bis Ende der Fünfzigerjahre, als der französische Mediziner Jean Sterne ein neues, ungiftiges Metformin erfand, es wurde eines der erfolgreichsten Arzneimittel der Geschichte.

Dass es – nach Grippe, Malaria und Diabetes – auch gegen das Altern schützt, zeigte sich erst in den Neunzigerjahren, in der Zeit, als Barzilai sich der Altersforschung und Genetik zuwandte. Er hatte eine Arbeit Thomas Perls von der Boston University gelesen, die das Leben Hundertjähriger betrachtete. Die Erkenntnis: Einige Menschen haben mit ihren Genen einen Haupttreffer gewonnen. Sie werden uralt, ohne gesünder zu leben als die anderen.

Um die Arbeit von Sinclair und seinen Kollegen einordnen zu können, ist es wichtig, die vielfältigen Gesichter des Alterns zu verstehen:

Es gibt und gab schon immer Menschen, die durch ihre Gene hundert Jahre und älter werden; sie sind selten.

Es gibt und gab schon immer die Möglichkeit, das Leben

zu verlängern, wenn man gesund lebte – bis über die achtzig hinaus, aber nicht über die hundert, und in den letzten Jahren wird man gebrechlich und krank.

Im vergangenen Jahrzehnt haben sich diese beiden Urgesetze erweitert. Erstmals, so sagen angesehene Wissenschaftler, haben wir die Chance, durch die richtigen Mittel auch das Leben der Menschen über die hundert zu verlängern, die nicht in der Gen-Lotterie gewonnen haben. Ohne langes Leiden.

Einer davon ist Barzilai. Als er in den Neunzigern die These vertrat, es gebe Gene für ein langes Leben, wurde er von vielen verlacht. Aber das Albert Einstein College of Medicine und die American Federation for Aging Research sahen den Wert seiner Arbeit und förderten ihn mit einem prestigeträchtigen Stipendium, 450 000 US-Dollar teuer, und er startete ein Projekt, das bis heute die Welt fasziniert: Das »Longevity Genes Project«, das 1400 Familien Hundertjähriger begleitet und das Geheimnis ihres Alterns genetisch erforscht.

So alt wie Willi, fünfundneunzig, müssen die Stamm-Eltern, Frauen oder Männer, sein – und dürfen nie die »großen Vier« erlebt haben: Krebs, Diabetes, geistigen Verfall, Herz-Kreislauf-Erkrankungen. Was schützte diese »Super Ager«, wie Barzilai sie nennt, vor den vier Krankheiten?

Er suchte nicht, wie damals üblich, nach Genen, die einen krank werden lassen; er suchte Gene, die gesund halten. Und nach und nach fand er sie, Varianten der Gene CETP, APOE, APOC und wie sie alle heißen; FOXO3 war auch dabei. Wenn man diese Gene untersuchen lässt, bekommt man Hinweise, ob man Geld für die Party zum Hundertsten zurücklegen solltest. CETP kann dir den Herzinfarkt vom Leib halten, APOE Alzheimer, APOC Diabetes, FOXO3 Krebs.

Schaut man sich dazu die Telomere an, die Schutzkappen in den Chromosomen, die zeigen, wie gesund man gerade lebt und wie gut man auf dem Klavier der Epigenetik spielt, geht man in die Feinheiten. Reicht es einem gröber, ohne Bluttest, so findet man Hinweise auf seine Lebenserwartung in drei altbekannten Fragen: Wie alt wurden deine Eltern? Wie gesund waren sie in den letzten Jahren? Und wie groß bist du? Der Logik folgend, dass Dackel älter werden als Labradore und Ponys älter als Pferde.

Hundertjährige gibt es viele, Barzilai schaute auf die Aschkenasim-Juden, die einen großen Teil der New Yorker Juden stellen. Laut Studien stammen 40 Prozent der heutigen Aschkenasim von vier jüdischen Müttern ab. Ihre Gene ähneln sich. So sind kleine genetische Unterschiede, etwa ein Buchstabe des DNA-Codes, leicht zu erkennen. Dazu ähneln sich die New Yorker Aschkenasim-Juden auch in Status, Lebensführung und Bildung, Variablen, die ein Bild verzerren können.

Barzilai zeigte mir ein Foto, Anfang 20. Jahrhundert: die Kahn-Geschwister. Helen und Leonore, Irving und Peter. Bis vor wenigen Jahren waren sie das älteste Geschwisterquartett der Welt. Kahn starb 2015 mit 109 Jahren. Helen, Spitzname »Happy«, kurz vor ihrem 110. Geburtstag. Nesthäkchen Peter wurde 103, Lee starb früh, mit 101 Jahren.

Alle haben an Barzilais Studie teilgenommen. Der Bekannteste war Irving, Investor an der Wall Street. Mit 107 Jahren noch fuhr er jeden Tag ins Büro, ab 102 Jahren mit dem Taxi, vorher mit dem Bus. Er saß hinter den Kursrechnern, mit Krawatte und Einstecktuch, und hatte in der Firma, die Milliarden bewegte, das letzte Wort. Er nahm, von ein paar Vitaminen abgesehen, keine Tabletten, rasierte sich selbst, liebte Schwammbäder. Seine Essgewohnheiten: »An einem Abend Lammkoteletts, am nächsten Steak.« Sport? Warum denn? Dafür rauchte er, wie seine Schwester Happy, die neben Zigaretten Schokolade und Budweiser liebte, und die, als Barzilai sie fragte, ob ihr denn nie einer das Rauchen ausreden wollte, antwortete: »Doch, vier Ärzte. Und alle schon gestorben.«

Was Barzilai am meisten faszinierte, war, dass die Super Ager die Krankheiten, die uns mit siebzig, achtzig treffen, einfach dreißig Jahre später bekamen. Ihre Gesundheit währte länger und damit ihr Leben. Wurden sie schließlich krank, Krebs, Schlaganfall, Herzschlag, so starben sie recht schnell.

Und genau das, die gesunde Zeit zu verlängern, wurde zu Barzilais Ziel. Und eines seiner drei wichtigen Forschungsprojekte ist: Metformin.

Barzilai machte eine kleine klinische Studie mit fünfzehn Siebzigjährigen, nach strengen Standards, randomisiert, doppelblind, mit Placebokontrolle. In den ersten sechs Wochen erhielt jeder – zufällig ausgewählt – entweder Metformin oder ein Scheinmedikament. Dann nahm Barzilai Proben aus Muskeln und Fettgewebe. Zwei Wochen Pause. Dann bekamen die einen das Scheinmedikament, die anderen das Metformin. Wieder wurden Proben genommen.

Das Ergebnis: Metformin hatte die Chemie in den Zellen beeinflusst, wie der Stoffwechsel abläuft, Energiestoffwechsel und Baustoffwechsel, eben Überleben oder Wachsen. Die Forscher verglichen den Zellstoffwechsel der Alten mit dem junger Menschen – und der sah bei den Alten jünger aus. Barzilais Schluss: Metformin greift nicht in einzelne Krankheiten ein, sondern in das Altern an sich.

Nun will er den nächsten Schritt gehen. TAME (Targeting Aging With Metformin), eine Studie, die Geschichte schreiben könnte. Auch wenn die WHO 2018 »Hohes Alter« in ihre Klassifikation der Krankheiten aufnahm, denkt keine Regierung der Welt daran, Altern zur Krankheit zu erklären.

Das ist erst mal gut ist. Es setzt alte Menschen mit Krankheit gleich und würdigt sie damit herab. Wie willkürlich ein solches Denken ist, hat die Corona-Pandemie verdeutlicht. Nicht alle Alten, die sich infiziert haben, wurden krank, der zweitälteste Mensch der Welt, Schwester André, eine Nonne aus Toulon, wurde positiv getestet, mit fast einhundertsiebzehn Jahren. »Ich habe gar nichts gemerkt«, wundert sie sich. Ja, und nicht alle Alten, die erkranken, erkranken schwer oder starben. Es starben fast nur die, die Vorerkrankungen hatten und schon schwach und gebrechlich waren. Aber alle Welt sprach während der Pandemie darüber, die Alten zu schützen, und viele sprachen darüber, die Alten zu isolieren, zu vereinzeln, das Gegenteil von Teilhabe – und zugleich Folter und Horror für viele alte Menschen, ob nun krank oder nicht. Für Demenz-Kranke, die jeden Halt verloren, in tiefe Angst stürzten. Für Lungenkranke, die bei den Pflegern um Handys bettelten, um sich von ihrer Familie verabschieden zu können. Für Ehepartner, die, in schlohweißem Alter, weinend vor den Krankenhäusern standen und nicht hineindurften. Sie litten, wie der Mensch nicht leiden dürfte. Auch Helga und Willi wollten ihre Kinder weiter sehen, wollten mit uns zusammen sein. So ist das menschliche Leben, und zum menschlichen Leben gehört das Altern. Irrig ist die Annahme, es heilen oder bekämpfen zu wollen, nur um eines kann es gehen – die Gesundheit erhalten, verlängern.

Diese Sicht schafft ein Dilemma: Gilt Altern nicht als Krankheit, schwächt das die Forschung. Gesundheitsbehörden prüfen dann Medikamente erst gar nicht, die ein gesünderes Altern fördern. Warum Zeit und Geld aufwenden für ein Mittel, das gar nicht gebraucht wird, das gegen eine Krankheit wirken soll, die gar keine ist? Das führt dazu, dass Firmen solche Wirkstoffe als Nahrungsergänzung verkaufen – schlecht, sie werden weniger streng geprüft. Oder es führt zu Tricks, die keinem nutzen: Sinclairs Unternehmen Life Biosciences etwa baut seine Studien so, als würden die Medikamente nur einzelne Krankheiten behandeln: Demenz, Diabetes, Unfruchtbarkeit, Lungenfibrose. Als Nebenwirkung bekämen die Patienten ein längeres Leben.

Barzilai aber wollte diesen Teufelskreis durchbrechen. Er ging zur mächtigen US-amerikanischen Arzneimittelbehörde FDA und stellte seine Studie vor. Er wolle Altern nicht als Krankheit definieren, sagte Barzilai, aber vielleicht könne man ja eine Klammer finden, dass es nicht nur um Einzelkrankheiten gehe. Ein Test für einen Arznei-Einsatz gegen eine Gruppe von Krankheiten, Alterskrankheiten.

Sie sprachen lange, und am Ende stimmte die Behörde seinen Plänen zu. In seinem Buch *Age Later*, das im Sommer 2020 erschien, schrieb Barzilai über das Treffen und zitierte einen Direktor der FDA, der sagte: »Verlust des Muskeltonus, Schwindel, Stürze, Demenz, Verlust des Sehvermögens, all diese Dinge – sie auf einmal mit einer einzigen Behandlung zu therapieren … das wäre etwas, was noch nie zuvor gemacht wurde. Wenn Sie wirklich etwas tun können, um das Altern zu verändern, interessiert das jeden. Es wäre revolutionär, wenn Sie es zustande bringen können.«

Einzige Bedingung der FDA: Barzilai sollte in der Studie

ausdrücklich nicht Diabetes untersuchen. Es geht auch für die Behörde um Größeres.

Im Frühjahr 2020 sollte TAME losgehen, über sechs Jahre dauern, doppelblind, mit Scheinmedikament-Gruppe, 3000 Menschen zwischen fünfundsechzig bis achtzig. Sie sollen nicht zuckerkrank sein, aber ein hohes Risiko für Alterserkrankungen haben oder bereits an einigen leiden.

1500 Milligramm am Tag, der Wirkstoff langsam freigesetzt. Wird Metformin die Krankheiten hinauszögern?

Alles war bereit, es hatten sich mehr Freiwillige gemeldet, als Plätze da waren, dann kam die Pandemie. Solange das Virus wütete, wollte Barzilai warten.

Ja, und dann stieg auch in ihm dieses Gefühl hoch, so genau konnte er es gar nicht benennen, jeden Tag um 6 : 30 Uhr ging er sonst trainieren, für eine Stunde, seit vielen Jahren, und an diesem Tag im April fühlte er sich nicht danach. Er ließ das Training ausfallen und am nächsten Tag noch einmal, er nahm Paracetamol, und er nahm Metformin. Am dritten Tag trainierte er wieder, arbeitete er wieder, und während er so seine Papiere schrieb, erinnerte er sich, was Metformin am Anfang seiner Entdeckung war, ein Mittel gegen die Grippe, gegen Malaria.

Einige Wochen später nahm Barzilai ein Video auf, er saß in seinem Haus am See, im Hintergrund der Sonnenuntergang, und sagte: »Ich stecke in einem ethischen Dilemma.« Und er begann über Covid-19 zu sprechen, begann Folien auf dem Bildschirm zu teilen, wie er es bei mir gemacht hatte, als er mir erklärte, dass sein Buch Age Later, in dem das Wort »Covid-19« kein einziges Mal vorkäme, ein Buch über die Pandemie sei.

Es gibt zwei Medikamente, sagte er in dem Video, die

große Wirkung auf die nächste Welle der Pandemie haben könnten.

Folie, Kurven: »Ob du nach Europa schaust, nach China oder Amerika, es sterben hundertachtzigmal mehr Alte über achtzig als Zwanzigjährige. Altern ist der große Risikofaktor für einen Tod an Covid-19.«

Er sprach über die Altersforschung, die lange nur ein Versprechen war, nun aber dabei sei, es zu erfüllen. Und die Forschung, sagte er, sei wichtig für Covid-19. »Es gibt zwei verfügbare Medikamente, die helfen könnten, die ernsten Konsequenzen von Covid-19 zu verhindern.«

Er legte die nächste Folie auf. Wie Krankheiten im Alter zunehmen. Das Risiko, an einer Lungenentzündung zu sterben, ausgelöst durch ein Bakterium oder Virus, ist für einen alten Menschen tausendmal höher. Und das sei es, woran viele Covid-19-Opfer sterben. »Altern treibt Krankheiten. Deswegen ist der einzige Weg, mit all diesen Krankheiten umzugehen, sich den Prozess des Alterns vorzunehmen.«

Der Gedanke bei TAME, ihrer Studie.

Er redete über die acht Zeichen des Alterns, zwei davon waren in seiner Folie gelb markiert:

Entzündungen. Sie flammen nach einigen Tagen bei Covid-19 auf und verwüsten bei vielen Alten den Körper.

Fehlerhaftes Immunsystem. Es schafft es nicht mehr, das Virus abzuwehren oder zu bekämpfen.

Zwei der wichtigsten Ziele im Kampf gegen Altersleiden – Entzündungen hemmen und das Immunsystem gesund halten – sind also auch entscheidend im Kampf gegen Covid-19.

»Wir haben für Menschen zwei wichtige Medikamente«, sagt er wieder, »Metformin und Rapamycin.«

Rapamycin gilt neben Metformin als die zweite Zauberkugel gegen Altersleiden, die wir bereits in den Händen haben. Es ist ein mTOR-Hemmer. Seine Geschichte beginnt auf Rapa Nui, einer Vulkaninsel 3700 Kilometer westlich von Chile, auch Osterinsel genannt und berühmt für ihre 900 riesigen Steinköpfe.

Mitte der Sechzigerjahre suchte ein Team auf der einsamen Insel nach seltenen Kleinstlebewesen. Und tatsächlich, in der Erde unter einem der Steinköpfe entdeckten sie ein neues Bakterium. Als der indische Arzneimittelforscher Suren Sehgal es untersuchte, stellte er fest, dass das Bakterium eine Substanz abgab, die gegen Pilzerkrankungen wirkte. Sehgal nannte diese Substanz Rapamycin, zu Ehren der Insel, auf der sie entdeckt wurde. Er wollte daraus ein Mittel gegen Fußpilz machen, aber sein Labor wurde geschlossen, er sollte die Substanz vernichten. Er rettete ein paar Fläschchen in seiner Gefriertruhe. Und nahm eines Tages – wir sind schon in den späten Achtzigern – die Untersuchungen wieder auf. Als Fußpilz-Mittel war Rapamycin nicht geeignet, weil es, wie sich herausstellte, das Immunsystem unterdrückte. Eignete es sich damit als Retter bei Transplantationen? Diese scheitern oft, weil die Immunabwehr des Empfängers das Organ abstößt. Rapamycin wurde ein wichtiges Medikament, und auf Rapa Nui steht heute eine Ehrentafel für die »Substanz, die ein neues Zeitalter für Patienten einleitete, die ein neues Organ benötigen«.

Im Laufe der Zeit stellten Mediziner fest, dass Rapamycin Leben verlängern kann. Über den mTOR-Pfad. In Studien lebten Mäuse, denen Forscher die Substanz gaben, deutlich länger – in Menschenjahren gerechnet etwa ein Jahrzehnt. Und sie setzte in einer deutschen Studie die Regel außer Kraft, dass späte Eltern für ihre Kinder ein Risikofaktor für Krankheiten sind.

Allerdings ist Rapamycin giftig, wie einst das Guanidin der Geißraute, schadet langfristig den Nieren und kann Diabetes auslösen, kein Mittel, das Forscher geben, um dem Altern vorzubeugen. Aber sie experimentierten mit Rapalogs, Nachbauten des Rapamycin, die weniger giftig sind.

In neuen Versuchen wurden, wie Barzilai mit der nächsten Folie zeigte, Menschen Metformin und Rapalogs gegeben, es verlängerte das Leben um 24 Prozent.

Weiter sprach er über seine Arbeit mit Hundertjährigen und ihren Kindern. »Was erstaunlich ist, sie haben alle eine erhöhte Immunität«, einen höheren inneren Schutz, ihre Abwehrzellen reagieren erfolgreicher, die Autophagie, die innere Müllabfuhr und Recyclinganlage, laufe bestens – beides Hilfen bei der Abwehr von Covid-19.

Barzilai bezeichnete die Abwehr als Burg. Im Alter sind die Wände löchrig. Der Plan der Altersbiologen ist, die Wände wieder aufzubauen.

»Sicher«, sagte er, »du kannst das Virus bekämpfen, mit Medikamenten, die es direkt angreifen. Und du kannst impfen. Aber du kannst auch den Schutz verstärken, die Erholung beschleunigen.« Und damit war er bei Metformin und Rapamycin.

»Das Problem ist«, fuhr er fort, und damit kam er zu seinem Dilemma, »es gibt keine Studie, die beweist, dass Metformin vor Covid-19 schützt.«

Pause.

»Aber …« Bei all den Indizien – warum nicht Metformin geben? Wo wir noch kein Medikament gefunden haben. Metformin sei sicher, erprobt und wirke genau dort, wo der Körper Hilfe braucht während der Pandemie.

Er erzählte weiter von dem Rapalog RTB 101 und von seiner Freundin Joan Mannick, Chefin des Biotech-Unternehmens ResTORbio, das Therapien gegen Krebs und andere Krankheiten entwickelt und zwei Studien veröffentlichte, ein klinischer Versuch in Phase 2, das heißt, ihr Medikament ist sicher und hat eine Wirkung, getestet an 250 Menschen über fünfundsechzig. Es soll Infektionen der Atemwege bei alten Menschen bekämpfen. Und die traten seltener auf und verliefen seltener schwer – eine Verbesserung um 42 Prozent gegenüber denen, die ein Scheinmedikament erhielten. Und dann, Phase 2b, noch wichtiger, 650 Menschen mit schweren Vorerkrankungen, Lungenkrankheiten, also die klassischen Covid-19-Risiko-Patienten. Ein Drittel weniger bekam Infektionen. 50 Prozent weniger Patienten entwickelten einen schweren Verlauf. Und waren kürzer im Krankenhaus. Die Studien-Forscher hatten vor allem auf Grippeviren geschaut, nicht auf Covid-19.

Bringt also nichts?

Nun, das Medikament schützte vor allen Viren, vor Coronaviren sogar deutlich besser als vor Grippeviren, es halbierte bei einem Corona-Angriff die Zahl der Menschen, die sich überhaupt ansteckten.

Leider waren das die herkömmlichen Coronaviren, nicht die weitaus gefährlichere Covid-19-Variante.

Aber an der Logik, sagte Barzilai, ändere das nichts. Es gehe nämlich nicht darum, das Virus selbst anzugreifen. Es gehe nur darum, den Wirt zu stärken, den Menschen, seine Mauern zu stärken, die Löcher haben, seine Reparaturwerkzeuge, sodass er einen Angriff überlebt. Ein Notfallplan. Überleben in der Krise.

Die Nebenwirkungen: Absurderweise geringer als in der Placebo-Gruppe, weil das Mittel, über Lunge und Atemwege hinaus, dem Körper offenbar guttat. Die Nebenwirkungen waren positiv.

Ein Einwand aber bleibt: Es gibt keine Studien der Phase 3, keinen Beweis, ob Rapamycin gegen Covid-19 hilft.

Und jeder Arzt auf der Welt hat aus gutem Grund gelernt: Es muss einen klinischen Beweis dafür geben, dass ein Medikament hilft, bevor es verschrieben wird.

»Das ist das Dilemma«, sagte Barzilai. »Wie würden Sie entscheiden? Ich bin mit mir am Ringen. Aber, ich sage es wieder: Wir sind in Kriegszeiten. Also was haben wir zu verlieren?«

In seinem eigenen Krieg mit dem Virus hat er die Mittel genommen. Auch seiner Frau Laura gab er sie.

Und am dritten Tag stieg er wieder auf sein Fahrrad und wieder in die Arbeit ein, was natürlich ein Zufall sein kann, viele Verläufe sind mild, aber es könnte doch mehr sein. Als ich Monate später noch mal mit Barzilai sprach, zeigte er mir Studien: Covid und Metformin. Die erste aus China, Diabetiker mit Covid im Krankenhaus. Es starben zwölf Prozent der Patienten, die kein Metformin nahmen, aber nur drei Prozent der Metformin-Patienten. Eine Studie aus Birmingham mit 25 000 Patienten kam zu dem Schluss: »Diabetes ist ein Risikofaktor für die Covid-19-bedingte Sterblichkeit. Dieses Risiko ist bei Probanden, die Metformin einnehmen, drastisch reduziert.« Über alle Studien hinweg, sagte Barzilai, mussten Metformin-Patienten seltener ins Krankenhaus und starben weniger.

★ ★ ★

Nach dem Gespräch mit Barzilai sah ich das Altern, sah ich diese Moleküle und Medikamente mit anderen Augen.

Ja, ich würde sie nehmen, wir waren in der Pandemie. Danach würde ich weitersehen.

Und da ich keine Freundin namens Joan Mannick habe, kein Rapalog RTB101 in der klinischen Phase 2b und kein Rapamycin mit all seinen Nebenwirkungen nehmen würde, kein Arzt der Welt würde es mir auf Rezept geben, zu Recht, wie ich finde, war ich glücklich über die Erkenntnisse zu Resveratrol, Sinclairs mTOR-Hemmer.

Und statt Metformin wählte ich Berberin. Sinclair nennt es »das Metformin des kleinen Mannes«. Berberin ist ein Pflanzenstoff, ein Alkaloid wie das Galegin in Metformin, es steckt auch in der Berberitze, die wir im Garten haben. Es ist nicht so bekannt wie Metformin, nicht ganz so gut erforscht, hat aber nicht die eine Nebenwirkung, die es erforderlich macht, dass Metformin durch den Arzt verschrieben und überwacht wird: Es kann der Niere schaden und in Einzelfällen lebensgefährlich sein, wenn es eine Krankheit namens Laktatazidose auslöst, eine Übersäuerung des Körpers.

Und so fing ich einfach mal an, nicht als wissenschaftlicher Versuch, das geht so nicht, das müssen die Ärzte machen, mit Hunderten, Tausenden Teilnehmern, unter strengen Kriterien. Ich wollte einfach etwas versuchen, mich in der Pandemie stärken mit Molekülen, deren Wirkung belegt ist. Auch wenn sie noch nicht den Beweis angetreten haben, dass sie einen zwanzig Jahre länger gesund halten.

Und ich wollte ein wenig mehr tun, als nur Äpfel zu essen, und damit war ich dabei. Neben dem Trio NMN, Resveratrol und Berberin öffnete ich einen weiteren Nebenpfad. Ich nahm Quercetin, das Sinclair auch während der Pandemie unregelmäßig einnahm, einen Blütenfarbstoff, der in Kapern und Liebstöckel vorkommt, in Doppelblindstudien gezeigt hat, dass es vor Viren schützt, Muskelkater wegzaubert und als Senolytikum gilt, als ein Mittel, das gealterte Zellen wegräumt, seneszente Zellen, wie Fachleute sagen, also Zellen, die tot sein sollten, sich aber weigern zu sterben und zur Gefahr werden. Sie verbleiben im Körper und lösen Entzündungen aus, eine der großen Ursachen für die Alterung, für Gebrechlichkeit, Demenz, Diabetes, Osteoporose, Krankheiten des Herzens, der Niere, der Leber, der Lunge – nichts, was sie nicht angreifen. Und sie verwandeln, ganz in der Tradition Draculas, gesunde Zellen in Zombies: ein gruseliger kleiner Horrorfilm, der in unseren Körpern abläuft. Mäuse, in denen die Zombies ausgelöscht wurden, lebten 20 bis 30 Prozent länger. Der weltbekannten Mayo-Klinik in Rochester, Minnesota, gelang es 2019 erstmals, diese Wirkung von Senolytika beim Menschen nachzuweisen, bei Diabetikern mit einer Nierenerkrankung. Sie kombinierten dafür Quercetin mit dem Medikament Dasatinib.

Vier Pfade der Jugend. Mal sehen …

# 18

## Sag mal, Lorenz ...

»... und ein Club-Sandwich«

Beim ersten Mal hatte ich mir noch nichts gedacht. »Sag mal, Lorenz, hast du abgenommen?«

Wir hatten Peter am Viktualienmarkt getroffen. Ausflug mit dem Fahrrad, eine Stunde hin und eine zurück, Sophia hinten auf dem Kindersitz.

Stände anschauen, Gemüse kaufen und Freunde sehen, ohne Verabredung, einer ist immer dort, der Markt ist einer der wenigen Flecken der Stadt, der zugleich den Münchnern und den Besuchern gehört.

Wir saßen an einem der sechs Brunnen und aßen eine Suppe. Peter war einer unserer liebsten Freunde; als wir noch in der Stadt lebten, bewohnte er das Apartment über uns, die beiden Wohnungen gehörten eigentlich zusammen. Eine Wendeltreppe und eine dünne Wand, nachträglich eingezogen, hatten aus einer Wohnung zwei gemacht. In der Früh hörten wir Peter Geige spielen, eine italienische

Violine aus dem Jahr 1600, mehr Gefühl in einem Strich als andere in einem ganzen Konzert; er spielte einem nicht in den Ohren, sondern direkt im Herzkammerl. Am Abend kam er oft runter, wir kochten, tranken und lachten, an Silvester schoss er im Zimmer, zum Glück seinem, Raketen. Peter war das Leben selbst, Musik, Essen, Feiern, während der Wiesn konnte er einen durch Hintereingänge in jedes Zelt führen, und an Fasching zwängte er sich in das Dirndl von Franziskas Oma Liesl und verschwand eine Woche im Trubel, wie einst Monaco Franze, bayerische Kultfigur, ewiger Stenz, mit dem wir Peter gerne verglichen. Keinen Menschen habe ich getroffen, der in Frauen mehr Gefühle weckte, liebend oder spöttisch schauten sie ihn an, lächelnd oder schimpfend, aber gleichgültig so gut wie nie. Und wer das Leben liebt, mit allen Aufs und Abs, bei dem steigt und fällt auch das Gewicht. Peter drückte es in Intervallen, mit strengem Sport, mit Rudern, Radfahren oder Skitouren, je nach Jahreszeit, und so dachte ich mir tatsächlich nichts bei seiner Frage, er hatte eben einen Blick für wachsende oder schrumpfende Bäuche.

»Ja«, sagte ich.

Beim zweiten Mal, Wochen später, stutzte ich schon mehr.

»Sag, Lorenz, du hast aber abgenommen«, rief Ruth, als sie von der Treppe am Aufgang in den Garten trat. »Ganz anders siehst du aus.«

Aber auch das war keine große Sache für mich, Corona veränderte die Welt ja nicht nur im Großen, durch die vielen Stunden im Garten war ich so braun wie zuletzt als Kind. Und die Haare lockten sich, Rasieren war auch selten nötig, dazu die Sonnenbrille, die früher im Schrank verstaubte und nun den ganzen Tag auf meiner Nase saß. Ich sah einfach anders aus.

Als aber zu Beginn einer Videokonferenz, in der die Redaktion neue Themen besprach, einer fragte, was ich denn für eine Diät mache, dachte ich: Hoppla.

Und zwei liebe Kollegen, Patrick und Thomas, fingen gleich an zu scherzen, mit ihnen hatte ich die italienische Virologin Ilaria Capua interviewt und es hatte sich ein skurriler Dialog entsponnen, der ihnen wieder in den Sinn kam.

Capua, vierundfünfzig, Leiterin des One Health Centers der University of Florida, bekannt für ihre Forschung an Grippeviren, erklärte uns, warum die Pandemie eine Chance wäre: »Ein Neustart ist möglich.«

Und sie begann, über unser Wirtschaftssystem zu sprechen, über Flugreisen, Megafarmen und Fleischfabriken, über Konsum und das Klima, die Gesundheit von Tieren und Pflanzen, die wir zerstören. »Wenn wir das nicht lösen«, sagte sie, »werden Lorenz' Kinder später mal Müll essen müssen.«

Meine Kinder? Wieso nur meine? Die Kinder meiner Kollegen waren nicht älter als Sophia.

Capua sprach weiter über die Zukunft, die Folgen unserer Lebensweise, vielleicht, sagte sie, würden sie und die Kollegen diese nicht mehr zu spüren bekommen – aber Lorenz …

Lächeln bei uns. Sie hielt mich für den Praktikanten. Ich machte eine Andeutung, dass ich nicht der Jüngste in der Runde wäre.

Am Schluss fragte Capua aus dem Nichts: »Sind Sie sicher, dass Sie nicht Generation Z sind? Sie sind ein Millennial, stimmt's?«

»Äh, nein.« Ich spürte das innere Grinsen der Kollegen.

»Wie alt sind Sie?«, fragte Capua. »Vielleicht dreißig?«

»Nein, nein, ich bin neunundvierzig.«

Pause.

»Okay. Und was machen Sie dafür?«

★ ★ ★

Natürlich verschwimmt im Videobild die Wahrheit. Und schon früher hielten mich Leute für jünger, als ich war. Das verdanke ich meiner Mama. Aber verändert hatten mich die Moleküle-Wochen schon, zusammen mit dem gesunden Essen. Bevor ich sie nahm, habe ich ein großes Blutbild gemacht und mich auf Willis altmodischer Waage gewogen, eine aus den Sechzigerjahren, wo du zwei Regler schiebst und sich die Waage einpendeln muss. Sechs, sieben Kilo waren weg, am Bauch ganze zehn Zentimeter. Ich war neugierig, was das Blutbild nach meinem Selbstversuch anzeigen würde.

Spüren ließ sich der Unterschied. Neben den Kilos waren die Schmerzen in meinem Schienbein verschwunden, diese Stromschläge durch die Wade, diese endlose Entzündung der Knochenhaut, mehr als zwei Jahre lang hatte ich diese Schmerzen, wenn ich eine Hose anzog, bis sie so schlimm wurden, dass ich zu meiner Orthopädin ging und sie mich in die Röhre schickte. Stoßwellen, Spritzen, nichts hatte geholfen, aber einen Monat, nachdem ich mit den Molekülen begonnen hatte, waren sie weg, ganz objektiv, ärztlich bestätigt, keine Behandlung mehr nötig, oha.

Und dann bei der Zahnreinigung. Die strenge Frau Krause. Alle drei Monate musste ich hin, zerknirscht schon beim Eintreten, das Zahnfleisch immer entzündet, und sie schimpfte, übte mit mir Zähneputzen, als sei ich Sophia: »Kreisen, schön kreisen; an den Schneidezähnen ganz runter; innen nicht vergessen, es muss kitzeln.« Fehlte nur, dass sie mir dazu aus Sophias Bilderbuch vorlas: »Kommt mal her ihr kleinen Hunde, jetzt beginnt die Zahnputz-Runde.« Jedes Mal war ich kleinmütig nach Hause gegangen, seit drei Jahren, seit wir hierhergezogen waren, bei meiner Krankenkasse lag seit einem Jahr ein genehmigter Kostenvoranschlag für eine Operation, die vorne das Zahnfleisch aufbauen sollte, und nun drei Monate nach Beginn der Kur, als ich mal wieder klein wie eine Maus im Stuhl versank, hörte ich Frau Krause rufen: »Toll! Heute muss ich Sie mal loben.« Stark wie ein Löwe ging ich wieder raus. Und beim nächsten Termin rief sie die ganze Praxis zusammen, den Chef, die Zahnärztin im Praktikum, die Sprechstundenhilfe, fehlten nur noch die Putzhilfe und der Schornsteinfeger, alle standen um mich herum, während sie Taschentiefen durchgab und den alten Werten gegenüberstellte: »Spektakulär«, rief sie wieder und wieder, »spektakulär.« Allein: Ich hatte nichts geändert, nicht anders die Zahnbürste gekreist als zuvor. Also, dachte ich mir, ob das Zeug verjüngt, kann ich nicht sagen, aber Entzündungen zaubert es weg – zumindest bei mir.

Ich bemerkte andere kleine Veränderungen, am Schreibtisch, seit fünfundzwanzig Jahren schreibe ich nun, im ewig gleichen Rhythmus, drei Stunden Schreiben, dann wurden die Worte leer und die Gedanken schal. In Hamburg war ich dann an die Elbe laufen, in München an die Isar, danach die zweite Schicht, zwei Stunden, wieder Pause, schließlich eineinhalb. Mehr Schreiben ging nicht am Tag. Nun ereilte mich die erste Müdigkeit nach vier Stunden, der Rücken meldete sich vor dem Kopf, sicher, es konnte Einbildung

216

sein, Wunschdenken, Placebo, was auch immer, aber es war so. Und abends musste ich aufpassen, die Gedanken liefen weiter, ich durfte nicht mehr bis in die Nacht schreiben, ich blieb dadurch zu wach. Sonst schlief ich wie ein Baby, Sophia zwischen uns, die Füße gerne quer, ihr Köpfchen mitten auf meinem Kissen, mit ihrem kleinen Körper drückte sie mich gegen die Wand, und in der Früh, den Tag begrüßend, ermahnte sie mich: »Nicht schnarchen. Das will ich nicht hören.«

✶ ✶ ✶

Immer wieder mal fragen mich die Leute, woran ich arbeite, was sie bald zu lesen bekommen. Und oft entspinnt sich daraus ein Small Talk, ah, Amazon, ah, Autismus, ah, Astrophysik, aber wenn ich nun erzählte, dass ich mich mit dem Altern beschäftige, dem Zusammenleben der Generationen, wurden daraus oft Big Talks, ob Freunde, Nachbarn, Bekannte, alle nahmen Anteil, wollten wissen, stellten Fragen, es entspannen sich lange Gespräche, und nicht selten mündeten sie in die eine Frage: Angenommen es wäre möglich, was diese Professoren sagen, angenommen wir würden 120, älter noch. Wäre das wirklich gut?

Ethik, Gesellschaft, Wirtschaft – Altersforschung ist so viel mehr als Medizin.

Auf Friederikes Feier wogte das Gespräch wild hin und her, und gerade Harald, rank dank Metformin, wiegte den Kopf: Gab nicht der Tod dem Leben erst seinen Sinn?

Oder auf der Terrasse von Florian, Nachbar, Manager, lange bei Google, den ich ab und an besuche, um über das Leben und Hamburg zu reden, seine Heimat, meine Liebe.

Ah, die Elbe, die Schiffe, die Große Freiheit … »Altersforschung?«, sagte Tobias gleich, als ich darauf zu sprechen kam. »Da muss ich dir Andreas vorstellen. Professor an der Ludwig-Maximilians-Universität in München. Krebsforscher.« Und nachdem er mir eine ganze Weile gelauscht hatte, sagte er bedächtig: »Und wo ist die Grenze?«

Ja, und Willi, am Tisch im Hausgarten, missbilligend, aus dem Nichts: »Wo sollen die Menschen alle hin?« Helga nickte. »Und: Was kostet das?«

Wenn einer die Frage beantworten kann, dann Andrew J. Scott: Ökonom, Sozialwissenschaftler, Professor an der London School of Economics. Das Thema seines Lebens: das Altern. In China, Japan und den USA ist er so bekannt wie in London, er berät die britische Finanzaufsicht und veranstaltet mit dem britischen Milliardär Jim Mellon das »Longevity Forum«, das jährlich die besten Forscher versammelt. Sein Buch The New Long Life von 2020 entwirft eine Zukunft für die alternde Gesellschaft, die *Financial Times* nennt es eine »unverzichtbare Lektüre für politische Entscheidungsträger und Firmenchefs«.

»Ob wir uns das Altwerden leisten können?«, überlegte Scott. »Das ist eine sonderbare Art, darauf zu schauen. Es gibt für eine Regierung doch nichts Wichtigeres, als den Bürgern zu ermöglichen, so lange wie möglich so gesund wie möglich zu leben. Und: Ja, es ist gut für die Wirtschaft, wenn wir länger leben, länger gesund und produktiv sind.«

Eine Studie der Universitäten Harvard, Columbia und Montreal – schon aus dem Jahr 2013 – rechnete vor, dass es viel Geld spart, wenn wir statt Krankheiten das Altern selbst behandeln. Verlängerten wir unsere Gesundheit nur um 2,2 Jahre, schaffe das einen Wert von 7,1 Billionen US-Dollar – im Jahr der Untersuchung so viel wie der Wert allen Goldes auf der Welt.

Was könnten wir mit dem Geld alles machen?

Für das Klima?

Für die Bildung, die meistunterschätzte Krise unserer Zeit. Zu der Viertelmilliarde Kinder, die nicht in der Schule sind, kommen 330 Millionen, die in der Schule sind, aber nicht lernen. Wenn wir nichts tun, wird 2030 die Hälfte der Kinder und Jugendlichen auf der Welt, die Hälfte der 1,6 Milliarden, nicht lernen. Dabei ist Bildung das Wundermittel im Kampf gegen alles Elend der Welt. Allein die Bildung von Mädchen, so die Weltbank, würde bei neun der siebzehn Entwicklungsziele helfen, welche die Vereinten Nationen ausgerufen haben. Klimaforscher stufen Mädchen-Bildung auf Platz sechs ihrer Ratschläge zur Klimarettung – höher als Solaranlagen und Elektroautos. Mit 100 Milliarden US-Dollar könnten wir – theoretisch – die Bildungskrise ausrotten wie einst die Pocken. Blieben von den 7,1 Billionen US-Dollar noch sieben Billionen übrig.

Oder, zurück zum Buch, der dritten Krise, von der die Welt nichts wissen will: der Renten- und Pflegekrise, die uns überrollen wird. Wir könnten Pfleger und Krankenschwestern nicht nur – wie während der Pandemie – vom Balkon applaudieren, wir könnten sie auch gerecht bezahlen.

Wir könnten Alte in Heimen umsorgen. Mit ihnen sprechen, spielen, spazieren gehen, sie trösten, zum Lachen bringen, mit Kindern zusammenbringen, etwa Fünfundneunzigjährige mit Dreijährigen zum Flöten-Trompete-Spielen.

Wir könnten neue Therapien und Medikamente entwickeln. Die Menschheit damit versorgen. Sollte Barzilais

Studie Erfolg haben: Eine Monatspackung Metformin kostet 1,66 Euro. Auf der Welt lebten 2020 rund 700 Millionen Menschen, die älter waren als fünfundsechzig Jahre. Sie alle könnten wir mit sieben Billionen US-Dollar sechs Jahrhunderte lang kostenlos mit Metformin versorgen.

Natürlich ist das überzeichnet, es braucht weit mehr als Metformin, um die Altersleiden zu besiegen. Und natürlich ist es viel zu grob gerechnet, ohne Logistikkosten, und natürlich versickert Geld schneller, als uns lieb ist. Aber wir müssen anders denken, unsere Gesellschaft umwälzen, entweder wir wälzen um, sagte Andrew J. Scott, oder wir werden umgewälzt, ob wir wollen oder nicht, ob mit oder ohne Gen-Medizin. Das Altern an sich, selbst seine Vermessung, ist nicht mehr, was es noch vor zehn Jahren war:

»Wir reden immer über ein längeres Leben«, sagte Scott. »Aber wenn wir betrachten, welche Phase sich verlängert, dann ist es das Ende des mittleren Alters. Es ist, als dauere ein Tag auf einmal zweiunddreißig Stunden. Das strukturiert deinen Tag anders: Du stehst zu einer anderen Zeit auf und gehst zu einer anderen Zeit ins Bett. Und dieser Wandel vollzieht sich schon: In Großbritannien bekommen mehr Eltern in den Vierzigern Kinder als Menschen unter zwanzig. Und die Leute arbeiten nicht mehr bis sechzig, sondern bis siebzig. Und irgendwann bis achtzig.«

Es ist auch das, was uns die Pandemie vor Augen führte. Siebzig ist nicht gleich siebzig. Wir zählen die Kerzen auf der Torte – völlig falsch, es ist nicht die Zahl der Kerzen, die das Virus zur Todesgefahr macht, es ist die innere Uhr. Ein alter Fünfzigjähriger, zuckerkrank, mit fetter Leber oder verqualmter Lunge, stirbt eher als ein junger Siebzigjähriger, der auf sich geachtet oder gute Gene geerbt hat – oder in

Zukunft die richtige Altersmedizin schluckt. Auch für die Impfung wird das eine Rolle spielen. 95 Prozent Schutz bietet sie, sagen die Ärzte. Ja, für Gesunde. Bei innerlich gealterten, bei denen die Gene nicht mehr richtig mit den Zellen kommunizieren, bei denen das Epigenom seinen Job nicht mehr richtig macht, die Enzyme falsche Nachrichten übermitteln, da gehen auch Informationen des Impfstoffs verloren. Gerade die Menschen, die den Schutz am nötigsten brauchen, sind die, bei denen er am wenigsten wirkt.

Wie sich die Lebensstruktur des Einzelnen verändert, so verändert sich auch die der Gesellschaft. Das alte System wird verschwinden, diese Dreiteilung, die wir im 20. Jahrhundert geschaffen haben: Ausbildung, Arbeitsleben, Rente. Wie willst du mit achtzehn eine Ausbildung machen und damit sechzig Jahre lang arbeiten?

Statt drei Lebensabschnitten wird es viele geben. Es lohnt sich, mit fünfzig ein Studium zu beginnen. Und das stärkt Ehen in den mittleren Jahren, weil Paare sich in solchen Auszeiten stützen. Und es wird Ehen später schwächen, mehr Menschen mit achtzig werden ihre Liebe überdenken. Die letzten Jahre noch mal Honeymoon. Unterscheidet sich eine Liebe, die man im Alter findet, von der in jungen Jahren? »Nein«, sagt die Liebesforscherin Anna Machin, »Liebe ist Liebe, die neurochemischen Prozesse sind in allen Altersstufen gleich, die Endorphine sind immer da, und ihre Werte schwanken nicht. Man verliebt sich mit sechzig genauso wie mit zwanzig. Und durchläuft die gleichen Stadien: von der Lust hin zu einer eher kameradschaftlichen Liebe. Der einzige Unterschied ist die Lebenserfahrung.«

Zudem könnte das neue Altern die Diskriminierung der Frau mindern, der Einschnitt von Geburt und Kinderbetreuung fällt weniger ins Gewicht. »Nebenbei bemerkt«, sagte Andrew J. Scott in seiner herrlich britischen Art: »Es gibt interessante Ungleichheiten zwischen den Geschlechtern. So neigen Frauen dazu, länger zu leben als Männer, nun gut, diese Kluft ist bekannt, aber Frauen sind auch tendenziell länger krank. Aber zurück zu der Frage, wie sich ein längeres Leben auf Frauen auswirkt, denn es gibt hier eine Reihe von, wie ich finde, sehr interessanten Dingen. Das Erste ist: Wenn wir hundert Jahre alt werden, müssten wir sechzig Jahre lang arbeiten, von zwanzig bis achtzig. Nun, wenn man eine sechzigjährige Karriere hat, ist es viel einfacher, eine Familie zu gründen. Das sollte helfen, die Ungleichheit zwischen den Geschlechtern zu verringern. Auch sehen wir, dass Männer sagen: ›Ich möchte eine große Pause machen. Ich möchte, wenn ich zurückkomme, nur noch drei Tage die Woche arbeiten.‹ Die Haushaltspflichten werden anders verteilt werden. Auch das wird, denke ich, die Ungleichheit zwischen den Geschlechtern verringern, was alles gut ist.«

Und weiter: »Aber ich sehe auch eine große Gefahr: Bisher ist Elternzeit die Zeit, in der sich Menschen freinehmen, um sich um das Kind zu kümmern. Aber nun wächst die Zahl der Alten. Bald werden Kinder Auszeiten nehmen, um sich um ihre Eltern zu kümmern. Und wenn diese Last allein den Frauen aufgebürdet wird, wäre das für sie eine schreckliche Veränderung.«

Schließlich, ich hatte Scott noch nichts von unserem Haus erzählt, sagte er:

»Wenn man über ein Leben nachdenkt, das hundert Jahre währt, so bedeutet es, dass wir viel mehr Haushalte mit vier Generationen sehen werden als mit drei Generationen. Zurzeit sprechen wir in Großbritannien bei Drei-Generationen-

Haushalten von der Sandwich-Generation: eingeklemmt zwischen ihren Kindern und Großeltern, um die sie sich kümmern müssen. Bei vier Generationen haben Sie ein Club-Sandwich. Und die Frage ist, wer ist wofür verantwortlich? Kümmern sich die Großeltern um die Urgroßeltern, können sie sich nicht um die Enkelkinder kümmern. Es müssen also eine Reihe neuer sozialer Vereinbarungen getroffen werden. Und wir werden sehen, dass Regierungen und Firmen neben der alten Elternzeit eine neue einführen werden, damit sich Menschen um ihre Eltern kümmern.«

»Ich lebe in einem Haushalt mit vier Generationen.«

»Wirklich?«, rief er aus. »Dann wissen Sie auch, dass es so viele Beweise gibt ...«

Er sprang zu David Sinclair, über den wir vorher gesprochen hatten.

»... auch das führt uns zu Davids Arbeit. Es verändert das Denken und die Haltung bei den Menschen. Du musst in dieser Gesellschaft länger jung sein. Und jung sein bedeutet nicht nur, körperlich fit zu sein. Es geht auch darum, dass du dich überwindest, dass du neugierig bist. Man sieht oft, dass ältere Menschen verjüngt werden, wenn sie mit jüngeren Menschen zusammen sind.«

Ich erzählte ihm einige Geschichten aus dem Haus.

»Mit unserem dreistufigen Leben«, sagte Scott schließlich, »haben wir diese generationsübergreifenden Verbindungen aufgelöst. Wir wurden nach Alter getrennt.«

»Segregated«, sagte er, dasselbe Wort, das Judy Heumann verwendete: Segregation, das Gegenteil von Inklusion, – der Zerfall von Gemeinschaft, Gesellschaft.

»Die meiste Zeit in der Geschichte«, ergänzte er, »wussten wir nicht, wie alt wir waren, wann wir geboren wurden. Im

19. Jahrhundert hat dann eine Regierung angefangen, Geburtsurkunden zu erstellen. Und das führte zu einer großen Zunahme der Alterssegregation, sowohl in der Schulbildung als auch im Ruhestand. Und das ist ein Problem für uns. Wir halten an einer veralteten Vorstellung davon fest, was es heißt, alt zu sein. Aber das große Ding am Altern ist, dass du mit neunzig einen Marathon laufen oder mit fünfzig im Rollstuhl sitzen kannst. Es gibt eine Menge Unterschiede, wie Menschen altern. Und diese Besessenheit, was das chronologische Alter betrifft, schränkt uns ein, individuell und gesellschaftlich.«

»Ja«, sagte er, »und durch Sinclairs Arbeit wird das chronologische Alter an Bedeutung verlieren. Alles wird sich ändern, und die größte Gefahr dabei ist die Kluft zwischen Arm und Reich. Wenn du Geld hast, kannst du dich leicht anpassen. Wenn nicht, hast du ein echtes Problem. Regierungen müssen Schwache unterstützen, in der Bildung, mit Geld für Auszeiten.« In Großbritannien gibt es einen staatlichen Midlife-TÜV, bei dem Mittvierziger einen Check machen: Gesundheit, Finanzen, Fachwissen. Und die Regierungen müssen Armen ermöglichen, Medikamente zu bekommen.

Es wird eine Frage der Ethik, nicht der Medizin. Ebenso wichtig wie Haralds Überlegung: Wie weit darf Medizin gehen?

Ethiker stehen Gentherapien oft ratlos gegenüber: Was, wenn eine Therapie unbekannte Spätfolgen hat? Was bedeuten solche für Kinder und Kindeskinder?

Aber was, wenn der Arzt aus diesen Gründen einem Patienten die Therapie verweigert und sich zwanzig Jahre später herausstellt, dass diese ihn geheilt hätte? Oder wenn, noch verzwackter, ein vorsichtiger Arzt einer Fünfzigjährigen eine vorbeugende Behandlung versagt und sich herausstellt, dass diese sie vor Demenz oder Krebs bewahrt hätte?

In den USA hat der President's Council on Bioethics seine Zweifel an der Alternsforschung niedergeschrieben. Ein längeres Leben könnte die Menschheit lähmen, zynisch machen: »Nach einer Weile hören die meisten von uns auf, mit frischen Augen auf die Welt zu schauen.« Und: Verleihen die »Beschränkungen des natürlichen Lebens (unsere Gebrechlichkeit und Endlichkeit)« dem Leben nicht erst seine »nachhaltige Bedeutung«?

Sinclair nannte diese Bedenken »tödlichen Unfug«.

Und mich verstören sie. Willi und Helga sind nicht zynisch. Sie sind gelassen. Und weise.

Und sosehr ich den Gedanken verstehe, im Tod einen Sinn zu sehen, ich teile ihn – denn Leben ist Entwicklung, und Entwicklung ist Altern, das Altern und der Tod sind damit der Preis, den wir für das Leben zahlen; ich zahle ihn gern – so halte ich es für zynisch, einen Wert in der Gebrechlichkeit zu erkennen und zu sagen, wir wären nur leidend in der Lage, den Wert des Lebens zu erkennen. In dieser menschenfeindlichen Logik könnten wir auch der Pandemie freien Lauf lassen, denn jeder Tote und Beatmete ließe uns ja den Wert des Lebens stärker spüren.

Damit will ich aber nicht sagen, dass Forschung alles darf. Weiter sollten Wissenschaftler und Ethiker darüber wachen, auch solche, deren Meinung ich nicht teile. Nichts wünsche ich mir mehr, denn wir wandeln auf neuen Pfaden, gehen ins Unbekannte. Gefahren lauern auf uns.

# 19

# La Famiglia

## »... Und die Physik des Alterns«

Dieser Blick!

Als ich die Döschen auf den Gartentisch stellte.

Eben hatten wir noch gegrillt, früher als sonst war Willi erschienen: War heute nicht Donnerstag? Der Tag, an dem das Fischauto auf dem Mark stand? Vergangenen Donnerstag hatte er von unserem Lachs gekostet. Und ein zweites Stück angenommen. So weich, genau richtig für sein Gebiss, leicht ließen sich die Fischhappen am Gaumen zerdrücken, der Saft lief raus, gut, gut, er war teurer als der Lachs, den Helga im Supermarkt kaufte, aber er war es wert, zehn Euro für ein schönes Schwanzstück, das besonders zart war. Willi würde eine Runde spendieren. Und Franziska sollte es zubereiten, wie die Woche davor, gewickelt in Alufolie, ein Hauch Salz und eine Zitronenscheibe darauf. Helga schaute säuerlich. Der Preis! Und überhaupt! War ihr Lachs nicht gut genug?

Lächelnd war ich vorgelaufen, neben mir Leonie, vor mir, im Buggy, Sophia, sie wollte die Fische anschauen, die gestreiften Saiblinge, die platten Seezungen, die getupften Forellen, die Rosé-Doraden, Muscheln, Garnelen, Makrelen und Seeteufel. Die Schlange vor dem Fischauto zog über den ganzen Marktplatz. Ich zog meine Corona-Maske über, Sophia spielte Monster mit Leonie. Im Garten feuerte Franziska derzeit an.

Insa, eine Astronautin, erzählte mir einmal, dass sie als Mädchen nicht anfeuern durfte, weil das eine Aufgabe für Jungen war. Die Jahre darauf versuchte sie es gar nicht mehr. Zum Glück ändert sich die Welt nicht nur in der Altersforschung. Bei uns feuert Franziska an, so wie sie meist das Auto fährt. Und Sophia soll nichts mehr bremsen. In den letzten Jahren habe ich viel über Feminismus gelernt. Es reicht nicht zu sagen: »Ich achte Mädchen und Frauen« – und sonst zu schweigen. Wer schweigt, verändert nichts. Und wer nichts verändert, stützt das System, das frauenfeindliche.

So hing ich meinen Gedanken nach, und als wir wieder zu Hause waren, fiel mir auf, dass wir Leonie vergessen hatten.

Als wir, nun mit ihr, endlich an der Gartentür ankamen, Sophia drückte sie auf, glomm bereits die Glut. Ich setzte mich neben Willi unter den Apfelbaum, im Nachbargarten spielte ein Junge mit einer kleinen Drohne. Hätte er darin eine Kamera eingebaut, er hätte Minuten des Zaubers eingefangen, eine schwatzende, lachende, Rollator und Buggy fahrende, Blumen schneidende, den Tisch deckende und Müll heruntertragende Großfamilie, die Pandemie Pandemie sein ließ und an diesem Durchschnittsdonnerstag der Uhr des Lebens einige Minuten oder Stunden abtrotzte, indem sie die Zeit vergaß, sie einfach anhielt oder ins Unendliche beschleunigte, je nach Blickwinkel. Wie sagte Albert Einstein: »Wenn man mit dem Mädchen, das man liebt, zwei Stunden lang zusammensitzt, denkt man, es wäre nur eine Minute. Wenn man aber nur eine Minute auf einem heißen Ofen sitzt, denkt man, es wären zwei Stunden – das ist Relativität.«

Lange hatte ich in den Abruzzen mit Marica Branchesi über Einstein gesprochen. Branchesi wurde bekannt, weil sie sichtbar gemacht hatte, was zuvor nur Einstein vor seinem inneren Auge gesehen hatte: wie Gravitationswellen entstehen. Als ihre Messwerkzeuge die Wellen empfangen hatten, hatte sie die weltweite Zusammenarbeit gelenkt: siebzig Teleskope im Verbund, im Auge die Kollision zweier Neutronensterne, das Licht, die Trümmerwolke, historisch. Erstmals hatte die Menschheit dabei zugesehen, wie Gold entsteht. Und es war ein Beweis für Einsteins Relativitätstheorie. Der Fortschritt war vergleichbar mit der Erfindung des Teleskops: Gravitationswellen erlauben uns, in unsere Vergangenheit zu schauen, die Kollision der beiden Sterne geschah zu Zeiten der Dinosaurier. Stephen Hawking, britischer Astrophysiker, nannte die Entdeckung der Gravitationswellen »eine Revolution«. Wissenschaftler aus aller Welt sind sich einig, dass wir bald viel mehr über unsere Herkunft wissen werden, sogar den Urknall hören und sehen. Und Fantasten träumen von Zeitreisen.

Als Marica und ich fröstelnd – also lebensverlängernd – auf der Dachterrasse des Gran Sasso Science Institute standen und sie mir erzählte, dass wir alle Sternenstaub sind, fragte ich sie, was die Leute denn so von ihr wissen wollen, wenn sie Vorträge hält.

»Manchmal stellen sie genau die Fragen, die auch wir uns stellen. Die wichtigste: Woher kommt das Leben? Vor Kurzem war ich in einer Grundschule. Mich haben die Fragen der Schüler wirklich beeindruckt.«

Welche?

»Je weiter du in den Himmel schaust, desto weiter schaust du ja in die Vergangenheit. Sie wollten wissen, ob wir bald in der Zeit zurückkreisen können.«

Und?

»Noch ist es Science-Fiction, aber in Zukunft – wer weiß?«

Zeitreisen in unserem Körper. Genau das ist es, was David Sinclair und seine Kollegen vorhaben. Ihr Denken hat viel mit Physik zu tun.

Sie sehen in der Biologie schlicht die Weitergabe von Information, was, wie bei der Stillen Post, zu Fehlern führt. Hundertprozentige Genauigkeit würde unendlich viel Energie verbrauchen. Also lässt der Körper Fehler zu und nutzt physikalische Tricks, um die Folgen zu reparieren. Aber auch dafür muss Energie aufgewendet werden. Und auf Dauer gehen immer mehr Informationen verloren, bis Zellen nicht mehr wissen, wer sie sind und was sie sollen. Und das führt zum Tod.

Bei seinem Vortrag in der Schweiz hatte Sinclair Bilder an die Wand projiziert, die nur verstand, wer sich mit Mäuseneurologie auskannte. Zuerst das Bild eines zerstörten Sehnervs einer erwachsenen Maus. Dann eines, auf dem der Nerv nachgewachsen war – eigentlich unmöglich, Sehnerven wachsen nur bei Embryonen. Die Forscher hatten mithilfe von Viren Gene eingeschleust, die das Alter der Zellen zurückgesetzt hatten. »Wir können unsere Körper neu programmieren«, sagte Sinclair. Zurück auf null. Oder ein, zwei Jahrzehnte zurück.

Sinclair hatte dieses physikalisch-genetische Denken in eine Theorie gegossen, in die Informationstheorie des Alterns. Die DNA, die Erbinformation, liegt da, gespeichert wie digitale Informationen, wir können sie immer abrufen. Das Problem ist die Hülle, sie kriegt im Laufe der Jahre Kratzer wie eine CD. Und mit der Stammzellforschung und der Genetik, sagte Sinclair, seien wir in der Lage, diese Kratzer zu entfernen – wie bei der Maus. Wir können zurückkreisen, die innere Zeitreise.

* * *

Ah, der Lachs!

Gärtnergespräche.

Susanna und Franziska hatten Willis Aufgaben übernommen, Mähen, Rechen, Stutzen, Schönmachen. In der Gartenarbeit war Franziska ganz anders als Susanna. Susanna erledigte, Franziska zelebrierte.

Ah, der Kaffee!

Erinnerungen.

Wie Willi und Helga sich kennenlernten. Er hatte für seine Firma ein Inserat geschaltet. Als Kollegin Schippers in sein Büro kam, sagte sie nur: »Die Nächste nehmen Sie bestimmt.«

An Willis Geburtstag, dem 20. Oktober, fing sie an. Im Mai darauf war sie schwanger. Im August Hochzeit, ihr Vater musste unterschreiben, sie war keine einundzwanzig. Auch ihre Schwester heiratete. Vater lobte 1000 D-Mark für das erste Kind aus, großer Vorsprung für Helga: Susanna.

Und so ging die Plauderei dahin, bis ich, ohne groß nachzudenken, ins Damenzimmer lief, zu meinen Dosen, sie in eine Schachtel packte und nach unten trug. Klackernd stellte ich sie auf den Tisch.

Willis Blick!

Bisher hatte er mich für vernunftbegabt gehalten, abgesehen von dem Sofa. Er las meine Porträts und Reportagen, die Menschen darin interessierten ihn, Jeff Bezos erinnerte ihn an Charlie Bluhdorn, mit Bill Gates machte auch er schon Geschäfte, und diese Schauspielerin Melissa McCarthy verdiente ja noch mehr als zu seinen Zeiten Audrey Hepburn. Und was dieser Nobelpreisträger aus Melbourne über Corona sagte, beantwortete viele seiner Fragen.

Und nun kam ich mit Pillen, die einen jung halten sollten. Der größte jahrhundertealte Unsinn. Seit Jahren musste er sich von Frau und Tochter ähnlichen Humbug anhören, Antioxidantien, Kräuterkapseln, teures, nutzloses Zeug. »Ich bin fünfundneunzig geworden, ohne diese Pillen«, stieß er aus. Sein Blick fand Halt bei Franziska, die auch beäugte, was ich da anschleppte. Hatte ich nicht bisher Pillen abgelehnt? Alles als nutzlos geschimpft, wie der Opa.

Ganz anders die Blicke bei Helga und Susanna, pure Begeisterung. Susanna hatte gleich zu allem etwas zu sagen. Ah, Berberin. Ah, Quercetin. Ah, NMN. Sie hatte sich nach meinem Artikel im SZ-Magazin über Sinclair weiter damit befasst.

Nicotinamid-Mononukleotid? Gleich ein Grund für Willi, sich lustig zu machen. Nach seiner Herzoperation hatte ihm sein Professor auch so was mit Nikotin andrehen wollen. Seine ablehnende Antwort: »Ich bin Nichtraucher.« Im Rückblick gar nicht dumm. Die Nikotinsäure, mit der Ärzte in den Achtzigern die Gefahr eines Herzinfarkts mindern wollten, hielt nicht, was sie versprach.

»Willi, jetzt lass mal«, sagte Helga, ihre Augen neugierig, die Lippen gespitzt. Das ist doch zu wichtig.

✶ ✶ ✶

Der Mensch altert nicht, er ist auf einmal alt. Meist ereilt ihn das Alter am sechzigsten Geburtstag. So hatte es mir David Sinclair erzählt.

Bei dem Gespräch waren wir auch auf meine Familie gekommen, fast alle Lebensjahrzehnte unter einem Dach.

»Ihre Tochter ist drei Jahre alt? Nun, ihre Zellen arbeiten nahezu perfekt. Sie lernen schnell, heilen schnell. Aber: Altern beginnt mit der Geburt.«

Egal, über Sophia mussten wir nicht groß reden. Auch nicht über das erste und zweite Lebensjahrzehnt. Spannend wird es ab dem dritten.

»Wie alt ist Ihre Frau?«

»In ihren Dreißigern.«

»In dem Jahrzehnt sehen Sie, dass manche Menschen schneller altern als andere. Sie werden empfindlicher. Wenn sie sich schneiden, heilt es nicht mehr so schnell. Auch steckt der Körper Übergewicht schwerer weg. Entzündungen entstehen. Sie sollten anfangen, auf sich zu achten.«

»Sie sind?«

»Neunundvierzig.«

»Sollen wir es mittleres Alter nennen?«

»Ja.«

»Die Vierziger. Selbst gesunde Menschen können an sich die Auswirkungen des Alterns sehen: Haarverlust, Falten, die Haut ist weniger beweglich. Werden sie krank, erholen sie sich langsamer. Im Sport sind sie nicht mehr, was sie mal waren. Treiben Sie Sport?«

»Nun ja.«

»Gewöhnlich können Sie sich auch Dinge nicht mehr so gut merken. Sie haben weniger Energie. Sie ermüden leichter. Wenn Sie in den Körper hineinschauen, mit einem Computertomografen, stellen Sie fest, dass die Organe nicht mehr in bester Gesundheit sind. Die Leber vielleicht fett und die Gefäße weniger beweglich. Wir neigen dazu, all das zu ignorieren, denken, Falten tun uns nicht weh. Was ja auch stimmt, aber Ihre Falten zeigen an, wie Sie innerlich altern.«

Falten? Nie darüber nachgedacht. Energie? Ich laufe gern zu Fuß. Jeden Tag ein bis zwei Stunden. Wie es wirklich aussieht, daran erinnerte mich Sophia, als wir Leonie beim Fischkaufen vergaßen:

»Hui, schnell«, rief sie in ihrem Buggy, als ich kehrtmachte, um sie zu suchen. »Wir müssen uns beeilen.« Irgendwo im Ort musste sie sein, vielleicht schon beim Käseladen, wo sie immer ein Stück Gouda bekam, oder bei Sandro, dem Italiener, wo sie gerne ohne Maske reinspazierte und Schinken einforderte, hoffentlich aber noch beim Fischauto, wo sie nichts erhielt, aber nie die Hoffnung verlor.

»Papa, was machst du so?«, fragte Sophia, während ich lief.

»Ich puste«, keuchte ich. »Es ist anstrengend.«

»Ah«, sagte Sophia, wieder was gelernt.

Leonie saß tatsächlich neben dem Fischauto. Erleichtert zurück, immer noch pustend.

»Papa.«

»Ja.«

»Was ist anstrengend?«

»Äh, wenn du etwas ganz Schweres tust. Einen steilen

Hügel hochgehst. Oder Mama die Kiste mit Hundefutter gibst.«

»Ah ... Papa?«

»Ja.«

»Ich puste aber nicht.«

»Nein, Sophia, du pustest nicht, nur der Papa.«

»Die Mama sagt, ich bin das stärkste Mädchen der Welt.«

Ja, und Franziska ist die tollste Mama.


»Wer wohnt noch im Haus?«, fragte Sinclair.

»Susanna, sie ist dreiundsechzig.«

»Im sechsten Jahrzehnt zeigt sich der Unterschied zwischen denen, die auf sich geachtet haben, und den anderen. Viele bekommen Gelenkschmerzen, können sich nicht mehr so gut bewegen. Wir verlieren Energie. Vielen Menschen wird zum ersten Mal bewusst, dass ihre Zukunft kürzer sein wird als ihre Vergangenheit. Bis in ihre Fünfziger können sie sich noch einbilden, sie lebten ewig. Nun wird die Wahrheit sichtbar. Sie sehen das Ende näher kommen. Es ist eine schwere Zeit, eine, in der viele anfangen, etwas für ihre Gesundheit zu tun.«

Ich staunte, als er das sagte. Genau das hatte Susanna zu mir gesagt. Auf einen Schlag, mit sechzig, fühlte sie sich alt. Und eine Kollegin, die coolste im ganzen Zeitungsturm, die allein ihr Kind großgezogen hatte, einen Rücken aus Stahl, Reiterin, was war ihr sechzigster Geburtstag ein lässiges Fest, im Hinterhof, im hippen Viertel, Bier in Wannen, Musik, bis in den Sonnenaufgang. Vor Kurzem hatten wir zusammen an einem See gesessen, als ich ihr von diesem Buch erzählte, und sie pflichtete Susanna und Sinclair bei.

Helga machte der sechzigste Geburtstag nichts aus. Sie

freute sich, weil sie von da an mit der Seniorenkarte Bahn fahren konnte. Helga hatte andere Krisen, mit zwanzig, als sie heiratete, mit fünfzig, als sich Falten zum Geburtstag gesellten, als sie »in den Wechsel kam«, wie sie es nannte, die ersten Wehwehchen kamen, Rheuma, solche Sachen. Und die Zeit bis siebzig, sagte Helga, sei die beste überhaupt gewesen.

»Ans Alter habe ich erst gedacht, als sie mir die Glatze geschoren haben und ich gemerkt hab: Ich bin schneeweiß auf dem Kopf«, erzählte sie. »Ich war ja bis siebzig gefärbt und hab mich immer wie immer gefühlt. Und dann dachte ich mir: Jetzt schau mal, was ich für eine Haarfarbe habe. Radikal.«

Susanna: »Mit der Hundeschere. Oben auf dem Balkon.«

Helga: »Vorher habe ich mir einfach vorgestellt, ich gehe zum Friseur und lasse mir die Haare entfärben. Und die beim Friseur haben gesagt, das gehe nicht. Ich habe darauf bestanden. Ging davon aus, ich bekäme meine Frisur, aber mit schönen helleren Haaren. Für den Notfall hatte ich in der Tasche eine Perücke, genau meine alte Frisur.«

Susanna: »Dunkelbraun, wie ich heute.«

Helga: »Sie haben es gestutzt und die Farbe rausgenommen: Die Haare sahen aus wie Asche.«

Susanna: »Wie Putzwolle.«

Helga: »Mir ist die Klappe runtergefallen.«

Susanna: »Strohig auch.«

Helga: »Und das Allerübelste – sie waren begeistert über ihr Werk. Haben alle herbeigerufen, um mich zu begutachten. Das war der Tiefschlag, und ich hab gesagt: ›So, jetzt setzen Sie mir meine Perücke auf.‹«

Gelächter.

Willi: »Ach, ich weiß aus der Zeit nur, dass Madame Perücke getragen hat.«

Susanna: »Du wusstest es doch gar nicht.«

Helga: »Wir beide haben dieses Stroh, dieses Aschblonde weggemacht.«

Susanna: »Nach dem Friseur riss sie den Skalp vom Kopf und war empört, wie hässlich sie aussah. Dann haben wir geschoren. So wie bei den armen Krebskranken.«

Helga: »Die Leute waren ganz betroffen, als sie mich sahen. Das hatte ich gar nicht bedacht.«

Susanna: »Na ja, Moment. 90 Prozent hast du eine Perücke getragen.«

Helga: »Darunter wuchsen sie, ganz fein und schneeweiß. Und der Willi wusste nichts.«

Susanna: »Dieses Spiel war so lustig. Die Mama hat noch nie so viel gelacht wie zu der Zeit, sie saß in ihrem Zimmer und hat mit Hinz und Kunz telefoniert, und eines Tages hat sie darüber den Papa nicht mehr gehört.«

Helga: »Er ist so leise runtergeschlichen.«

Susanna: »Ich habe aus dem zweiten Stock runtergerufen, weil ich wusste, sie hatte immer, wenn sie alleine war, ihre Perücke runtergezogen. Und fast hätte er sie ertappt.«

Helga: »Ich schnell die Perücke auf, er hatte ja nix geahnt. Und dann das Outing. Wir waren auf dem Campingplatz. Anfang August hatte ich die Haare geschnitten, und Mitte August waren wir dort. Und ich immer mit Perücke. Da habe ich gedacht, das ist so lästig und heiß. Ich sagte mir: Jetzt steh dazu. Willi saß abends am Strand in der Abendsonne, hat so aufs Meer geschaut, und ich ließ mich neben ihm nieder: ›Willi, ich muss jetzt mal was Ernstes mit dir besprechen‹, begann ich. Ich glaub, du hast gedacht, jetzt will sie sich scheiden lassen.«

Willi: »Dass was Schlimmes kommt, war klar.«

Helga: »Dann hab ich die Haare runter, und er hat mich entgeistert angeschaut. Und ich hab gesagt, dass ich jetzt siebzig bin, und alle halten mich für jünger. Und das will ich nicht, weil ich damit überfordert wäre. Ich will so alt ausschauen, wie ich bin. Das hat Willi dann geschluckt. Nach einer Weile meinte er: ›Wenn du mir so auf der Straße begegnet wärst, ich hätte dich nicht erkannt.‹ Das war für mich der Beweis, dass er mich nie richtig angeschaut hat.«

Gelächter.

Susanna: »Also, wenn das für dich das Einschneidendste am Altern war ...«

Helga: »Na ja, ganz so war es nicht. Der achtzigste Geburtstag hat schon wehgetan. Mit achtzig fühlte ich mich auf einmal nicht mehr als Frau, da bist du jenseits von Gut und Böse. Da ist der Blick in den Spiegel, das hat mich betroffen gemacht, weil ich lange, lange auf der guten Seite war. Vorher waren immer die anderen die Alten gewesen.«

Susanna: »Aber beim Tanzen steckst du die Jüngeren in die Tasche.«

Helga: »Es geht um das Visuelle. Eigentlich, dass man eitel ist.«

Susanna: »So ist es. Selbst mich hat es ereilt.«

Helga: »Meine Wimpern werden dünner. Jetzt mag ich sie nicht mehr tuschen.«

Ja, die Achtzig und die Gesundheit. Helga spricht nicht darüber. Alterszucker, Cholesterin, das Herz, Genaues wissen nur ihr Hausarzt und Susanna; und Susanna macht sich Sorgen. Nimmt Helga Blut ab, wacht über ihre Werte. Und ab und an höre ich Susanna schimpfen, weil sie Helga wieder erwischt hat, mit einem Stück Kuchen, einem Glas Primitivo oder ihrem geliebten fetten griechischen Ziegenjoghurt.

Es ist schon ein wenig so, wie Sinclair mir bei dem Gespräch gesagt hatte, als ich von Helga erzählte.

»Sie hat Glück«, sagte er. »Die Hälfte der Menschen sind in ihrem Alter schon gestorben. Und die Überlebenden kämpfen mit drei bis fünf Krankheiten, mit Diabetes und hohem Blutdruck. Auf molekularer Ebene verlieren die Zellen ihre Identität, sie haben keine Chance mehr, gut zu funktionieren. Und treffen sie auf eine Herausforderung, viel Zucker, Übergewicht, wird es schnell schlimm.«

Helga ist im kritischen Jahrzehnt. Es geht um das Leben, das schöne Leben, das sie sich bewahren möchte, deswegen tut es so weh, sich nicht mehr als Frau zu fühlen. Und es geht um das Überleben, fifty-fifty, gefährlicher als Russisches Roulette möchte man fast behaupten. Und es geht darum, die Neunziger vorzubereiten, das letzte Jahrzehnt, über das ich mit Sinclair sprach, Willis Jahrzehnt, der Winter des Lebens.

»Meine Großmutter hat es bis dreiundneunzig geschafft«, sagte Sinclair. »Es gibt große Unterschiede bei Menschen in ihren Neunzigern. Ich kenne einen Fünfundneunzigjährigen, der Tennis spielt. Aber ein typischer Neunzigjähriger hat mehr als fünf Krankheiten. Er hat wenig Energie, kann sich nicht mehr gut bewegen, hat Schmerzen und fühlt sich seelisch schlecht. Er ist bereit zu sterben. Gesunde Neunzigjährige wollen leben. Nur weil es Schmerzen und Leiden gibt, sagen die Leute: ›Ich habe genug.‹«

Lohnt es sich, noch was mit neunzig zu tun? Oder müssen wir früher im Leben beginnen?

»Nun«, erwiderte Sinclair, »wenn Sie mir diese Frage vor fünf Jahren gestellt hätten, hätte ich gesagt, Sie müssen früh anfangen. Die Technologie, die wir damals hatten, war zwar in der Lage, das Altern zu verlangsamen, aber nicht umzukehren. Aber nun haben wir entdeckt, dass man die epigenetische Uhr wirklich zurückdrehen kann. Das ändert alles.«

* * *

Kein Interesse bei Willi.

Aber bei Susanna und Helga ...

»Ich bestelle es euch nicht«, sagte ich, als sie die Döschen in der Hand wendeten. Und: »Sprecht mit eurem Arzt darüber.«

Hätte ich es am Herz, hätte ich Zucker, Schüttellähmung, was auch immer – nichts würde ich nehmen, ohne mit meinem Arzt darüber zu sprechen. Und bei Krebs dreimal nicht. Sicher, NMN, so zeigten Studien, scheint Krebs zu verhindern, einige Arten zu hemmen. Aber es gibt den Verdacht, dass es auch Krebs nähren könnte, Krebs, der schon im Körper wächst. Mit anderen Worten: Einen Gesunden schützt es vor Krebs, ein Kranker aber sollte es niemals nehmen, denn es versorgt auch die Krebszellen mit Energie. Ärzte raten also älteren Menschen, vor der Einnahme einen Krebs-Check zu machen. Und vor der Einnahme durch Fasten oder mit Mitteln wie Quercetin, Dasatinib oder Fisetin die Zahl alter, seneszenter Zellen zu senken, aus denen auch Krebs erwächst.

Das ist der Grund, warum Forschung so wichtig ist, bis zum Ende, zum Abschluss einer klinischen Studie. Wobei ich, auch wenn ich es nicht äußerte, schon gut fand, dass Helga und Susanna Berberin bestellten, den Metformin-Ersatz. Es ist erforscht, dass Berberin mittelfristig keine Schäden verursacht, und bis zur Corona-Impfung schadete es sicher nicht.

# 20

# Sommer

»… Und die gefühlte Wahrheit«

Der Sommer ging dahin. Wir lebten im Garten. Mittags saß ich auf der Rückseite vor unserem Haus, an einem runden Holztisch, hinter mir die verwitterte Statue, die Helga aus Neapel mitgebracht hat, die Statue beobachtete mich, ich beobachtete die Familie, und alles war, wie es sein sollte. Fließende Tage, zukünftige Erinnerungen, belanglos und bedeutsam, wie kleine Gedichte stehen sie vor mir, Minutennovellen.

Helga. Das Kleid weiß-golden.
Baut zwei Bierbänke zur Tafel.
Tischdecke, Wildrosen, Sektschalen, in der Karaffe einen Glasstab mit Edelsteinen.
Läuten, Leonie spitzt die Ohren. Auf der Treppe Grauschopf nach Grauschopf. Elf Damen.
In den Gläsern singend die Perlen.

Ah, Peter, Hosenträger, lange graue Haare – Tanzmeister.

Durch den Rosenbogen auf die Wiese. Willi bleibt sitzen, gemein spricht er von: »Elfentanz und Bodenverdichtung«.

Aus dem Lautsprecher Lieder Griechenlands. Gitarre, Lyra, Rahmentrommel, Geige, Schelle, Hackbrett.

Alle im Kreis. Sophia in der Mitte. Schürzt ihr Dirndl. Die Damen tun es ihr gleich.

Pause. Goldgelber Wein, Linsen, Mango, Chili und Feta.

Und wieder Drehen.

Drehen bis die Sonne sinkt.

Sophia muss ins Bett.

Entsetzen nicht nur in ihrem Blick.


Willi, die Augen geschlossen.

Die Tochter gebeugt über ihren Vater.

Brummen des Rasierers.

»Das zieht.«

»Ja, hier am Gogerl.« Die hängende Haut am Hals.

Danach Lavendelöl auf die Wangen.

Gegen den Geruch des Alters.


Du und die Harfe, im Garten, allein.

Ach, Franziska, Zauberin.

Vereinst Menschen mit Musik.

Was raubt uns dieses Virus?

Kein Sommerfest, dieses Jahr.

Keine Gitarre, kein Juan, die Haut braun, die Augen sanft, samtene bolivianische Lieder.

Kein JJ aus Nashville, der Anzug bayerisch weiß-blau, die Stimme durch und durch Südstaaten.

Kein Max, Schweizer, Schweiger, Saxofonist.

Kein Peter, großer, großer Geiger, noch größeres Herz.

Kein Winnie, halb Jazz, halb Klassik, der liebevollste Papa, keine Maria, die Kinder Musik lehrt, kein laut lachender Hubsi, Solo-Posaunist der Philharmoniker, kein versunkener Maxi, halb Ammergau, halb Akkordeon, keine Friederike und Luise, Musikerinnen des Lebens.

Keine Freunde, Freundinnen, kein Flirren.

Kein Fackelschein und Schattentanz.

Nur die Harfe und du. Das Holz hell gemasert, die Saiten weiß, blau, rot, Krone und Pedale golden.

Auf der Treppe, Kinder.

So gerne kommen sie her.

Lenny, Luis, Paul, Lea, Hanna, Helena, Juna.

Um dich Toben und Springen.

Auch Willi wartet schon.

Kann mal einer die Sonnenblume aus seinem Blick räumen?


Schnell noch wässern. Willi wartet mit dem Film.

Sophia bringt den Schlauch. Tanzt um Helga herum.

Vorsicht! Der Strahl!

Helga mit den Gedanken auf dem Mond, der gleich aufgehen wird.

Sophia patschnass.

Helga!!!

Was? Sie dreht sich. Zieht am Schlauch. Und Sophia die Beine weg. Plumps. Geschrei.

»Oh, was hast du denn?«, fragt Helga.

»Mama!«, tönt es.

»Nichts darf ich mehr!«, klingt es zurück.


Und so reihten sich die Tage bis in den Spätsommer.

Sonne, Sandkasten, Trampolin.

Gassi im Wald, Sophia an Helgas Hand. Augen zu, Bäume an der Rinde erkennen, glatt die Hainbuche, rau die Fichte.

Planschbecken mit Rutschdrachen. Sophia lärmte, Willi döste.

Besuch für Sophia, ihre beste Freundin, der fremde Papa nach einem Blick in die Runde: »Dass es das gibt. So was gibt es doch heute nicht mehr.« Rüber zu Willi. Plauderversuch, die Worte ein wenig schnell. Und die Pausen zum Antworten zu kurz. Wer mit Willi spricht, muss Stille aushalten, Langsamkeit zulassen.

Susanna, Helga und Franziska in den gleichen schwarzen Badeanzügen. »Wo ist meiner schon wieder?«

Und immer waren die Schlüssel weg!

Bei Susanna aß Sophia Salat. Bei uns nicht.

Blumengespräche. Abnehmgespräche. Müttergespräche.

Und die Tage wurden kürzer. Bevor Sophia in den Kindergarten kam, fuhren wir noch mal weg, vier lange Wochen Camping, Dei Fiori, schön, auch mal alleine zu sein, als Kleinfamilie.

»Es war so leise«, sagten alle, als wir zurückkamen. Es klang so, als wäre das eine Weile schön gewesen, aber auf Dauer traurig.

»Los, erzählen, Bilder zeigen.« Willi wollte alles wissen, reiste mit den Augen, Ohren, Gefühlen ein Jahrzehnt zurück.

»Wollt ihr nicht erst eure Sachen hochtragen?«, fragte Helga mit Blick auf die Koffer im Eingang.

»Was?« Willi ging dazwischen. »Die sollen erzählen. Für das Zeug da rufe ich morgen den Sperrmüll.«

Vier Wochen hatten wir uns nicht gesehen. Willi wirkte schwach. Seine Hand zitterte stärker. Am Tisch fielen ihm die Augen zu. Er war zu viel allein, erklärte Susanna. Sie selbst hat ihrer Freundin auf ihrem Bauernhof geholfen. Und Helga war in der kurzen Pandemie-Pause gerne mal am See gewesen. Und wir im fernen Italien. »Schön, dass ihr wieder da seid«, er hatte auf uns gewartet.

Nichts macht Willi Angst, nur das Alleinsein.

\* \* \*

»Komm, Lorenz. Schau dir das mal an.«

Susanna führte mich lachend in Helgas kleines Reich, den Vorraum, in dem das Klavier und der alte CD-Spieler stehen. Sophia ließ hier nach Lust und Laune in Dauerschleife »Schni Schna Schnappi«, »Da Ochs und da Esel« oder »Sur le pont d'Avignon« laufen. Dann das asiatisch angehauchte Wohnzimmer, in das die Hunde keine Pfote setzen durften, Räucherstäbchen, Klangschalen und Chi-Trainer, ein, wie ich fand, fabelhaftes Gerät, das meine Sorgen und Rückenschmerzen wegrüttelte – du legst dich auf den Rücken, bettest die Füße auf das Gerät, und es beginnt dich nach alter japanischer Lehre sanft zu schütteln. Ob alles wahr ist, was Auftragsstudien des Herstellers dem Gerät zuschrieben – ich vermute nicht. Aber die Sekunden, nachdem das Gerät stoppte, fühlten sich an, als flöge ich, als wäre ich schwerelos, zumindest hatte Insa, die Astronautin, mir Schwerelosigkeit so beschrieben: »Es ist das Gefühl, das du in der Sekunde hast, wenn du einschläfst.«

Ich war gerne Gast in diesem Zimmer, diese halbe Stunde Wellenbewegung machte herrlich schläfrig, lebte ich allein im Haus, würde ich einfach liegen bleiben. So aber sprang Sophia auf mich drauf, oder Leonie betrat verbotenes

Terrain und schleckte mir die Nase, besorgt, ob ich noch lebe.

Weiter war ich nie gekommen, das dritte Zimmer hinter dem braunen Vorhang beherbergte Helgas Bett und drei Regale voller Pülverchen und Essenzen, das Äquivalent zur »Speise«, nur war es hier kein Supermarkt, der sein Sortiment zur Aufbewahrung geliefert hatte, sondern eine Drogeriekette. »Ich muss mal aussortieren«, sagte Helga, die den Überfall erlaubt hatte.

Mittel, die die Welt nicht braucht. Seit einigen Wochen ersetzt durch drei neue, Butein, NMN, Resveratrol.

Wie sie wohl wirken?

»Also, ich merke nichts«, sagte Helga.

»Ich schon«, widersprach Susanna. »Ich jogge fünf Kilometer in einer Zeit, die ich seit drei Jahren nicht mehr geschafft habe. Und zweimal habe ich mir eine Erkältung eingefangen, die waren nach drei Tagen weg. Und Gelenkschmerzen habe ich gar keine mehr.«

»Mit den Mitteln bin aber auch inkonsequent«, gab Helga zu. »Mal nehme ich sie, mal nicht. Und dann lebe ich derzeit nicht gesund.«

»Wieso?«, fragte ich.

»Ach, der Kuchen, Süßigkeiten. Seit ich Berberin nehme, vertrage ich mehr davon ...«

»Deine Werte sind gar nicht schlecht, dafür, dass du viel Zucker isst«, erklärte Susanna.

»Habe ich Hunger, schneide ich mir drei Scheiben Früchtebrot ab. Heute habe ich gelesen, dass Butter doch nicht so schlimm ist. Dann schmiere ich natürlich Butter drauf.«

»Mama ist maßlos.«

»Ich mag einfach nicht kochen. Ich denke den ganzen Tag,

ich müsste Gemüse essen, die Speisekammer ist ja voll davon. Dabei bleibt es. Ich esse lieber die Reste auf, weil es mir leidtut, das wegzutun. Früher konnte ich mich noch beherrschen. Im Alter wird man haltlos.«

»Dass du so über die Stränge schlägst, also mindestens drei Gläser Ziegenjoghurt am Tag …«

»Ich trau mich ja schon nichts mehr zu kaufen.«

»… dafür geht es Mama gut. Dass sie nichts körperlich empfindet, liegt daran, dass sie wegen Corona keine Chance hat, das beim Tanzen auszutesten.«

»Und beim Turnen: Ich bin viermal in der Woche zum Turnen gegangen.«

»Dafür hast du Sophia.«

»Wie ist das so in einem Haus mit Sophia?«, fragte ich.

»Bereichernd«, antwortete Susanna, »weil immer was los ist und es nicht so anstrengend ist wie für euch, ich kann sie abgeben. Man muss sich natürlich abgrenzen können, das muss man erst einmal lernen, das ist ein bisschen mein Knackpunkt, dass das Wohnen hier ein bisschen eng ist. Aber es ist total süß, noch mal ein Kind aufwachsen zu sehen. Es erinnert mich an meine eigenen Kinder, ganz oft an Franziska. Das wird alles noch mal aufgerollt, und das finde ich sehr, sehr schön. Wie ist das bei dir, Mama?«

»Die Sophia erinnert mich auch an dich, so als Kind. Generell ist es bereichernd und positiv. Was mir auch zu schaffen macht, ist der beengte Platz. Eigentlich hatte ich da drüben mein Atelier. Die ganze Etage war mein. Ansonsten ist es nur positiv. Sonst würden in diesem Haus, sagen wir jetzt mal so, nur zwei Alte wohnen. Ein Kind ist immer gut gelaunt. Der Willi kommt runter, und wenn es ihm nicht gut geht, er diese Laune hat, das spür ich, selbst wenn er nix sagt, ich spüre es einfach. Auch wenn das Haus ein bisschen zu klein ist für so viele Leute, es ist doch Heimat, Familie. Ich sag euch nur: Jeder von uns wird mal an diese Zeit zurückdenken. Das ist eine schöne Zeit.«

★ ★ ★

Den Umschlag kannte ich doch: silberglänzend, wattiert, darauf der Aufkleber »Priority« – er ragte bei Lisa und Marcus aus dem Briefkasten, unsere Nachbarn schräg gegenüber, ihre beiden Jungs waren in Sophias Alter, im Sommer grillten wir gemeinsam, im Winter zogen wir mit Laternen um die Häuser und warteten gemeinsam auf den Nikolaus. Franziska und Susanna hatten ihnen von meinen Recherchen erzählt und die Quelle in den USA gesteckt, NMN. Lächelnd zog Marcus den Umschlag aus dem Briefkasten, für Lisas Eltern, aber sie würden es auch mal versuchen, sie gingen stramm auf die vierzig zu, gleich 100 Gramm hatten sie gekauft.

Steffi, Mutter einer Freundin Sophias, bestellte gleich das ganze Programm, Berberin und Resveratrol und NMN, für ihre Mutter und sich, und dann waren da die Tante und die Kollegin und die andere Kollegin und meine Orthopädin, aufgeregt schrieb sie die Quellen auf. Der DAX-Vorstand, siebenundvierzig Jahre alt, der es sich schon nach meinem Artikel besorgt hatte, inklusive Metformin, war immer seltener zu ihr gekommen, erzählte sie, als ich mit einer gebrochenen Zehe vor ihr saß, zum zweiten Mal innerhalb weniger Monate. Unser Bad war wirklich zu eng, seit Sophia zum Zähneputzen einen Hocker vor das Waschbecken stellte und den Platz zur Badewanne so verengte, dass ich mit dem kleinen Zeh an der Kante hängen blieb. Er habe ihr gesagt, dass er sogar besser sehe, sagte die Ärztin und fragte, ob ich die Mittel in der Früh oder am Abend einnähme.

Keine Ahnung, ob es an den Mitteln lag, zumindest heilte der zweite Bruch, gleicher Zeh, gleiche Stelle, deutlich schneller, beim ersten musste ich eine Woche lang an Krücken gehen, beim zweiten legte ich sie nach zwei Tagen weg.

Ähnliches erzählte mir Marcus, der sich einige Wochen, nachdem der Umschlag in seinem Briefkasten steckte, die Schulter ausgekugelt hatte, nebst OP. Die Krankengymnastin, sagte er, wäre ganz hin und weg von seinem Heilfleisch gewesen, »absolut unnormal« in seinem Alter. Lisa berichtete, dass ihr Vater sich besser fühle, keine Brille mehr brauche, wenn er nach Besuchen abends mit dem Auto nach Hause fuhr.

Franziska begann es auch zu nehmen, Florian, anderer Nachbar, begann nachzufragen, und so machte die Kunde von den Mitteln die Runde, ohne dass ich das gewollt hatte. Verena, Geschäftsfrau im schönsten Haus der Gegend, interessierte sich auch, riet mir, ein Business daraus zu machen. In der Tat mussten sich die Amerikaner sehr wundern, wahrscheinlich dachten sie schon über eine Zweigstelle in diesem Quadratkilometer nach, der ihr gesamtes Deutschland-Geschäft abbildete. Aber ich selbst wollte mit Import und Export nichts am Hut haben, es war für mich nur ein Selbstversuch. Sicher, ich hatte die Studien gelesen, mit Forschern und Ärzten darüber gesprochen, die Mittel waren sicher, keine Gefahr für Leib und Leben, aber niemals hätte ich sie empfohlen. So wie Sinclair sie seinem Vater und Bruder erst gab, als die ihn danach fragten. Alles, was der Mensch vor der Stufe 3 einer klinischen Studie nimmt, ist nicht wissenschaftlich belegt. Jeder muss das wissen, mit seinem Arzt sprechen und für sich alleine entscheiden. Steve Horvath mit seinen fünfzig Jahren etwa nimmt nichts, aber, sagt er, wenn ich achtzig wäre ... Er erzählte mir die Geschichte von einem alten Mann, der zu ihm kam und nach Rapamycin fragte. Ich kann nur abraten, hatte Horvath gesagt, es kann langfristig die Niere schädigen und Diabetes auslösen. »Ich bin über achtzig«, entgegnete der Mann. »Was habe ich zu verlieren?« Wäre 'ne super Komödie, dachte ich, ein Dorf im NMN-Rausch. Vielleicht auch eine Tragikomödie. Bluhdorn hätte sie bestimmt verfilmt.

Wenn es ums Altern geht ...

# 21

## Wunder

»… Steve, Sebastiano & Yamanaka (Sinclair)«

Und wieder hatten sie seine Arbeit abgelehnt.

Er habe die Uhr des Lebens entschlüsselt? »Zu schön, um wahr zu sein«, sagten die Editoren des Fachmagazins.

Fast fünfundzwanzig Jahre waren vergangen seit dem Gilgamesch-Schwur. Steve Horvath hatte Statistik und Mathematik studiert, hatte sich der Genetik genähert und eine Arbeit geschrieben, welche die Erforschung des Alterns verändern würde – und die lehnten ab? Ja, sahen die nicht …?

Sie sahen. Aber so ungeheuerlich erschienen seine Erkenntnisse, dass sie ihnen nicht trauten.

Und ohne Veröffentlichung in einer Fachzeitschrift mit Renommee finden Studien wenig Gehör. Horvaths Wissen war vielleicht ungeheuerlich, aber es blieb ohne Bedeutung.

Und so ging er wieder ins Labor, sammelte weitere Daten, weitere Beweise, das würden wir ja mal sehen. Und kurz vor

Weihnachten 2012 begann er, seine Arbeit neu zu schreiben. 2013 sollte sein Jahr werden.

Es wurde das Jahr seines größten Unglücks.

Seine Frau war schwanger. Ihr erstes Kind, wie sie sich freuten! Aber zu früh verlor sie das Fruchtwasser, Blasensprung, drei Monate vor dem Geburtstermin, eine große Gefahr für die Mutter, eine noch größere für das Kind. Die dünne Haut der Fruchtblase schützt es vor der Außenwelt, vor Erregern. Sofort musste Horvaths Frau ins Krankenhaus, im Bett liegen, von Schwestern und Ärzten überwacht, nur keine Infektion. Ihr Mann begleitete sie:

»Ich war vierundzwanzig Stunden mit ihr zusammen. Dreißig Tage. Wir hofften, wenn sie im Krankenhaus ist und sich nicht bewegt, dass das Kind noch reifen kann, dass es keine Entzündung bekommt. Es war noch so jung, nicht überlebensfähig. Wir haben die Tage gezählt. Noch mal vierundzwanzig Stunden, jeder Tag zählt. Meine Frau lag im Bett, schaute Fernsehen, und ich saß neben ihr, an einem winzigen Tisch, mit meinem Laptop: bumm, bumm, bumm.«

Steve flüchtete sich in die Arbeit, in den Stress, und der Stress ließ ihn arbeiten wie eine Maschine, er schrieb, als wären es die letzten Stunden vor der Abgabe, hämmerte sich die Angst aus dem Kopf, rettete sich in die Welt, die er beherrschen konnte. Aber dann, nach der dritten Woche, als sie mehr und mehr Hoffnung schöpften …

»Gegen drei Uhr nachts ging die Temperatur nach oben, drei Uhr nachts, keiner war da, meine Tochter hatte eine Lungenentzündung bekommen, genau das, wovor wir Angst hatten.«

Endlich der Arzt. Das Herz der Tochter schien zu zerspringen. Notkaiserschnitt. Sie rang um Luft.

»Sie starb in meinen Händen.«

Zehn Tage war Steve verloren, betäubt. Einen Psychologen, einen Seelsorger lehnte er ab. Er floh wieder in die Arbeit, den Kampf gegen das Leid im Alter, ausgerechnet.

Er reichte, was er verfasst hatte, als seine Tochter noch lebte, beim nächsten Magazin ein. Und als er wieder eine Absage bekam, wieder mit dem Hinweis, die Arbeit wäre zu perfekt, es müsse irgendwo ein Haken sein, da packte ihn der Zorn. Er ging zum Kühlschrank, stürzte drei Bier herunter und schrieb, wie man es nicht tun sollte, wütend und beschwingt, dem Editor einen Brief.

Der Artikel erschien.

Und Horvath, Nerd und Mathematiker, wurde in der Szene vom Außenseiter zum Star.

Seine Methode maß unser wahres Alter. Und ermöglichte Studien, die es vorher nicht gab. Zwei davon könnten die Kraft haben, alles zu verändern. Auch meint Sinclair, wenn er sagt: »Bis vor fünf Jahren konnten wir das Altern nur verlangsamen, heute aber können wir es umkehren.«

Es war am 12. Juli 2019, als in New York Greg Fahy auf eine Konferenzbühne trat, ein Mann mit Brille, Schnurrbart, offenem Hemd, wie ein Wissenschaftler in einem Woody-Allen-Film. Mediziner, Kryobiologe, ein Mensch, der erforscht, was Kälte und Eis mit Mensch und Tier machen, und gleich bedankte er sich auch, dass er als Kryobiologe in dieser illustren Runde von Altersforschern eingeladen wurde, aber, sagte er bescheiden: »Ich habe auch ein gewisses Interesse am Altern, und darüber werden wir sprechen.« Es folgte sein Vortrag von 28 Minuten und 59 Sekunden, viele Fachbegriffe, Zahlen, Daten, Grafiken und ein Fazit, das keiner erwartet hatte: Zum ersten Mal in der Geschichte wurde ein Mensch verjüngt.

Danach überschlug sich die Szene. »Beeindruckend«, sagte der Redner danach, Aubrey de Grey aus Cambridge, bekannter Forscher aus Cambridge. »Das hat große Auswirkungen«, zitierte Nature den Krebs-Immunologen Sam Palmer. Professoren und Medien in aller Welt äußerten sich, Sinclair, Horvath, Newsweek, Forbes, in Deutschland berichtete als Erster Ulrich Bahnsen von der Zeit darüber, ein sehr guter Kollege, ohne Hang zum Überschwang. Er schrieb: »Sollte sich bestätigen, was sein Vortrag enthält, könnte eine Revolution beginnen, die unsere Gesellschaften für immer radikal verändern würde. An deren Ende der Mensch womöglich das ewige Gesetz des Lebens außer Kraft setzen könnte: das Altern und seine eigene Vergänglichkeit.«

Fahy erzählte von der Phase 1 einer klinischen Studie seines Unternehmens und dreier Universitäten: Stanford, British Columbia und Steve Horvaths University of California. Die Mediziner verabreichten neun Männern zwischen fünfzig und fünfundsechzig einen Cocktail aus drei Medikamenten, um deren Thymus zu beleben, die »Lebenskraft«, wie sich das altgriechische Wort »thymos« übersetzen lässt.

Der Thymus ist die Hauptdrüse des Immunsystems und liegt unter dem Brustbein. Er wandelt Stammzellen, die aus dem Knochenmark ins Blut wandern, in T-Zellen um, »T« von Thymus. Diese Zellen lernen, körpereigenes Gewebe von fremdem Gewebe zu unterscheiden. Sie werden ins Blut entlassen und kommen so in die Lymphknoten, wo sie als Nothelfer auf ihren Einsatz warten. Erkennen sie Eindringlinge – Bakterien, Viren, Parasiten, Krebszellen – vermehren sie sich und greifen an. T-Zellen schützen unser Leben. Nun hat die

Drüse einen Fehler, sie stellt im Laufe der Jahrzehnte die Arbeit ein. Es beginnt schon bei Teenagern, Fett ersetzt das arbeitende Gewebe. Sind wir fünfzig, ungefähr so alt wie ich, ist die Drüse verfettet. Sie stellt kaum mehr neue T-Zellen her, und die alten werden schwächer und schwächer. Sind wir achtzig, haben sie 98 Prozent ihrer Fähigkeit verloren, Bakterien, Viren oder Krebszellen zu erkennen und zu bekämpfen. Das meinte Barzilai, als er mir sagte, wir müssten, um die alten Menschen vor Pandemien zu schützen, dringend ihr Immunsystem stärken, ohne dass es überschießt, ergänzend zu Impfungen.

Können wir, fragte sich Fahy, mit Medikamenten den Thymus – die Lebensdrüse – wiederbeleben? Ihr das Fett austreiben? Sie wieder arbeiten lassen, sodass sie neue T-Zellen herstellt? Er verabreichte den neun Test-Männern drei bewährte Medikamente: das Wachstumshormon HGH, und, weil dieses den Insulinspiegel erhöhen und Diabetes auslösen kann, als Schutz das Hormon DHEA, ein Steroidhormon, und Metformin.

Der Cocktail hielt, was er versprach. Zu Beginn der Kur waren die Drüsen der Männer weiß und fett, nach neun Monaten dunkel und arbeitsam. Und sie stellten T-Zellen her, keine Zellen wie ein Grundschulkind, aber doch frisch, lebendig, gesund. Fahy war zufrieden, Mission erfüllt, der Cocktail war sicher, Nebenwirkungen überschaubar und ungefährlich, erst recht, als sie die richtige Dosis gefunden hatten. Und wirksam war die Behandlung auch – zumindest in dieser kleinen Gruppe.

Die nächste Stufe konnte gezündet werden, klinische Stufe 2, größere Gruppe, auch mit Frauen; eine Kontrollgruppe, die ein Placebo nimmt, der nächste Schritt zu ihrer Thymus-Therapie, die nie langfristig gedacht war. Wachstumshormone stehen in dem Verdacht, auf Dauer dem Körper zu schaden, Krebs zu nähren. Fahys Firma wollte eine Stufentherapie entwickeln, den Thymus beleben, damit er den Körper mit frischen T-Zellen stärkt, die dann viele Jahre überleben. Nach fünf oder zehn Jahren, wenn die T-Zellen aufgebraucht waren, sollte wieder eine Therapie erfolgen.

Aber Fahy hatte von Anfang an mehr im Sinn, er wusste aus alten Studien aus den Achtzigerjahren, dass Tiere, denen eine junge Thymusdrüse eingepflanzt wurde, länger lebten. Also hatte er Horvath gebeten, mit seiner Uhr über ihr Experiment zu wachen. Sie sahen, wie der belebte Thymus unsere innere Chemie veränderte, wie der PD1-Wert sank, ein Protein, das die Immunabwehr hemmt, sie sahen, wie sich im Blut die Zahl der Lymphozyten im Vergleich zu den Monozyten erhöhte (LMR), kurz, sie sahen, wie sich das Immunsystem der Männer verjüngte und wie groß die Folgen für die Gesundheit waren. Nehmen wir nur den LMR-Wert: Ist er über fünf, schützt uns das vor Herzerkrankungen. Bei allen Patienten lag er vor der Behandlung darunter, nach der Behandlung darüber.

Das Immunsystem hatte sich verjüngt, die Prostata hatte sich verjüngt, die Niere hatte sich verjüngt, Haare färbten sich zurück.

Wenn das Helga wüsste!

Horvath untersuchte, was die Behandlung mit der Lebensuhr der Männer gemacht hatte. Was war ihr Alter zu Beginn und was ihr Alter danach? Das Ergebnis verblüffte so sehr, dass sie es wieder und wieder überprüften, bevor sie nach zwei Jahren an die Öffentlichkeit gingen. Die Männer hätten nach zwölf Monaten Behandlung ein Jahr älter sein müssen.

Ihr biologisches Alter aber war achtzehn Monate jünger. Sie hatten 2,5 Jahre gewonnen. Behandlung begonnen am fünfzigsten Geburtstag, beendet am einundfünfzigsten Geburtstag – mit einem Alter von 48,5 Jahren.

Was sind schon zwei, drei Jahre könnte man nun sagen.

»Stellen Sie sich vor«, sagte Fahy, »Sie sind sechzig. In zehn Jahren wären Sie normalerweise siebzig. Aber wenn wir Ihr Altern jedes Jahr um eineinhalb Jahre umkehren könnten, wären Sie fünfundvierzig. Sie wären biologisch fünfundzwanzig Jahre jünger.«

Noch eine Fantasterei, sagte Fahy selbst.

Wir reden über die Stufe 1 einer klinischen Studie, nur neun Personen, keine Frau, keine Kontrollgruppe. Und niemand länger als zwölf Monate behandelt. Aber einige Werte lassen erwarten, dass die Wirkung noch größer, noch unvorstellbarer sein könnte. In den ersten neun Monaten verjüngten sich die Patienten am Tag um 1,6 Tage. In den letzten drei Monaten um 6,5 Tage. In der Logik bräuchtest du keine zehn Jahre, um dich biologisch fünfundzwanzig Jahre zu verjüngen.

Im Januar 2020 begann die Phase 2 der Studie. Im Herbst 2021 werden die Ergebnisse erwartet.

Viel zu tun für Horvath, denn er arbeitet an einem weiteren Durchbruch mit, zusammen mit David Sinclair.

\* \* \*

»Haben Sie gesehen, was David in Nature veröffentlicht hat?«, fragte Nir Barzilai mich aufgeregt bei einem Video-Call. »Wissen Sie, ich sage, wir können das Altern verzögern, okay? Diese Studie sagt: Wir können es umkehren.«

Was war geschehen?

Sinclairs Team hatte wahrgemacht, was er seit Jahren versprochen hatte und viele als Science-Fiction abgetan hatten: Es hatte in Lebewesen Zellen neu programmiert. Alte Zellen wurden wieder jung. Blinde Mäuse konnten wieder sehen.

Der Beginn einer neuen Ära der Medizin, schrieb Andrew Huberman in einem Begleitkommentar, ein Neurobiologe der Stanford University, er war nicht an der Studie beteiligt. »Jahrzehnte hatte man auf neue Werkzeuge gehofft, mit denen sich das gealterte oder geschädigte Gehirn reparieren lässt. Wir sind in dieser Ära angekommen.«

Ihren Anfang nahm diese Geschichte im Jahr 2008 in Japan, als der Mediziner Shin'ya Yamanaka eine Antwort auf ein moralisches Dilemma suchte. Er forschte an Stammzellen.

Stammzellen sind die Bausteine des Lebens. Jede unserer hundert Billionen Zellen entspringt einer Stammzelle. Unsere erste Stammzelle ist die befruchtete Eizelle, aus der wir uns entwickeln. Sie teilt sich in eine weitere Stammzelle und in eine spezialisierte Zelle, die zu einer Blut-, Knochen-, Nerven- oder Muskelzelle reift. Jede Zelle unseres Körpers kann aus ihr hervorgehen, pluripotent genannt, und aus diesen Tochterzellen wächst in neun Monaten der Mensch, wachsen Herz, Leber, Niere, Gehirn.

Stammzellen können sich erneuern und verletzte oder kranke Zellen ersetzen. Durch sie kann sich der Körper reparieren, verjüngen.

Es gibt verschiedene menschliche Stammzellen. Wir unterscheiden sie auch nach der Entwicklungsstufe, in der wir gerade sind, zwischen befruchteter Eizelle und Erwachsenem.

Zuerst die embryonalen Stammzellen, die Mütter aller

Zellen. Durch die Teilung der Eizelle entsteht ein Embryo, der sich während der nächsten Tage weiter teilt, vom Zweizeller zum Vierzeller zum Achtzeller. Embryonale Stammzellen gibt es nur wenige Tage bis ins Bläschenstadium nach etwa fünf Tagen, wenn der Embryo mit der Gebärmutterschleimhaut in Berührung kommt.

Sie sind ein Versprechen für die Medizin, für Krebskranke, Querschnittsgelähmte, für unzählige Menschen. Das medizinische Dilemma: Da sie sich so munter teilen, steigern sie die Krebsgefahr. Moralisches Dilemma: Um sie nutzen zu können, muss man sie künstlich züchten, den Embryo danach – je nach Sicht – töten oder zerstören. Versuche an Menschen sind verboten. Das wirft die große Frage auf, wann Leben beginnt. Mit der Befruchtung, sagen die Gegner; in Deutschland ist die Herstellung von Stammzellen deshalb verboten. Erst nach diesen fünf Tagen, wenn der Embryo lebensfähig ist, also ein Mensch, sagen Befürworter; in England dürfen darum Stammzellen hergestellt werden. In den USA laufen Patienten-Versuche mit embryonalen Stammzellen, die mit einer Technik gewonnen werden, bei denen ein Embryo nicht vernichtet werden muss. Sie verbessern das Sehen von Patienten mit Makuladegeneration.

Eine Woche nach der Befruchtung bilden sich die fötalen Stammzellen, die Forschung mit ihnen ist weniger umkämpft, sie müssen nicht gezüchtet werden, werden nach Fehlgeburten oder Abtreibungen gespendet. Sie werden etwa in der Behandlung von Parkinson eingesetzt, aber selten, denn sie haben Nebenwirkungen.

Mehr genutzt werden neonatale Stammzellen, die bei der Geburt aus dem Blut der Nabelschnur gewonnen werden und wichtig sind für den Aufbau von Bindegewebe.

Seit Jahrzehnten üblich sind Therapien mit adulten Stammzellen. Diese haben sich spezialisiert, können sich nicht mehr in jede andere Zelle verwandeln, kein Gewebe aufbauen, aber sie können kranke und gestorbene Zellen ersetzen. Sie sind oft Retter bei Krebserkrankungen. Eingesetzt werden eigene und gespendete Stammzellen.

Einer von sieben Menschen über siebzig, sagen Studien, braucht eine Stammzelltherapie. Das treibt die Befürworter der embryonalen Stammzellforschung an. Doch das moralische Dilemma bleibt: auf der einen Seite die Pflicht, Kranken zu helfen, zu heilen; auf der anderen die Pflicht, Leben, auch ungeborenes, zu schützen.

Was, fragte sich der Genetiker Shin'ya Yamanaka, wenn ich Stammzellen gewinnen könnte, die nicht aus dem Embryo kommen, aber dieselbe Lebenskraft entwickeln, aus denen sich auch alles entwickeln lässt, alle 200 Zellarten?

2006 fand er einen Weg, aus reifen Zellen, aus Hautzellen, wieder Alleskönner zu machen: pluripotente Stammzellen. Er hatte mithilfe eines harmlosen Virus vier Gene in die Zellen geschleust. Die Zellen wurden neu programmiert, zurückgesetzt. Ein Zell-Jungbrunnen. 2012 bekam Shin'ya Yamanaka dafür den Nobelpreis für Medizin.

Sinclair verstand gleich, wie groß die Auswirkung auch auf das Altern sein würde.

Es ist erst mal ein Versprechen für die Jungen, die neuen Generationen, für Sophia. Aber es birgt auch große Chancen für die älteren Menschen.

Das Szenario: Mit dreißig bekommen wir drei Spritzen, wie eine Grippeimpfung, und so betrachtet Sinclair es auch, wie eine neue Form der Impfung gegen das Altern, die sich eben nicht mehr wie zu Ehrlichs Zeiten auf Chemie stützt, sondern auf Gentechnik. Mit den Spritzen schleusen Ärzte mithilfe harmloser Viren Gene ein, Yamanaka-Faktoren. Diese sind ausgeschaltet, nichts ändert sich in ihrem Körper. Die schlummernden Gene lassen sich aber durch ein Molekül einschalten, so wie NMN die Sirtuin-Gene einschaltet. Ein solches Molekül, so Sinclair, könnte das gut verträgliche Antibiotikum Doxycyclin sein. Wenn wir nun mit Mitte vierzig den Beginn des Alterns spüren und sehen, wie die Muskeln schwinden, die Luft knapper wird, die Haare grau, verschreibt der Arzt uns eine Kur mit Doxycyclin. Die Gene springen an, der Körper verjüngt sich, Organe erholen sich, wir sehen und hören wieder besser, Falten verblassen. »Sie würden sich wieder wie fünfunddreißig fühlen. Dann wie dreißig. Dann wie fünfundzwanzig.«

Und schließlich – dies ist entscheidend – die Verjüngung beenden. Das Doxycyclin wird abgesetzt, die Yamanaka-Faktoren verstummen. Sinclair: »Biologisch wären Sie ein paar Jahrzehnte jünger, aber Sie würden Ihr ganzes Wissen und Ihre Erinnerungen beibehalten.«

Als ich das hörte, weckte es in mir zwei Gefühle. So etwas wünschte ich mir, gleichzeitig aber gruselte es mich. Mehr und mehr bekam ich eine Ahnung, was wirklich möglich ist. Und mir wurde nochmals bewusst, wie wichtig es sein wird, diesen Möglichkeiten Grenzen zu setzen. Darüber wollte ich noch nachdenken, doch erst einmal wollte ich wissen, was das Aufregende, das Gute daran war.

2014 hatte Sinclair begonnen, mit den Yamanaka-Faktoren zu experimentieren. Er war nicht der Einzige. 2016 gab es einen Durchbruch, Manuel Serrano aus Barcelona und Juan Carlos Izpisua Belmonte aus San Diego züchteten Yamanaka-Mäuse, alle vier Faktoren, und aktivierten sie zwei

Tage pro Woche mit Doxycyclin. Die behandelten Mäuse lebten 40 Prozent länger.

Aber in dem Eingriff schlummert eine Gefahr: Die vier Gene können bösartige Tumore auslösen. Und sind sie zu lange aktiviert, sterben die Mäuse.

Wie diese Krebsgefahr ausschalten? 2016 kam der Doktorand Yuancheng Lu in Sinclairs Büro, zermürbt von Monaten voller Rückschläge. Er wollte Sinclairs Segen für einen letzten Versuch: eines der Gene einfach wegzulassen, das c-Myc-Gen. Sinclair hegte keine große Erwartung, nickte aber. Also nur drei Yamanaka-Faktoren. Mit Doxycyclin angeschaltet. Schauen, was geschieht. Die Mäuse blieben pumperlgesund, auch nach Monaten keine Geschwüre. Eine große Überraschung.

Ihre Aufregung wuchs. Und da Yuancheng Lu nicht ein Jahr lang warten wollte, bis zum Rentenalter seiner Versuchsmäuse, um zu sehen, ob sie länger lebten, schlug er einen Versuch vor: den Sehnerv kappen und ihn neu wachsen lassen, was nur möglich ist, wenn seine Zellen jung sind, also verjüngt wurden.

Sinclair wiegte den Kopf. Nerven des zentralen Systems, Nerven des Rückenmarks oder Sehnerven wachsen nicht nach. Seit Jahrzehnten war die Medizin daran gescheitert, das zu ändern. Aber ihm gefiel auch der Mut seines Doktoranden, der an Größenwahn grenzte. Wollten sie nicht die Welt verändern? Das ging nicht ohne Wagnis.

Einige Monate später bekam Sinclair die Bilder in einer SMS. Sie raubten ihm den Atem. Es sah aus wie das orangefarbene, leuchtende Auge der Maus, mit langen Tentakeln, die zum Gehirn wuchsen, die Fortsätze der Nervenzellen. Vor zwei Wochen waren hier nur tote Zellenreste gewesen.

Es waren die Bilder, die er in Montreux an die Wand geworfen hatte. Sie wiederholten den Versuch mit Mäusen im mittleren Alter, die Mäuse im ersten Versuch waren noch recht jung gewesen, um wenigstens überhaupt eine Chance zu haben. Es gelang. Und dann alte Mäuse, älter als zwölf Monate, das Alter, ab dem Mäuse schlechter sehen, eine Brille bräuchten. Sie schauten wieder wie in Jugendzeiten in die Welt, drehten den Kopf den Linien hinterher, die ihnen gezeigt wurden. Dann reparierten sie Sehschäden durch Glaukome, also Grünem Star, eine Erkrankung, die von Ärzten verlangsamt werden kann. In den Mäusen aber hatte Sinclairs Team die Glaukome rückgängig gemacht. Egal wie alt die Nerven waren, sie konnten sie wieder jung machen, und so forschten sie 2019 und 2020 weiter wie die Verrückten, arbeiteten nun mit Steve Horvath zusammen, der das biologische Alter der Mäuse und Mäusenerven maß, den formalen Nachweis ihrer Verjüngung bringen sollte, für den großen Aufschlag bei Nature. Und für die Studie bestätigten sie ihre Befunde mit menschlichen Nervenzellen, die sie im Labor züchteten. Der Sehnerv, der weniger komplex ist als andere Nerven, werde die erste Anwendung dieser Technik im Menschen werden, sagt Sinclair voraus.

Die Leistung liegt im filigranen Spiel mit den Yamanaka-Faktoren: Zellen verjüngen, ja, aber fein eingestellt, nicht zurück zur Stammzelle, zur Zelle ohne Identität, die noch alles werden kann, die sich aber so oft teilt, dass dies bei erwachsenen Säugetieren Krebs weckt. Sinclairs Team verwandelte die Zelle nicht in eine Stammzelle, sie sollte ihre Identität behalten und Sehzelle bleiben, alt genug, um nicht zu entarten, jung genug, um sich zu erholen.

Verjüngte Bauchspeicheldrüsen, Gehirne und Herzmuskel, der Sieg über Diabetes, Parkinson und Arteriosklerose – alles ist auf einmal vorstellbar.

∗ ∗ ∗

»Ich denke«, sagt Shin'ya Yamanaka, »dass die medizinische Biologie im 21. Jahrhundert schneller voranschreiten wird als bisher.« Ein Grund zur Freude – und zur Vorsicht: »Forscher sollten immer ethische Bedenken bei der wissenschaftlichen Forschung berücksichtigen.«

Es ist bahnbrechend, was sich in der Gentechnik tut. Stanford-Professor Vittorio Sebastiano verjüngte mit derselben Technik menschliche Muskelzellen und erhöhte die Muskelkraft in Mäusen um 40 Prozent. Der größte Durchbruch ist sicher die Genschere, CRISPR. Im Jahr 2020 brachte sie Emmanuelle Charpentier und Jennifer Doudna den Nobelpreis für Chemie, mit der Schere lassen sich Gene einfach hinzufügen und wegschneiden, anschalten und ausschalten; dies war vorher auch möglich, aber nur mit großem Aufwand. Als ich Charpentier vor fünf Jahren besuchte, hing ein Schild an ihrer Bürotür: »Do not come in, I am working on a breakthrough – nicht eintreten, ich arbeite an einem Durchbruch.« Preise, sagte sie, seien natürlich toll; aber sie halten einen vom Arbeiten ab. Sie erzählte von ihrem Traum, davon, dass sie Kranken helfen wolle, Menschen mit Gendefekten. Und dieser Traum ist wahr geworden.

Die ersten Studien in Kliniken sind faszinierend. In Regensburg behandelten Ärzte eine Zwanzigjährige mit einer Erbkrankheit, ihr Körper bildete zu wenig vom Blutfarbstoff Hämoglobin. Erkrankte bringen dadurch zu wenig

Sauerstoff in die Zellen, dies stört das Wachstum, kann Leber und Milz vergrößern oder zu Depressionen führen.

Bisher war die junge Frau mit Bluttransfusionen behandelt worden, ein- bis zweimal im Monat. Diese Behandlung belastet aber Herz und Leber und kann zum Tod führen. Die Ärzte unterzogen die Patientin einer Chemotherapie und gaben ihr neue Blutstammzellen, die mit CRISPR verändert wurden. Sie siedelten sich in den Markhöhlen an und bildeten Blutzellen – und Hämoglobin.

Auch bei den Alterserkrankungen ist die Hoffnung groß. Das renommierte Max-Delbrück-Centrum für Molekulare Medizin schreibt auf seiner Homepage: »Der Traum von ewiger Jugend ist so alt wie die Menschheit. Jetzt machen es Technologien wie die Genom-Editierung mit CRISPR-Cas9 vorstellbar, dass das Altern abgeschafft oder unser Leben zumindest erheblich verlängert werden könnte.«

Ein Team der University of Pennsylvania und der Stanford School of Medicine entnahmen Krebspatienten Immunzellen und veränderten sie so, dass sie stärker gegen Tumorzellen wirken. Krebsärzte in vielen Kliniken warten auf diese Ergebnisse.

Ebenfalls in Pennsylvania arbeitet der Kardiologe Kiran Musunuru daran, Cholesterin-Gene auszuschalten. Das Ziel: eine Behandlung statt lebenslang Pillen. So etwas wie eine Impfung gegen Herzinfarkte. Bei Mäusen wirkte die Therapie bereits.

Eine medizinische Zeitenwende steht bevor.

Und sie hat ihre Kehrseite. 2018 schockte ein Forscher aus China die Welt, weil er Gott oder Frankenstein spielte und das Erbgut in den Embryonen von Zwillingsmädchen veränderte: Lulu und Nana. Er machte sie, weil der Vater HIVpositiv war, immun gegen Aids. Die Behandlung war nicht nur illegal und ethisch abscheulich, sie war darüber hinaus Pfusch und verursachte in den Mädchen Genschäden, deren Folgen sich noch nicht absehen lassen.

Ja, wir stehen vor einem großen Wandel – und die Gesellschaft vor großen Fragen. Und jeder Durchbruch schafft neue, bevor die alten beantwortet sind.

Wofür darf medizinische Gentechnik eingesetzt werden? Nur für die Behandlung von Erbkrankheiten?

Sind die Eingriffe wirklich ungefährlich? Was ist mit Langzeitfolgen? Mit unerwünschten Genveränderungen?

Niemand, der sich damit beschäftigt, kann der Gentechnik kalt gegenüberstehen.

Man kann es sehen wie der Dalai Lama, halb ernst, halb scherzend. Mit Gentechnik das Leben verlängern? Nun, sagte er bei einer Fragerunde zur bekannten Gentechnik-Unternehmerin Liz Parrish: »Das ist eine gute Sache.« Aber bitte nicht bei bösen Menschen.

Man kann es zurückhaltend und vorsichtig betrachten, wie der Deutsche Ethikrat, der – im Gegensatz zu vielen anderen Ländern – die Forschung mit embryonalen Stammzellen ablehnt. Der die Forschung mit Yamanakas Stammzellen, auch iPS genannt, zwar befürwortet, sie aber an ernste Fragen knüpft, weil es theoretisch ein Klonen ermöglicht. Und der sich gegen CRISPR in ungeborenem Leben aussprach – zu wenig wisse man über die Folgen.

Und man kann es wissenschaftlich aufgeschlossen betrachten, wie Christiane Nüsslein-Volhard, die ich mit Kollegen des *SZ-Magazins* getroffen hatte. Sie saß im Ethikrat des Bundestags, als von 2001 bis 2007 über die Forschung an embryonalen Stammzellen diskutiert wurde. Zu wenige Lebenswissenschaftler wären damals im Ethikrat gewesen, beklagte sie sich, dafür Juristen, Philosophen, Bischöfe, die zwischen Wirklichkeit und Utopie nicht unterscheiden konnten.

Auf die Frage, ob die Befürchtung nicht berechtigt sei, dass man Menschen klont und züchtet, erwiderte sie: »Das ist krasse Utopie. Diese Diskussionen sind durch diese moderne Methode CRISPR/Cas9 wieder aufgeflammt. Uns Forschern eröffnet das tolle Chancen. Aber nun glauben die Leute gleich, man könnte den Menschen beliebig verändern. Kann man vergessen.«

Und schüttelte im Rückblick immer noch den Kopf: »Einen Bischof im Ethikrat habe ich gefragt: ›Wie wäre das denn: Ihre Mutter hat Parkinson. In den USA wird eine Therapie aufgrund embryonaler Stammzellen entwickelt. Würden Sie ihr diese Therapie zugutekommen lassen?‹ Er sagte: ›Ja, natürlich. Ich bin doch zu Hilfeleistung verpflichtet.‹ Da denkt man sich: Wie viele Moralen habt ihr eigentlich?«

Ja, wie viele Moralen haben wir? Wenn ich ehrlich bin, muss auch ich mich das fragen: Erst mal erschrecken mich die Möglichkeiten. Aber denke ich daran, dass ich auch mit fünfundneunzig, sollte ich so alt werden, noch nach Venedig fahren, gute Bücher lesen und mit der Familien feiern möchte und nicht wie Willi von jeder Feier nach einer halben Stunde flüchten, weil das Durcheinander der Stimmen in den Ohren schmerzt, dann denke ich: Nur eine Spritze, ärztlich überwacht, ist das so viel schlimmer als eine Impfung?

Ich bin doch dankbar, dass mich eine Schluckimpfung vor der Kinderlähmung bewahrte, an der Judy Heumann erkrankte. Und während ich das hier schreibe, sehne ich den Tag meiner Covid-Impfung herbei. Groß ist mein Wunsch, vor diesem Virus geschützt zu werden, für mich selbst, aber auch für Helga und Willi, dass ich sie niemals anstecken kann. Wie viel größer wird wohl mein Wunsch sein nach einem Schutz vor den Leiden des Alterns? Und selbst den Wunsch, gar nicht sterben zu müssen, der mir weiter fremd ist, verstehe ich mehr und mehr. Die Worte zweier Menschen haben mich zum Grübeln gebracht.

Martine Rothblatt, die ich eigentlich nur anrief, um Sinclair besser zu verstehen. Rothblatt ist einer der wenigen Menschen auf der Welt, der Sinclairs Theorie des Alterns, diese Mischung aus Biologie, Physik, Genetik und Informatik, von allen Seiten betrachten kann. Die US-Amerikanerin hat Medizin studiert und Medizinethik, Biologie und Informationstechnologie, dazu noch Jura. Sie ist zugleich eine Instanz in der Biomedizin, in der Ethik und in der Tech-Welt. 1990 schuf sie das erste weltweite Satellitenradio-Netz, arbeitete beim Aufbau eines Internets im Weltraum mit und schrieb später den Entwurf der »Allgemeinen Erklärung der Vereinten Nationen zum Humangenom und den Menschenrechten«.

Weil ihre Tochter an einer tödlichen Lungenerkrankung litt, gründete Rothblatt 1996 die Biotech-Firma United Therapeutics, die seltene Krankheiten erforscht. Sie leitet die Firma noch heute und ist seit Jahren eine der bestbezahlten Vorstandschefinnen der Welt, 2020 verdiente sie rund 46 Millionen US-Dollar.

Sinclairs Arbeit findet sie, wie sie mir am Telefon sagte, »bahnbrechend«. Sie selbst arbeitet mit künstlicher Intelligenz an der Unsterblichkeit, hat eine Kopie ihrer Frau erstellt – eine humanoide Roboter-Büste, die denken und sprechen kann, auch so eine gruselige Vorstellung.

268

Als ich sie fragte, warum sie das tue, warum sie wie einige andere reiche Träumer in den USA den Tod besiegen wolle, gab sie keine hochtrabende Antwort, sie sagte schlicht: »Jeder Mensch hat so viele Erfahrungen, Talente, Freunde. Egal, ob er bekannt ist oder nicht. Jeder Musiker, jeder Gärtner bringt Freude in die Welt. Ich finde, wenn ein Mensch stirbt, ist das traurig.«

Sie sprach ernst, unaufgeregt, so gar nicht amerikanisch, ohne dieses tönende »I want to change the world«, das man aus der Tech-Welt kennt. Der Glaube, den Tod besiegen zu können, sei übrigens gar kein amerikanisches Ding, sagte sie. Auch in ihrem Land denke das keiner. »99 Prozent der Menschen glauben, man habe nur so und so viele Jahre – dann sei es vorbei. Und dass Technologie daran nichts ändern könne. Oder wenn sie es ändern könnte, dass es eine schlechte Idee sei.«

Sie machte eine Pause.

»Warum hat ein Prozent der Menschen einen anderen Standpunkt? Weil dieses eine Prozent in ihrem Leben etwas überwunden hat, was unmöglich erschien. Als die Google-Gründer Larry Page oder Sergey Brin erklärten, sie wollen die Informationen der Welt neu ordnen, sagten alle, das sei unmöglich. Als mein Freund Craig Venter das menschliche Genom dekodieren wollte, sagten die Biologen, es sei unmöglich. Und als vor zwanzig Jahren meine Tochter erkrankte, meinten alle Ärzte in Europa, in China und in den USA: ›Diese Krankheit ist zu 100 Prozent tödlich, in spätestens fünf Jahren wird sie sterben.‹ Aber zwanzig Jahre später lebt meine Tochter noch, sie lebt ein gutes Leben. Und, vielleicht noch wichtiger, heute leben 50 000 Menschen mit dieser Krankheit, früher waren es 2000. Das geschah nicht durch

Beten, sondern durch Biotechnologie. Es war kein Wunder, sondern Wissenschaft, die einen scheinbar sicheren Tod in ein hoffnungsvolles Leben verwandelte. Natürlich sagen wir alle: Wir können noch etwas Unmögliches erreichen.«

Was, dachte ich mir nach dem Gespräch, was ist falsch an dem Denken dieser Frau? Warum sollte ich dagegen sein?

Und dann sah ich abends, den Kopf müde vom Schreiben, als ich ein wenig Musik hören wollte, Bob Dylan, zufällig einen Film, den mir – künstliche Intelligenz sei Dank – mein Rechner vorgeschlagen hatte: *Being 97*. Hauptfigur des Films ist Herbert Fingarette, Philosoph, Professor der University of California, beeinflusst von Jean-Paul Sartre, Søren Kierkegaard und Sigmund Freud.

Er war siebenundneunzig Jahre alt, als ihn sein Enkel Andrew Hasse 2018 mit der Kamera begleitete. Neugierig schaute ich in den Film hinein:

Ich sah einen alten Mann, Haut und Haar weiß wie der Nebel im November. Eine freundliche Pflegerin, die seine Füße wäscht. Sah ihn beim Frühstück mit roten Hosenträgern, vor sich ein Ei und Speck. Er bedankt sich. Ich hörte ihn die Bremsen des Rollators lösen. Verfolgte, wie er in den Garten schlurft. Er erinnerte mich an Willi.

»Es ist«, sagte Herbert seinem Enkel, »es ist sehr schwer für Menschen, die das Alter noch nicht erreicht haben, zu verstehen, was in einem vorgeht.«

Diesen Verlust von allem, was man war und konnte.

Herbert Fingarette spricht in dem Film über sein Leben. Es war glücklich, sagt er. Siebzig Jahre mit seiner Frau. Er hört Musik und denkt an sie und weint. Familienfotos. Im Regal Bücher. Bekannte Werke hatte Fingarette geschrieben, über Laotse, über die Enttäuschung des Menschen von sich selbst und, als er fünfundsiebzig war, über den Tod. Die Angst davor, schrieb er damals, sei unvernünftig. Nach dem Tod kommt das Nichts. Und im Nichts gibt es kein Leid. Auch keinen Schmerz darüber, dass wir nicht mehr sind.

Mit siebenundneunzig denkt er anders darüber.

»Der Tod«, sagt er in die Kamera, »ist ein beängstigender Gedanke. Das ist etwas, was ich nicht will, dass das passiert.«

Drei Minuten vor Filmende sitzt er draußen, mit Cowboyhut, vor sich das Gartengrün, seine gebrechliche Stimme aus dem Off, Klaviermusik:

»Ich schaue auf die Bäume, wie die jungen Zweige sich im Wind wiegen.

Ich habe sie unzählige Male gesehen, aber irgendwie ist es eine transzendente Erfahrung, die Bäume dieses Mal zu sehen.

Und ich denke bei mir, ich hatte dieses Jahr für Jahr, aber habe ich es wirklich zu schätzen gewusst?

Und die Wahrheit ist: nein. Bis jetzt.

Und das macht es mir noch schwerer, die Tatsache des Todes zu akzeptieren. Es treibt mir einfach Tränen in die Augen.«

Er sitzt wieder drinnen.

»Ich habe Bücher über eine Reihe anderer Themen geschrieben. Und in jedem Fall hatte ich das Gefühl, dass ich das Problem gelöst habe. Aber das hier ist nicht lösbar.

Es ist nicht nur eine theoretische Frage, wie es so viele gibt. Es ist die eine Sache, die so zentral für meine Existenz ist, dass ich versucht habe, mich damit zu arrangieren. Und ich bin gescheitert.

Also existiere ich einfach weiter, das ist die Wahrheit, ich existiere. Und ich warte.«

Er steht auf, geht mit dem Rollstuhl ins Licht der offenen Tür.

»Ich warte. Bis ich mich verabschieden muss.«

Er starb wenige Monate später.

# 22

# Unerklärlich

»Willi, Onkel Irving und Onkel Bodo«

»Andreas wird auch gleich da sein.« Florian machte den Rotwein auf. Ein wenig blass sah er aus. Das Homeoffice! Der beginnende Herbst! Kein Wetter mehr für seine geliebten Samstagssegelfahrten. Und über die Woche kam er auch nicht mehr ans Licht. Tag für Tag saß er, wie er sagte, »im Keller«, von morgens acht bis abends acht, und lenkte sein Team in einem US-amerikanischen Unternehmen. Wir hatten uns bei einem Nachbarschaftsfest kennengelernt, gleich gemocht, ab und an waren wir zusammen mit der S-Bahn nach München gefahren, hatten denselben Weg ins Büro. Und immer war die Fahrt zu kurz, hatten wir zu viel zu reden, vor allem über das Altersthema.

Einig waren wir uns, dass du Glück brauchst. Das war auch die erste Botschaft, die von Willi kam, wenn wir über das Altern sprachen, auch der Standardsatz von Helga, wenn sie danebensaß: »Da hast du Glück gehabt ... ja, und da hast du wieder Glück gehabt ... Du bist ein Glückskind.« Wieder und wieder sagte sie es, Willis ganze Biografie entlang, und unrecht hatte sie nicht, das Glück, im Krieg den richtigen Onkel zu haben, Onkel Hermann, der ihn vor der Front bewahrte, und nach dem Krieg Onkel Möhrle, der ihn vor dem Hunger bewahrte, und in Göggingen den Bürgermeister, der ihn förderte, und dann Charlie Bluhdorn. Glück hatte er gehabt, als sie von Island zurückflogen, über Luxemburg, von dort ging eine Maschine nach Frankfurt mit zwei Propellern, für vielleicht zwölf Leute, Segelstoffsitze, abenteuerlich. Die setzte zur Landung an, kippte dann mit aufheulenden Motoren nach links, startete durch und stellte sich wieder gerade. Was war geschehen? Die Maschine war einem Flugzeug entgegen auf der gleichen Bahn gelandet und musste von der Startbahn runter. So hatte es am nächsten Tag in der Zeitung gestanden. Ja, und das Glück am Lago Enriquillo in der Dominikanischen Republik, der größte See der Antillen, früher ein Meeresarm, geschützt von zwei Gebirgsketten, mit dem Hubschrauber flog er hin, mit einem Tierfilmer, Flamingos, Spitzkrokodile, die auch im Salzwasser leben können, etwas ganz Besonderes. Willi nah hin, die Jungtiere gelblich mit dunklen Querbändern auf dem Körper, die erwachsenen Tiere olivbraun, hohe Augen, Rückenpanzer, fünf, sechs, sieben Meter lang, und auf einmal die Schnauze hoch. »Schnapp«, sagte Helga nur, als er davon erzählte. Der Pilot hatte zum Glück die Rotoren laufen, nichts wie weg, und dann ging ihnen tatsächlich das Benzin aus, Notlandung. Mehr Glück hatte Willi nur, als er auf Gran Canaria am Strand saß, im Rücken die rotgelben Wanderdünen, vor sich Wind und Wellen und Weite, und es in ihm auf einmal eng wurde, nicht aufstehen, nicht reden konnte er. Eine

Frau rief nach der Ambulanz, und keine 300 Meter entfernt war die Zentrale des Roten Kreuzes. Seitdem hatte ihn kein weiterer Schlag getroffen, kein Krebs, keine Demenz, nichts von dem, was fast jeden Mann seines Alters ereilt. Willi trägt sicher einige von Barzilais Langlebigkeitsgenen in sich, so ungesund wie er das halbe Jahr verbrachte, vor dem Fernseher, das Zimmer auf fast 40 Grad geheizt und als Essen gerne Dosensuppen und dazu ein Radler.

Und Glück war es auch, dass wir eingezogen waren. »Eines haben fast alle Hundertjährige gemein«, sagte Nir Barzilai, »in ihrem Leben bewegt sich was, das hält sie geistig wach.« Er erzählte von dieser Hundertachtjährigen, die er kannte, seit sie fünfundachtzig war. »Wer Pläne hat, lebt länger«, sagte sie ihm. An ihrem hundertsten Geburtstag stieg sie in Peru einen Bergrücken hinauf zur Ruinenstadt Machu Picchu. Barzilai hatte sie gefragt, ob das schwer gewesen sei, sie hatte geantwortet: »Schwer ist nicht das Klettern, schwer ist das Runtergehen.«

Barzilai selbst hatte einen Super-Ager in der Familie, Onkel Irving, achtundneunzig, er überlebte mehrere Konzentrationslager. Während des Prager Frühlings musste er aus der ČSSR fliehen, und in Houston verlor er bei einem Hurrikan sein Haus. Er baute es wieder auf.

»Hundertjährige«, sagte Barzilai, »sind meist positiv denkende, dankbare, extrovertierte Menschen.« Nicht unbedingt ihr Leben lang. »Vor Kurzem sprach ich mit einem Hundertvierjährigen — der liebenswerteste Mensch. Er redete über seine Familie, und nichts, auch nicht die Schwiegertochter, nichts war schlecht. Ich ging dann raus zu seinem Sohn, achtzig oder so, und sagte ihm, was für ein wundervoller Mensch sein Vater sei. Der Sohn sah mich an und meinte: ›Sie hätten den Mistkerl erleben sollen, als er so alt war wie ich. Er war ein schrecklicher, schrecklicher Mensch.«« Alles kann sich ändern im Alter – auch das Wesen.

Florian und ich sprachen eine Weile über Barzilais Forschung. Sie erinnerte mich an den Großonkel meines Freundes Moritz, den wir gemeinsam besuchten, als er neunundneunzig war: Bodo Bruemmer, genannt Onkel Bodo. Er hatte uns in Portugal zur Weinprobe empfangen, auf seinem Gut in Sintra, lange Auffahrt, ein blassgelbes Haus mit blauen Ziegeln, gebaut auf Granit, sogar das Erdbeben von 1755 hatte es überstanden. Onkel Bodos Esstisch hatte zwölf Meter Länge und stammte von einem Segelschiff. Mitten im Gespräch stand er auf, entschuldigte sich und sagte, er müsse nun sterben, dafür möchte er allein sein. Kein Getue! Wir sollten ihn nur lassen. Er ging in den Salon – ein riesiger Raum, für den einst sieben Zimmer und ein Bad vereint wurden, das alte Pissoir stand noch da – und legte sich auf einen Teppich, unter das Gemälde seiner verstorbenen Frau.

Nach einer Stunde setzte er sich auf und kam zurück, die Hände hinterm Rücken, als kehre er heim von einem Spaziergang. Zeit für die Kapelle, den früheren Eselsstall. Acht Stühle, Kniefall-Bänke und ein Altar, der einst die Futterkrippe war. Darauf die Todesanzeigen seiner zwei Ehefrauen. Onkel Bodo hockte sich in die letzte Reihe, spielte mit den beiden Ringen an seiner Hand. »Tot«, sagte er schließlich. »Alle tot. Nur ich nicht.«

Der Tod war Onkel Bodos tägliches Thema. Zum Sterben war er vor fünfzig Jahren nach Sintra gekommen, mit Krebs in der Bauchspeicheldrüse. Ein, zwei Jahre hatten ihm die Ärzte noch gegeben. Also verließ er die Schweiz, wo er als Banker Karriere gemacht hatte. »Ich wollte im Warmen sterben. Und meine Frau sollte es nach meinem Tod schön haben.« Er überlebte. Und eine Freundin schenkte ihm einen Sinnspruch: »Gib niemals auf, dein Wunder ist schon unterwegs.« Bei unserem Besuch trug er ihn bei sich. Mit diesem Spruch in der Hand beschloss Onkel Bodo, dass er sein Leben von nun an auf Länge anlegen würde. Er kaufte sich das Haus, das damals eher ein Gerippe war, Jahre würde es dauern, das herzurichten, Jahre, in denen er nicht sterben durfte. Und die Ruine wuchs zu ihrer Heimat. Bis seine Frau starb, die es hier mal schön haben sollte nach seinem Tod.

Auch ihm rückte der Tod ab und an auf die Pelle: Darmkrebs, Magenkrebs – Onkel Bodo bekämpfte ihn mit Radikaloperationen. Und einer Hochzeit, ja, er heiratete wieder. Und Aufgaben, die er sich stellte. Seine zweite Frau liebte Pferde. Also zog er Portugals größte Araberzucht auf. Sie gewannen Pokale in aller Welt. Dann starb seine Frau. Und über das Gestüt brach die Pferdepest herein. Onkel Bodo war damals dreiundachtzig. »Alles weg.« Aber seine Frau ließ er sich nicht nehmen, auch nicht vom Tod. Fortan durfte am Esstisch niemand mehr auf ihrem Platz sitzen, unsichtbar war sie immer da, ihm gegenüber. Und er achtete darauf, dass er sich benahm: Nie wäre ihm eingefallen, mit der Zeitung in der Hand zu frühstücken. Mit seiner Frau feierte er auch Weihnachten, im Smoking, nur für sie beide kam ein Pfarrer vorbei, und nach der Messe wurde im Salon gedeckt. So lebte er auf seine Art weiter das Eheleben. Und tat Dinge, die ihn am Leben halten, die sein Sterben in den nächsten Jahren unmöglich machen sollten. Er las auf der Straße ein Hundebaby auf, er begann eine Schafzucht, er baute ein Schwimmbad, er hegte 2000 Stockrosen – und vertraute auf sein kleines Pendel und die Kunst der Ärzte, denn inzwischen hatte er auch einen Tumor im Herzen. Und so lag er mit sechsundneunzig Jahren mal wieder im Krankenhaus, als er ein letztes Mal beschloss, dem lieben Gott zu zeigen, dass er auf der Welt noch etwas zu erledigen hatte. Er rief den Arzt zu sich:

»Wie lange muss ich noch bleiben?«

»Vierzehn Tage.«

»Zwei Wochen? Nein, ich muss nach Hause!«

»Warum denn?«

»Ich muss arbeiten.«

»Bitte?«

»Ich muss Wein anbauen.«

Sechs Wochen später ließ er die ersten Rebstöcke pflanzen. Ein Bekannter hatte ihn auf die Idee mit dem Wein gebracht, ein dänischer Weinbauer. Rosen? Gut und schön, hatte der gesagt. Aber Wein, das sei eine wirkliche Aufgabe. Onkel Bodo solle doch mal ein paar Reben pflanzen, einen kleinen Garagenwein machen, ein paar Liter auf eigenem Grund und Boden, dann würde er verstehen.

Einen Garagenwein? Onkel Bodo plante im großen Stil. Er führte uns in die Weinberge. Ohne Stock, mit kleinen, festen Schritten ging er voran, über Schotter, Steine, Wurzeln hinweg. Da rechts: sein Schwimmbad. Und dahinter: Reben, über Hunderte Meter, in alle Richtungen, in militärischer Reihung, braune Stöcke, leuchtendes Grün, und blaue und grüne Trauben, dass sich die Zweige bogen. Alle hatten ihm abgeraten, Familie, Freunde, die Fachwelt. »Bevor du den Wein trinken kannst, bist du tot«, warnten sie. Sie verstanden nicht, dass es genau umgekehrt war. Vier Jahre würde es dauern, den ersten Wein zu machen? Umso besser, der 100. Geburtstag war gesichert.

Dank seiner jahrelangen düngenden Viehzucht war Onkel

Bodos Boden von ungewöhnlicher Kraft. Er holte sich Berater aus Frankreich, kaufte die besten Reben, ein Dutzend Arten, Riesling, Merlot, was auch immer. Er setzte Keltertechnik in die Reithalle, eine Pressmaschine von Bucher, teure Weinfässer, 900 Euro das Fass, dreimal so teuer wie im Schnitt. Genehmigungen? Leitungen für Löschwasser? Toiletten für die Angestellten? Nun ja, so viel Zeit hatte er auch nicht. Auch das Keltern beschleunigte er, zu ungeduldig, um vier Jahre zu warten. Er kaufte 10 000 Kilo Trauben und machte schon vorher den ersten Wein, den »Senhor D'Adraga«. Der gewann gleich einen Preis. So schnell wie Onkel Bodo war noch keiner in Portugals Weinspitze aufgestiegen, sein »Casal Sta. Maria« unter die besten zehn Weißweine des Landes gewählt. Für seinen Roten gab es Goldmedaillen.

Onkel Bodo setzte sich sein letztes Ziel: Mit dem Weingut den Break-even erreichen, Gewinne machen. Vier Jahre würde das dauern, hatte er errechnet. Bis er 103,5 war. Dann wolle er weitersehen. Und er sah weiter, und als der Gewinn da war, die Lobeshymnen in Weinzeitschriften in aller Welt, starb er, 2016, mit 105 Jahren.

Bei aller Wissenschaft, wohl jeder kennt solche Geschichten. Und immer sind sie etwas Besonderes. Oft hatte Florian von seiner Mutter erzählt, als sie in Hamburg ins Hospiz gebracht wurde, als sein Bruder ihn anrief: »Du musst schnell kommen, die Ärzte geben ihr noch zwei Wochen.« Und er nahm die nächste Maschine, saß an ihrem Bett, und sie redeten.

Er fragte die Mutter, was sie sich wünsche.

Noch einmal mit der ganzen Familie essen gehen, an ihrem Geburtstag.

An ihrem Geburtstag? Es waren noch Monate bis dahin. Er schwieg und besuchte sie in den nächsten beiden Wochen Tag für Tag, und sie starb nicht. Und er flog zurück in die USA, und im Herbst, zu ihrem Geburtstag, kam die ganze Familie wieder. Seine Mutter ging zum Friseur, sie zog ihre Bluse an und die feine Strickjacke, legte die Perlenkette um den Hals und steckte goldene Ringe ins Ohr. Wie gut sie aussah, als sie beim Italiener saßen, die Wangen rosig, die Augen lebhaft, das Haar perfekt. Sie lachte, sie redete viel, sie trank Wein. Und in der Woche darauf starb sie.

Unerklärlich.

Auch für Nir Barzilai, nach vierzig Jahren Forschung. Ratlos sein Blick, als ich ihn danach fragte. »Wissen Sie …« Er zuckte mit den Achseln.

Irgendwie schön, tröstlich. Nicht alle Geheimnisse des Lebens – und des Todes – sind gelüftet. Und sie werden auch nie gelüftet werden. Zum Glück. Es wäre schlimmer als der Tod selbst: Es wäre das Ende der Menschlichkeit.

# 23

# Zweifel

»Also ich würde das nicht nehmen ...«

Andreas klingelte.

Ja, gerne auch einen Wein. Es war ein langer Tag, er kam gerade aus der Uniklinik, aus dem Labor.

Sein Lehrstuhl nähert sich Fragen der Medizin und Biologie mit Antworten aus der Chemie. Die Biochemie oder Physiologische Chemie, wie sie auch genannt wird, ist für heutige Diagnosen und Therapien von großer Bedeutung und aus der Medizin, auch der Altersmedizin, nicht wegzudenken.

Zelluläre Prozesse, neuartige molekulare Mechanismen, Nährstoffe, Metabolite, DNA-Schäden, Signalnetzwerke, mitochondriale Funktion – Andreas Ladurner erforscht alles, über das David Sinclair schreibt. Er ist in der Epigenetik zu Hause. Resveratrol, NAD, Metformin, Wachstumshormone, das ist sein Gebiet. Wie reguliert der Stoffwechsel die Genaktivität? Wie beeinflusst Stress, wie beeinflusst eine DNA-Schädigung die Chromosome, die Genaktivität, die Mitochondrien. Er experimentiert mit Hefen, mit der Fruchtfliege und Zellkulturen. Sein Arbeitsplatz ist der tägliche Spaziergang durch unsere Zellen, und er gestaltet mit seiner Forschung unsere Zukunft, unser Leid an Krebs und Parkinson, Herzerkrankungen und Demenz. Ladurner macht das so gut, dass er den Lehrstuhl leitet, dass er Preise gewonnen hat, dass er für Fachzeitschriften Aufsätze bewertet, dass ihn Kongressveranstalter als Gastgeber gewinnen, er Podiumsdiskussionen leitet, in denen Leute wie David Sinclair und Lenny Guarente ihre Forschung erklären und verteidigen.

»Du kennst also David Sinclair«, sagte er, nachdem er sich an den Tisch gesetzt hatte.

Ich nickte und erzählte. Florian lauschte, Andreas lächelte und sagte schließlich, Sinclair sei ein brillanter Wissenschaftler. Es sei umwälzend, was da gerade geschieht. Aber wie er darüber spricht! Muss es so laut sein? Verspricht er nicht zu viel? Und macht er immer deutlich, dass er auch Unternehmer ist?

Schon vorher hatte ich diese Kritik gehört, im Max-Planck-Institut für Biologie des Alterns in Köln. »Die Altersforschung ist gesellschaftlich sehr relevant«, sagte mir Professor Thomas Langer, der Direktor des Instituts, als ich ihn im Auftrag des *SZ-Magazins* besuchte.

Ob er Sinclair kenne? Natürlich, sagte Langer. Und weiter erst mal nichts. Wie Andreas war er ein besonnener Mann, Mitte fünfzig, freundliche Augen, ruhige Stimme. Er teilte Sinclairs These, dass die Forschung gerade große Durchbrüche erziele, und auch auf Nachfrage sagte er nichts Kritisches über Sinclair. Doch klang immer durch, dass er ganz anders tickte: »Die Motivation der meisten Wissenschaftler ist ja erst mal die Erkenntnis. Zu verstehen: Was sind die wissenschaftlichen Grundlagen dieses Problems? Und nicht unbedingt eine kommerzielle. Und natürlich hat eine Firma ein anderes Ziel als ein Grundlagenforscher. Das muss kein Konflikt sein, aber es kann ein Konflikt sein.«

Wissenschaftler wie Andreas oder Langer sind hin- und hergerissen von dem, was Sinclair tut und sagt, denn es wirkt sich auch auf ihre Arbeit aus. Nach dem großen Versprechen, einem »Ich werde hundert und dann mal sehen«, sitzen ihnen allzu oft Journalisten gegenüber und bezweifeln, ob sie seriöse Wissenschaft betreiben. Gleich zu Beginn unseres ersten Gesprächs erzählte mir Nir Barzilai aufgelöst von einer Konferenz über Herzkrankheiten, Leute von Rang seien da erschienen, Ärzte, Forscher, Vertreter der mächtigen Gesundheitsbehörde FDA, und als es zum Altern kam und er seinen Vortrag gehalten hätte, hätte sich gleich ein Journalist zu Wort gemeldet und gefragt: »Sind Sie Magier, oder was? Das Altern an sich angehen? Mit nur einem Medikament? Was versuchen Sie uns zu verkaufen?«

»Es war wie ein Stich ins Herz«, sagte Barzilai. »Wir sind alle Professoren, wir machen das seit vielen Jahren. Wir haben unsere Ergebnisse viele Male eindrucksvoll bewiesen. Und dann das.« Er hatte seine Schlüsse gezogen: »Wir müssen vorsichtig sein, wie wir reden. Weil es die Leute nicht glauben. 99 Prozent der Leute wissen noch nichts davon.«

Vorsicht ist Sinclair fremd, obwohl, es ist komplizierter: Sitzt man zu zweit mit ihm zusammen, ist er durchaus besonnen. Zwar ein wenig aufgeregt, wie ein neugieriger Junge, aber doch leise, zurückgenommen. »In dem Punkt hat das Altern ihm gut gutgetan«, sagt auch Andreas. Aber auf Bühnen ... Selbst Sinclairs Aussehen verändert sich, die offenen

Augen werden zu Schlitzen, die jungenhaften Züge hart, die Worte schnell, aus dem neugierigen Jungen wird ein Getriebener, ein Verkäufer.

Lange verstand ich das nicht, bis ich im *Boston Magazine* eine Charakterisierung von Steven Austad las, ein Freund Sinclairs: »Er ist ein hervorragender Wissenschaftler, aber auch ein hervorragender Geschäftsmann. Wenn Sie mit ihm über Wissenschaft sprechen, werden Sie nicht viele sachkundigere, präzisere Forscher finden als David. Und dann können Sie Dinge hören, die er im Fernsehen sagt, und sich fragen: ›Wovon zum Teufel redet er?‹«

Nun, bei diesen Aufritten wandelt er sich vom Wissenschaftler zum Geschäftsmann. Den Wert seiner Firma Life Biosciences schätzte die *Financial Times* 2019 auf 500 Millionen US-Dollar – drei Jahre nach Gründung. Und wie alle Geschäftsmänner ist Sinclair im Wettbewerb. Ein unerhörter Wettlauf ist im Gange, die besten Universitäten sind im Rennen, alle Arzneimittelkonzerne und mächtige Start-ups wie Juvenescence oder Calico, das eine gegründet von Jim Mellon, das andere von Alphabet (Google). Milliarden werden investiert, befeuert von der Pandemie – überall brachen die Investitionen ein, nicht aber die in Biotech, Arznei, Gesundheit, Langlebigkeit. Die Pandemie hat auch die Investoren gelehrt, wie wertvoll die Gesundheit älterer Menschen ist. »Wir sind bereit für die Prime Time«, sagte Sinclair. Und die ist teuer, kostet schon in der Planung Dutzende Millionen Euro, und die muss jemand besorgen. In diesem Fall: Tristan Edwards, ehemaliger Hedgefonds-Manager, er verwaltete Hunderte Millionen US-Dollar. »Er gibt die Richtung vor, in die wir gehen müssen, gibt dem Rest von uns das Selbstvertrauen«, sagt Sinclair.

Edwards war mir bei der ersten Begegnung mit Sinclair in Montreux gleich aufgefallen, am Abend stellten wir uns an die Bar, redeten lange. Sein halbes Leben hatte er mit der Jagd nach Geld verbracht, 2016 wollte er dem Leben eine Wende geben, zumindest das Geldverdienen mit einem Sinn verknüpfen. Und so war er auf Longevity gekommen, zugleich Markt der Zukunft und gesellschaftliche Aufgabe, und natürlich war er auf den Namen Sinclair gestoßen. Er rief ihn an, und sie begannen zu reden.

Nach einer Stunde sagte Sinclair: »Wenn du das nächste Mal in Boston bist, melde dich, dann trinken wir einen Kaffee und reden weiter ...« Während er das sagte, schaute Edwards schon auf die Webseite der Fluggesellschaft Quantas.

»Ich fragte: ›Was machst du morgen um 11 Uhr?‹«

»Ich unterrichte, warum?«

»Wollen wir uns danach sehen?«

»Aber bist du nicht in Sydney?«

»Ja, das Flugzeug geht in drei Stunden. Ich habe eine Stunde, um es zu kriegen.«

Er hatte gar nicht erst eine Tasche gepackt. »Ich flog 25 Stunden hin, traf ihn und flog gleich wieder zurück.«

Und sie gründeten Life Biosciences. In zehn Jahren, dachte Edwards, könnten sie groß sein. Dass sie drei Jahre später Marktführer sein würden, ahnte er nicht. Wären die beiden ein, zwei Jahre früher gestartet, nie hätten sie von den Investoren diese vielen Millionen Euro gekriegt – Longevity war für sie noch Science-Fiction. Wären sie zwei Jahre später dran gewesen, hätten sie die nötigen Mitarbeiter nicht mehr bekommen, der Markt hätte sie weggesaugt.

Edwards ließ sich die Firmenstruktur einfallen, gestaltet wie ein biologischer Organismus: eine Muttergesellschaft, die alle säugt, die sich dranhängen, mit Anwaltswissen, Patent-Know-how und anderen Hilfen. Aber entwickeln müssen sich die Tochterfirmen selbst.

Eine Fruchtbarkeits-Firma.

Eine, die Mitochondrien stärken will.

Eine, die darauf spezialisiert ist, gealterte Zellen zu entfernen, »Zombie-Zellen«.

Eine für Autophagie, der Selbstreparatur.

Ach ja, und eine Firma für ein langes, gesundes Tierleben. Was sicher eine gute Geschäftsidee ist, wenn man die E-Mails betrachtet, die Sinclair bekommt, in denen Eltern nach Medikamenten für den Hamster des Kindes fragen.

Im Januar 2019 wurde die *Financial Times* aufmerksam, als Edwards von Investoren 50 Millionen US-Dollar einsammelte, doppelt so viel wie angestrebt. Und genau hier liegt der Grund für Sinclairs zwiespältiges Auftreten. Er muss diese Geldgeber gewinnen, und dafür muss er in ihre Sprache wechseln, die für die meisten Wissenschaftler eine Fremdsprache ist – nicht in den Worten, im Ton.

Bei meinen Besuchen im Silicon Valley erlebte ich, wie diese Geldgeber ticken, die Wagniskapitalisten in der Sand Hill Road, in Menlo Park, wo das große Geschäft gemacht wird, wo Leute wie Ben Horowitz und Marc Andreessen sitzen, die Milliarden verwalten, Facebook, Airbnb, Twitter, zuletzt Clubhouse, Hype-App der Pandemie. Sie alle gestalten die Zukunft mit und denken so groß, dass einem schwindelt.

Ihre Firmenbewertungen würden in braven deutschen BWL-Seminaren zu Verwerfungen führen. Wir schauen auf den Gewinn, diese Investoren auf die Gewinn*chance*. Ist sie ein Prozent, dass ein Start-up 100 Milliarden verdient, ist das – logisch – eine Milliarde wert. Und da im Schnitt neun von zehn Firmen scheitern, an denen sie sich beteiligen, muss die Zehnte fliegen, hoch hinauf. In Deutschland mögen Investoren Geld in Firmen stecken, die eine Krankenhaus-Software entwickeln, die dabei hilft, ein wenig Kosten zu sparen. Bei diesen Investoren in den USA kriegt nur richtig Geld, wer verspricht, das Krankenhaus neu zu erfinden, und zwar auf der ganzen Welt. Und sie langweilt ein Fortschritt in der Diabetes-Behandlung, sie wollen gleich das Altern abschaffen. No risk, no profit.

Und so zeigte Edwards bei Investoren-Treffen nicht nur Sinclairs Vorarbeit, fünfundzwanzig Jahre Forschung, Studien über Studien, Lockmittel über Lockmittel: Pferde, die wieder fruchtbar werden. Mäuse, die Rekordstrecken laufen. Und diese Bilder aus den Laboren, die Sinclair auch in Montreux zeigte: zwei Mäuse nebeneinander, eine grau und struppig, eine braun und keck – geboren am gleichen Tag. Edwards gab auch die richtigen Sätze von sich, die Sinclair fast baugleich formuliert hatte: »Wir werden das Altern nicht nur verlangsamen, wir möchten es rückgängig machen.«

Und was in den Finanzetagen bestrickt, stößt an anderer Stelle ab. Einmal, erzählte Sinclair, nahm ihm ein Professor bei einem Vortrag das Mikrofon aus der Hand und sagte, Wissenschaftler sollten ihre Arbeit im Labor machen und sich nicht mit Geld einlassen. »Ich antwortete: ›Was dann passiert, ist, dass deine Moleküle im Internet verkauft werden, als Nahrungsergänzungsmittel, und nie ernsthaft getestet wurden.‹ Deshalb bin ich so auf Arzneimittel fokussiert. Aber um ein Medikament zu machen, brauchst du mindestens 500 Millionen US-Dollar. Es ist keine Wohltätigkeitsveranstaltung. Du musst Geld einsammeln, Teams aufbauen, musst

Firmen gründen. Erst das bringt unsere Entdeckungen in die Hände der Menschen.«

Für drei seiner Medikamente laufen klinische Tests, in den nächsten drei Jahren sollen sie auf den Markt kommen. Schaffen sie diesen Sprung, werden sie eine andere Qualität haben als das NMN und Resveratrol, das man derzeit bekommt. Das, so Sinclair, sei die Medizin der Zukunft.

Die einen glauben daran, die anderen nicht. Nir Barzilai nimmt NMN, Steve Horvath nicht. Er hat selbst NMN-Studien ausgewertet, Mäuse-Studien. Aber eben keine mit Menschen. »Bin ich überzeugt von NMN? Ich würde sagen: noch nicht. Ich bin überzeugt, wenn es eine Wirkung im Menschen zeigen. So viele Medikamente haben Mäuse und Ratten kuriert, aber beim Menschen scheitern sie dann.«

Ja, der Mensch ist keine Maus.

* * *

Seit jeher steht die Wissenschaft vor der Frage, wie sich ihre Erkenntnisse aus dem Labor auf das Leben übertragen lassen. Wie prüfen, ob ein Heilmittel wirkt? Ob es gar schadet? Und seit Paul Ehrlichs Zeiten erprobt die Menschheit das an Tieren. Ein moralisches Dilemma. »Lieber auf das Leben verzichten, als es mit der Qual fühlender Geschöpfe erkaufen«, sagte einst Mahatma Gandhi. Aber in den Fünfzigerjahren hätten Versuche mit trächtigen Tieren das Schlafmittel Contergan verhindert. Und Versuche an Affen ermöglichten erst den Hirnschrittmacher für Parkinson-Kranke, der vielen Menschen Linderung bringt. Es ist grausam, Tieren Leid zuzufügen. Und es ist unmenschlich, Kranken Hilfe zu versagen. Die Menschheit hat sich darauf verständigt, dass sie an Tieren forscht. Dies ist an eine moralische Verpflichtung gekoppelt: Dass die Versuche ohne Alternative sind und dem Menschen nutzen.

Es wächst nun eine Bewegung heran, die in dem Tierversuch nicht länger den Goldstandard der Forschung sieht. Sie unterscheidet sich von den herkömmlichen Gegnern der Tierversuche. Es sind Forscher und Konzernmanager, und sie suchen weniger die ethische Debatte, sie argumentieren mit Ratio, mit Zahlen. Nur fünf von hundert Ergebnissen aus Tierversuchen lassen sich auf den Menschen übertragen. Und die Altersforschung trifft das besonders, hier sind Tierversuche nicht wegzudenken. Weil Tiere schneller altern, nach einem Jahr lässt sich an einer Maus zeigen, was die Behandlung bewirkt hat.

Um das medizinische Dilemma zu verstehen, schaute ich mich 2019 für das SZ Magazin in Krankenhäusern und bei Konzernen um, in Maus-Häusern und Laboren, ich sprach mit Ärzten, Wissenschaftlern, Unternehmern, besuchte Bayer und die Charité, ließ mir zeigen, wie sie forschen und in welche Medikamente dies mündet, was von ihren Erkenntnissen wirklich bei den Patienten ankommt.

Über die Grenzen der Versuche sprach ich auch mit dem Vorstand der Charité, Professor Axel Radlach Pries. Ihm war sehr wichtig zu sagen, dass er Tierversuche für unverzichtbar hält, für eine »wesentliche Komponente« biomedizinischer Forschung. Zugleich aber wünschte er sich, dass mehr für die Ersatzmethoden getan werde. Er sprach deshalb auch sehr deutlich über die Grenzen der Versuche. Er nahm ein Blatt Papier und einen Stift und machte einen Strich. Auf beiden Seiten des Strichs malte er ein M. »Das sind Mäuse, das sind Menschen. Und von Judah Folkman gibt es diesen bezeichnenden Spruch: ›Wenn du Krebs hast und eine Maus bist, dann kann ich dir helfen.‹« Folkman war ein berühmter Zellforscher. Er entwickelte in Tierversuchen eine Therapie, die Tumore bei Mäusen schrumpfen ließ – bei Menschen aber kaum Wirkung zeigte. »Es ist auch ein bisschen naiv zu glauben, das könne funktionieren«, so Pries weiter. »Nicht nur, weil Mäuse anders sind als Menschen, sondern auch, weil in Experimenten besondere Mäuse benutzt werden: alles junge, gesunde, genetisch einheitliche, unter keimfreien Bedingungen gehaltene Mäuse, die bekommen dann einen Tumor aufgepfropft. Und auf der anderen Seite haben Sie 10 000 Patienten, jeder unterschiedlich, alt, krank, das ist eine völlig andere Situation.«

Wenn schon an Tieren forschen, dann in dem Maushabitat, von dem Pries träumte: zwei Hektar Land mit Mäusen, wo sie ab und zu eine rausfischen und erst forschen, wenn sie selbst Krebs hat. Das sei für ihn oft sinnvoller als etwa die »Knockout-Mäuse«, bei denen Gene ausgeschaltet werden, um deren Wirkung zu prüfen. Ein Fortschritt in der Krebsforschung, aber eben auch mit Nachteilen.

Wobei man hier sagen muss, dass etwa NMN auch bei wilden Mäusen getestet wurde – mit ebenso spektakulären Erfolgen. Und dass das Molekül NR, das schon länger bekannt ist und wie NMN den NAD-Spiegel erhöht, in klinischen Tests an Menschen die Mitochondrien stärkte, Autophagie auslöste, Entzündungen und Herzkrankheiten senkte und die Muskelfunktion verbesserte.

Was aber sind die Alternativen, die Professor Pries neben den Tierversuchen stärken möchte?

Da ist die schon erwähnte künstliche Intelligenz, jener Versuch von Thomas Hartung, der Wettstreit Rechner gegen

Tier, um zu ergründen, ob Stoffe giftig sind, den der Rechner gewann. Zuvor hatten Europas Regulierungsbehörden dieser Ersatzmethode nicht getraut. Nun fordert Europas Chemikalienagentur Firmen dazu auf, wann möglich, dem Computer zu vertrauen. Auch die Pharmaindustrie reagierte. Einige Firmen hätten ihm Daten gezeigt, erzählte mir Hartung bei zwei Telefonaten, dass sie den Tierverbrauch pro Medikament um 80 Prozent reduziert hätten. Auch mithilfe weiterer Ersatzmethoden.

Wie das geht, erfuhr ich in Wuppertal, wo 1863 die Geschichte der Firma Bayer begann, noch unten im Tal, seit gut fünfzig Jahren sitzt die Tierforschung oben auf dem Berg, und seit über dreißig Jahren ist Klaus-Dieter Bremm im Unternehmen. Der Biologe experimentierte früher mit Tieren, heute ist er Tierschutzbeauftragter von Bayer. Er erlebte, wie sich die Forschung veränderte. Als Bremm anfing, machte Bayer allein in den Werken am Niederrhein Versuche mit 400 000 Tieren im Jahr, zuletzt waren es rund 100 000 in allen ihren Werken weltweit. Es ist auch die Unzuverlässigkeit der Tierversuche, die es für Bayer so teuer macht, ein Medikament zu entwickeln, im Schnitt 2,4 Milliarden Euro pro Medikament. So weit geht der Wunsch der Pharmakonzerne, wirtschaftlicher vorzugehen, dass sie anfangen, untereinander Geheimnisse zu tauschen. In den Archiven von Bayer liegen rund tausend Studien auf Papier, die zwar unter Verschluss sind, aber irgendwie auch nicht, denn die Daten lassen sich bei den Zulassungsbehörden finden. Und die verbinden die Daten mit denen der Konkurrenz.

Auch nutzen sie die Organ-on-a-Chip-Methode, die wir Shin'ya Yamanaka zu verdanken haben, der uns lehrte, Körperzellen in Stammzellen zu wandeln, aus denen sich kleine

Ersatzorgane schaffen lassen. Angeschaut hatte ich sie mir in einem alten Fabrikbau in Berlin, bei der Biotechnologiefirma TissUse. Um reinzukommen, musste ich im Hinterhof über einen Lastenaufzug hochschaukeln und Uwe Marx, den Gründer, anrufen, damit der einen einsammelte. Mitarbeiter hatten auf ihren Tischen Kästchen, die aussehen wie Bauteile einer Kindereisenbahn. Es war Gewebe, zu einem Mini-Organismus zusammengeschaltet, mit einer Flüssigkeit genährt und sauerstoffbeatmet, bei 37 Grad Celsius. Herz und Niere, Leber und Hirn oder gleich alle wichtigen Organe: der Mensch im Maßstab 1 : 100 000.

»Das Ding kann alles, was unserem Grundverständnis von einem Organismus entspricht«, sagte Marx. »Futtern, exkretieren, nur nicht denken und fühlen.«

Als er vor acht Jahren mit seiner Idee vor Investoren trat, wurde er ausgelacht. Dann verabreichte er einem Chip Haut und Leber, ein Diabetes-Mittel, das vom Markt genommen worden war, weil Menschen davon leberkrank wurden. Was Tierversuche und klinische Versuche nicht gezeigt hatten, Marx' Chip offenbarte es. Nun lachte niemand mehr. Große Pharmafirmen nutzen seine Apparate, auch Bayer.

Der Mensch auf dem Chip ist das nächste Ziel. »Er würde 70 Prozent der Tierversuche obsolet machen«, sagte Marx. Und den an Menschen – an all den Freiwilligen und Kranken, an denen die Mittel vor der Zulassung noch getestet werden.

Aber 30 Prozent eben nicht. Vielschichtige, verflochtene Vorgänge überfordern sie. Etwa das Altern.

Wie unverzichtbar die Tierversuche noch sind, erklärte mir Professor Frank Heppner von der Charité, ein führender Wissenschaftler in der Erforschung von Alzheimer, der Alterskrankheit schlechthin. Auch er fand die Suche nach

Ersatzmethoden wichtig, doch das Leben, sagte er, lasse sich nicht allein im Reagenzglas erforschen, und eine Krankheit wie Alzheimer sei nur im System zu verstehen, im lebenden Körper.

Einen Versuch hielt Heppner für wegweisend: Trächtigen Mäusen hatte man ein Mittel gespritzt, das Entzündungen auslöste und das Immunsystem hochjagte. Der Nachwuchs dieser Mäuse litt im Alter unter Alzheimer. Es war ein Meilenstein in der Frage, woher Alzheimer kommt: Es entsteht nicht im Gehirn allein, das Immunsystem scheint einen wichtigen Einfluss zu haben. Aber im Reagenzglas oder in Ersatzorganen gibt es kein Immunsystem. Zwei Mitarbeiter von Heppner führten mir Tests mit Mäusen vor, denen sie eine Nahrungsergänzung ins Trinkwasser mischten, die Entzündungen hemmen und Alzheimer-Patienten helfen könnte. Die Alzheimer-Ablagerungen verschwanden. Im Dezember 2020 wurde eine Studie über das natürliche Molekül Spermidin veröffentlicht, das wie Resveratrol und Rapamycin die Jugendpfade mTOR und AMP aktiviert und die Autophagie und Selbstreparatur anregt. Empfehlung: Es muss weitergeforscht werden. Noch viele Mäuse bis zum Menschen.

Genau deswegen sind die Studien von Nir Barzilai und Greg Fahy so wichtig:

Sie forschen mit bewährten Medikamenten. Sie müssen kein Risiko eingehen, keine Experimente wagen. Sie müssen nicht den Umweg über die Mäuse gehen.

Und so war auch eine der ersten Bemerkungen, die ich gegenüber David Sinclair äußerte, schon in Montreux: Der Mensch ist keine Maus.

»Stimmt«, antwortet er immer wieder auf diese Frage. »Aber die fundamentalen Ursachen des Alterns sind überall gleich – ob im Menschen, in der Maus oder in der Hefezelle, mit der wir Bier brauen und Brot backen.« Wir teilen die wichtigen Gene für Langlebigkeit. Und wenn nun verschiedene Organismen verschieden schnell altern, ich viel schneller als eine Riesenschildkröte, ein Nacktmull schneller als die Eiche, so zeigt das nur, dass alle eine Lösung für das Altern gefunden haben. »Und wenn alle anderen Organismen es können, können wir es auch.«

Das ist aber einer der Sätze, die einen zweifeln lassen. Spricht hier gerade der Wissenschaftler? Oder doch der Geschäftsmann?

* * *

Einen dritten Zweifel säte Professor Langer in mir, und er wog am schwersten.

Als ich mit ihm in seinem Büro saß, nach einem langen Rundgang durch die Labore, zeigte er auf sein Regal. Neben Büchern stand dort ein einzelnes Döschen. Ein Antioxidans, das in den Mitochondrien wirkt, die Zelle schützt. Der Hersteller hatte es ihm gegeben. Würde er niemals nehmen, sagte Langer. Sicher bewirkt es Gutes. Aber was bewirkt es noch? Etwas, was man noch nicht weiß? Eine Nahrungsergänzung ist nie so gut erforscht wie ein Medikament. Eine Zelle ist eine eigene sensible Welt, mit eigenem Ökosystem. Und darin hat alles seine Bedeutung. Selbst der Müll, den auf den ersten Blick niemand braucht. So wie in der Natur Kuhdung den Boden düngt und neue Pflanzen wachsen lässt, ermöglicht der Zellmüll erst die Autophagie. Und die seneszenten Zellen, die Entzündungen hervorrufen, die, wie mir die niederländische Professorin Eline Slagboom eindringlich erklärte, viel mehr mit unseren Altersschwächen zu tun haben, als wir immer dachten, diese Zombie-Zellen, erfüllen einen Zweck – sie dienen der Wundheilung. Wer sie also wie ich bekämpfte, mit Quercetin, der sollte damit auch Pausen machen, auf sich achten und seinen Arzt informieren.

Eline Slagboom hatte ich über Langer kennengelernt. Sie ist eine der wichtigsten Altersforscherinnen in Europa, Biologin, Leiterin eines Lehrstuhls für »Molekulare Epidemiologie«, sie untersucht Volkskrankheiten des Alters, und zwar hinein bis in die Gene und Zellen.

Warum werden manche Menschen älter als neunzig und können immer noch Fahrrad fahren? Warum altern andere bei schlechter Gesundheit schneller? Slagboom wertet klinische Daten aus. Was macht uns für Krankheiten anfällig? Was fördert gesundes Altern? Was sind seine Biomarker, womit sich das objektiv messen lässt? Blutdruck und Gewicht, klar, aber welche Hinweise im Blut, in den Zellen und Genen?

Slagboom leitet eine Studie zu gesundem Altern, wie sie in Europa einzigartig ist, die »Leiden Longevity Study«. Die an ihr beteiligten Forscher haben Familien gesucht, deren Mitglieder besonders alt wurden, und begleiteten die Nachfahren, 3500 Menschen seit dem Jahr 2002, untersuchten ihre Gesundheit und ihren Lebensstil, abgeglichen mit der neuen Biochemie, den »Omics-Technologien«. Ihre Fragen dabei:

Finden sich Veränderungen im Genom selbst, im Erbgut, die auf das Altern wirken (Genomics)?

Finden sich Veränderungen in den Proteinen unserer Zellen, die auch Krankheit oder Gesundheit auslösen können (Proteomics)?

Wie wirken die Proteine wechselseitig? Also die Stoffwechselwege (Metabolomics)?

Wie wirkt die Umwelt auf das Erbgut (Epigenomics)?

Die Forscher nehmen Proben, sammeln Daten, vergleichen sie mit denen von Biobanken in aller Welt, immer auf der Suche nach Biomarkern, und tatsächlich hat Slagboom vierzehn identifiziert, die in einigen Jahren in Kliniken viel verändern können, vierzehn Marker, ein Test, der nicht mehr kostet als 25 Euro, den jeder Arzt machen kann und der einem genau sagt, gegen welche Krankheiten man sich wappnen, wie man sein Leben führen soll, welche Mittel nehmen, wie viel davon. Und ob, wenn es um das Altern geht, Metformin hilft oder Rapalogs oder die Thymus-Verjüngung. Oder ob man es gar nicht braucht, weil die Gene einen schützen. Oder etwas anderes brauchst – jeder Mensch ist anders.

Die Niederlande ist in ihrer Forschung näher am Menschen, näher an der Anwendung als Deutschland. Und so hatte das Max-Planck-Institut die Nähe zur »Humanforscherin« Eline Slagboom gesucht. Und als Slagboom und ich endlich einen Termin gefunden hatten, Anfang 2021, im tiefen Lockdown, per Video-Call, stellte ich fest, dass die Professorin nicht nur in ihrer Forschung außergewöhnlich menschlich ist, sondern auch in ihrem ganzen Wesen.

Sie saß in der Küche, ich saß in der Küche, ihr Mann pfiff und kochte ein wenig, keine Minute hatten wir gesprochen, als sie eine kurze Pause machen musste. Ihr Mann brachte ihr eine Tablette für die Stimme, blass und müde sah sie aus, seit zwei Tagen hatte sie kein Fieber mehr – die Pandemie. Am zweiten Weihnachtsfeiertag war die Familie zu Besuch gewesen, keine große Familie, und sie hatten Abstand gehalten, Slagbooms Mutter war sechsundachtzig. Aber ihr Bruder, der keine Symptome hatte, trug das Virus in sich, drei Stunden in einem Raum, danach waren alle krank, drei Wochen Fieber, Schwäche, Kopfschmerzen.

Mit Schal saß Slagboom da. Blond, Brille, freundliche Augen, ruhige Stimme, kluge, einfache Worte, fürsorgliche Wärme. Sie erzählte von ihrer Mutter, wie sie ihr Mut machte, als ihr Vater vor einigen Jahren starb. »Sie hatte auf einmal die Idee, dass sie für nichts zu leben habe, obwohl sie drei Kinder hat. Ich habe ihr gesagt: ›Weißt du, ich fürchte, das ist anders. Du könntest eine der Personen in meinen Studien sein. Du wirst noch zwanzig Jahre leben. Weil du diese Gene hast. Mach etwas daraus.‹ Und meine Mutter wechselte zu: Okay, das ist eine Aufgabe. Sie hat gelernt, Bridge zu spielen gegen einen Computer. Sie fing an, Pläne für jeden Tag zu machen. Nicht nur zu Hause bleiben, wo die Erinnerung ist. Nach zwei Jahren ist sie in ein anderes Haus gezogen, sehr hell, Ökoboden. Es ging ihr gut.«

Und dann kam Covid-19, die doppelte Gefahr für die Älteren, für die Lunge, aber auch für die Seele. Sie brachte die Einsamkeit. Vor Kurzem sagte ihre Mutter zu ihrer Tochter: »Wenn ich in meinen früheren Terminkalender schaue, bin ich neidisch auf mich selbst.« All diese Menschen, Begegnungen, Feiern, alles hörte auf. »Sie war wirklich tapfer. Seit das angefangen hat, rufe ich sie jeden Tag an. Die ersten drei Monate ging ich jeden zweiten Tag hin, habe alle Lebensmittel eingekauft. Dann konnte sie wieder selber einkaufen. Aber jetzt, in der zweiten Welle, wurde sie immer depressiver. Das habe ich gemerkt. Und dann hatten wir Covid-19. Und ich habe sie immer wieder gefragt: ›Wie viel läufst du in deinem Haus herum? Du kannst nach draußen gehen.‹ Und: ›Was isst du?‹ Und: ›Wie viel isst du?‹ Und: ›Isst du deinen Teller auf?‹ Na ja, das Essen wurde ein Problem. Ich habe Familienmitglieder angerufen: ›Wenn du etwas Schönes kochst, mach eine Extraportion und bring sie meiner Mutter. Dich kostet es nur eine Stunde, aber sie lebt davon.‹ Wenn sie weiß, dass ihr Enkel mit ein paar schönen Makkaroni kommt, die er selbst gemacht hat. Essen bringt Leben. In kürzester Zeit hat sie sich erholt, schneller als ich. Ältere Menschen müssen sich von Depressionen fernhalten, sie sind der erste Dominostein.«

Ihre Arbeit hatte Eline Slagboom erst nur halbtags aufgenommen. Drei Wochen Quarantäne, drei Wochen im Haus, Zeit auch, um über vieles nachzudenken.

»Die Pandemie«, sagte sie, »macht viel deutlicher sichtbar, was wir die ganze Zeit untersuchen. Sie trifft ältere Menschen, aber wir können nicht voraussagen, wer von ihnen schwer erkrankt und wer nicht. Es sind nicht nur die Übergewichtigen und Gebrechlichen. Die Essenz unserer Jagd, unserer Studien ist, die molekularen Marker zu finden, die das biologische Alter anzeigen. Ich messe molekulare Marker und versuche, die Sterblichkeit vorherzusagen. Und unsere Philosophie ist, dass man sie im Krankenhaus bei allen älteren Menschen misst. Das ist noch nicht üblich. Wir fragen einfach: ›Wie alt sind Sie?‹«

Nach einer kleinen Pause fuhr sie fort: »Alex Comfort war in den Sechzigerjahren der Erste, der gesagt hat, man sollte das biologische Alter bestimmen. Und nach ihm kam eine ganze Reihe von Werten, die Klinikärzte bei älteren Menschen messen: Lungenkapazität, Griffstärke, Gehgeschwindigkeit und so weiter. Indikatoren für das biologische Alter einer Person.«

Die neuen Werte sind die »Omics-Marker«, Genom, Epigenom, Proteom und – was Slagboom besonders erforscht, der Stoffwechsel mit seinen Zwischenprodukten – die Metabolite, die sich im Blut messen lassen und etwa Entzündungen anzeigen.

»Wir untersuchten 44 000 Menschen über sechzehn Jahre hinweg. Und es stellte sich heraus, dass vierzehn Metabolite die Sterblichkeit sehr gut voraussagen. Die Sterblichkeit in den nächsten fünf bis zehn Jahren – aufgrund von Infektionen, Herz-Kreislauf-Erkrankungen und Krebs. Ein Messwerkzeug der Gesundheit an sich.«

Gerade hatte ihr Team eine Studie veröffentlicht, basierend auf den Daten von 50 000 Menschen, nach der ihre Marker verrieten, wer die Gefahr einer Lungenentzündung in sich trägt. So ließe sich Covid-19 ganz anders bekämpfen, ließe sich eine Impf-Reihenfolge erstellen, die sich nicht nach der Gesundheit richtet, nicht nach dem Geburtenregister.

»Es ist bemerkenswert, wir haben Achtzigjährige, die liegen in der Gruppe mit den besten Werten. Wir erwarten nicht, dass sie in fünf bis zehn Jahren sterben.«

Gibt es den Test schon? Könnte ich meine Marker schon bei meinem Arzt messen lassen?

»Nein, das wird das letzte Kapitel unserer Forschung. Ich kann Sie nur in der Gruppe messen. Haben Sie dort, im Vergleich zum Durchschnitt aller, die höchste Punktzahl, kann ich Ihnen sagen: ›Es tut mir leid, Sie gehören zu den Topscorern. Das ist in diesem Fall nicht gut, höchstes Risiko.‹«

»Fünf bis zehn Jahre wird es sicher noch dauern, bis das möglich ist«, sagte sie dann vorsichtig.

In ihrem Denken und Auftreten ist Slagboom ein Gegenpol zu David Sinclair oder Greg Fahy. Diese suchen die Möglichkeiten, die Chancen. Ein wenig wie bei den Investoren im Silicon Valley. Sie wollen die Welt verändern. Neun Fehlschläge, aber eine Idee fliegt höher als alles andere. Slagboom dagegen kultiviert den Zweifel, verteidigt die klassische wissenschaftliche Schule: Ist ein Ergebnis erzielt, ist erst die halbe Arbeit getan. Mit derselben Energie müssen Forschende versuchen, ihre Studie selbst zu widerlegen, ihre Erkenntnisse zu zertrümmern. Und manchmal, sagte sie, vermisse sie das. Und ihr missfällt dieses Vertrauen in Medikamente.

»Sie sind in Amerika sehr fokussiert auf Pharma. Dazu gibt es zwei Dinge zu sagen. Glaube ich, dass es Präparate geben wird, die helfen, das Altern zu verlangsamen? Die Antwort ist: Ja. Glaube ich, dass das gut für uns ist? Nein.« Sie begann, über Altersdiabetes und Metformin zu sprechen. »In den Niederlanden fangen Diabetes-Patienten an, sich betrogen zu fühlen. Sie haben zwanzig Jahre lang Medikamente genommen, und keiner hat ihnen gesagt, dass sie, wenn sie ihren Lebensstil ändern, keine nehmen müssten. Diabetes kann rückgängig gemacht werden, etwa durch eine Woche Fasten. Ein Problem bei Diabetes-Patienten ist, dass ihr Gewebe nicht auf Insulin reagiert, es nicht aufnimmt. Also stellt der Körper mehr Insulin her, und das System gerät durcheinander. Diese Insulin-Resistenz kann bei vielen Menschen durch eine Woche Fasten aufgehoben werden, vom Arzt angeleitet. Gibt man dem System diesen Schub, ist es wieder empfindlich für Insulin. Sie könnten Metformin weglassen.«

Aber wäre das nicht auch ein Schatz für andere Alterserkrankungen? Nicht unbedingt, erwiderte Slagboom. Ihr Weg: Erst mit ihren Markern testen, ob man überhaupt zu schnell altert, ob die Lebensuhr zu schnell tickt und Krankheiten drohen. Und sollte das so sein, erst mithilfe von Ärzten den Lebensstil ändern, danach wieder einen Test machen, und wenn das nichts genutzt hat, erst »dann wäre ich froh, zu

der Gruppe von Personen zu gehören, die Metformin ver-
wenden könnten«. Sie glaubt an einen großen ganzheitlichen
Plan, nicht an einzelne Medikamente.

* * *

Slagboom ist nicht die Hüterin der Wahrheit, sie steht nicht
über Sinclair; aber auch nicht unter ihm. Beide Denkschu-
len sind gut. Fehlte eine, die Welt wäre ärmer. Die einen
erfinden, die anderen entwickeln. Die einen schöpfen aus der
Fantasie, schaffen Wissenschaft scheinbar aus dem Nichts
heraus. Die anderen schöpfen aus dem Leben, den alten
Erkenntnissen. Ein wenig funktioniert die Wissenschaft hier
wie ein Auto: Das erste Rädchen treibt an, das zweite lenkt,
das dritte bremst. Sie alle widersprechen und behindern sich,
und doch brauchen sie einander, um ans Ziel zu kommen.
Ohne Widerspruch keine Wissenschaft. Und in der Summe
wandelt sich Widerstand zu Zusammenarbeit.

All das stärkt mein Vertrauen, dass uns tatsächlich eine
Revolution bevorsteht, die Sinclair schon gekommen sieht.
Dass mein Altern anders sein wird als Willis, dass mir Leid
erspart werden wird. Sowohl Sinclairs als auch Slagbooms
Arbeiten sind ein Segen für uns alle hier im Haus, der größte
natürlich für Sophia, die zukünftige Hundertjährige.

Aber was bedeutet es im Heute? Für meinen Plan, schon
jetzt dem Alter zu begegnen, ein wenig Zeit zu gewinnen, für
später, für Sophia, Franziska und mich, wenn ich der alte Esel
unter uns drei bin. Werfen Andreas', Langers und Slagbooms
Zweifel alles um, was ich bisher gehört, gedacht, getan habe?
Ist NMN eine Chimäre? Die Hoffnung auf Metformin trü-
gerisch? Werde ich nie von Fahys Thymus-Kur profitieren?

Werden Sinclairs Yamanaka-Faktoren nicht meine Sehkraft bewahren? Werde ich wie Willi das Lesen aufgeben müssen?

Nein, nichts wirft es um. Es verwirrt mich nicht mal, im Gegenteil. Erst nachdem ich all diese Zweifel gehört hatte, konnte ich Sinclair verstehen, Barzilai, Horvath, Fahy. Konnte ich eine Entscheidung treffen: Ihnen vertrauen oder sie ablehnen? Die Pakete wieder verschließen oder neue bestellen? Beides wäre vernünftig, beides gründet sich auf seriöse Wissenschaft.

Ich werde sie weiter bestellen. Die Pandemie erleichtert mir die Entscheidung, in Zeiten, in denen es keine Gewissheiten gibt, in denen für eine kurze Zeit die wichtigste Medizin experimentell ist, in diesen Zeiten führe ich weiter, wozu Barzilai mich angeregt hat und was mir bisher gutgetan hat.

Aber nur für die nächste Zeit, vielleicht ein weiteres Jahr, und mit wachem Auge auf die neue Forschung. Ende Dezember 2020 widmete das seriöse Journal *Nature* NAD gleich dreiundzwanzig Seiten, gestützt auf 272 Studien und Quellen, der Artikel von unabhängigen Forschern beurteilt und für gut befunden. Das Urteil der Autoren: »Der Gebrauch von NMN bietet einen aufregenden therapeutischen Ansatz, Alterserkrankungen zu behandeln und die gesunde Lebenszeit zu erhöhen.« Auch sie schrieben, dass die Einnahme sicher sei, Langzeitstudien aber noch fehlen würden. Gespannt warte ich nun auf die Ergebnisse der vielen laufenden Untersuchungen, die sie auflisteten, über NMNs Wirkung auf unsere Muskulatur, auf Alzheimer, Parkinson, Diabetes, Blutdruck, Wundheilung. Ich weiß, dass das Wundermolekül in diesen Studien auch entzaubert werden kann. Dass die Verjüngung des Thymus frühestens Ende 2021 ernsthaft erforscht ist. Und dass ich abwägen, mich stets neu fragen muss, ob ich, wie Sinclair, die Mittel langfristig nehmen will. Noch ist es nicht mehr als eine Wette. Die Gewinnchance ist gut. Aber doch nur eine Chance.

Und das brachte mich zum Nachdenken: Will ich mein Glück an eine Wette knüpfen? Natürlich nicht. Renne ich also in die richtige Richtung? Nun ja. Vielleicht habe ich mich ein wenig verrannt. Und wer sich verlaufen hat, sollte an den Ausgangspunkt zurückgehen.

Wo wollte ich hin? Was war das Ziel?

Es waren zwei:

Gesünder sein im Alter. Da war ich auf einem guten Weg. Mit neuem Wissen.

Aber das zweite Ziel, der heimliche Traum: Zeit gewinnen für Sophia und Franziska – da dämmerte mir, dass ich mich auf Nebenpfaden verloren hatte.

# 24

# Herbst

»... Charlie und der Tod«

Im Wilden Wein unserer Fassade färbten sich die ersten Blätter, rot wie der Abendhimmel. Sophia saß im Kinderwagen, müde, im Mund ihr Schnuller.

Wir hatten die Zicklein besucht, eine halbe Stunde Fußweg über Waldwege und Steinwiesen, Sophia hatte erlebt, wie eines von ihnen geboren wurde. Schreiendes Meckern hatte uns angelockt, was war da los? Dann sahen wir es, im Stroh, vor einem Verschlag, braun-weiß gescheckt fiel das Tierchen in die Welt hinein, blieb liegen, den Kopf leicht gehoben, während die Mutter begann, es abzulecken. Es war bitterkalt. Das Zicklein lag und lag, kein Bauer weit und breit, die anderen Ziegen schienen ihn mit ihrem Meckern zu rufen. Was sollte ich tun? Kein Instinkt lenkte mich, so fremd ist uns die Natur.

Sophia stand da, mit ihrem Schnuller und der geringelten Zwergenmütze, und wandte die Augen keine Sekunde ab. Ihr

Blick war ernst und ruhig, einen solchen Blick hatte ich bei ihr nie gesehen, es schien, als verstünde sie mehr als ich.

»Das ist auf die Welt gekommen«, flüsterte ich.

Erstes zartes Meckern des Kleinen, endlich stand es auf, breitbeinig, wackelnd – und es tastete nach den Zitzen.

»Oh, Busi«, sagte Sophia. Und der Bauer kam, der in der Nähe wohnte, Bauer Christian, wie wir seitdem wissen.

Ächzend schob ich Sophia den Hang zu unserem Haus hinauf, nicht über die Stufen, seitlich über die Wiese, unter der alten Eiche. Erste Blätter waren gefallen, das Moos saftig und tiefgrün, neugierig schnüffelte Leonie an einem lila Pilz. Ich zertrat ihn. Sein Geruch mischte sich mit dem der Blätter, wir atmeten Herbst.

»Was war das?«, fragte Sophia.

»Ein Pilz.«

»Warum bist du daraufgetreten?« Sophia achtete sehr darauf, wo ich hintrat, keine Blume, kein Käfer durfte in Gefahr geraten, nicht einmal die Grashalme, die Franziska neu gesät hatte, die längst fest, aber immer noch heller waren als die alten.

»Manche Pilze sind giftig«, erklärte ich. »Niemals darfst du einen essen, wenn ich nicht dabei bin.« Einmal, als Leonie noch ein Welpe war, hatte sie in unserem Garten mit einem Pilz gespielt, mit der Schnauze. Sie hatte ihn nicht gefressen, aber nach einer halben Stunde lief ihr in Schnüren das Wasser aus dem Maul; voller Angst rasten wir zum Tierarzt. »Dann hoffen wir mal«, sagte er. Sie überlebte knapp. Das Gift steckt nicht nur in der Chemie, oft genug in der Natur. War die Geißraute nicht auch blasslila?

Als wir zu Hause waren, erzählte Sophia allen von dem neugeborenen Zicklein, im kreisenden Laufschritt, Wichtiges kann sie nicht stehend oder sitzend verkünden. »Es ist auf die Welt gekommen.«

Seitdem gingen wir zweimal in der Woche zur Weide, und Sophia fütterte die Tiere mit einigen Halmen, die sie rupfte, und hielt ihnen die Hand entgegen, dass sie daran schnupperten. Alle bekamen Namen, »Baby-Ziege«, »Mama-Ziege«, »Papa-Ziege«, »Oma-Ziege«, »die andere Oma-Ziege«, »Opa-Ziege«, alle unter einem Dach, wie es für Sophia normal und für unsere Zivilisation unnormal ist, weit weg von unserer Natur.

Am Anfang war der Oktober noch grün und in vollem Saft gewesen, die Mittagssonne ließ uns barfuß laufen, aber in wenigen Wochen wandelte sich der Garten um uns herum, Kastanien, Eicheln und Eckern fielen auf den Boden, der Wilde Wein, die Buchen und Eichen verfärbten sich, feuerrot, orange, braungelb. Während Sophia und ich die Matschpfützen der Umgebung aufsuchten, um sinnlos hineinzuspringen, standen Franziska und Susanna mit Rechen im Hang, füllten Blätter in Säcke, einmal zählte ich achtundzwanzig Säcke entlang der gesamten Gartenmauer, am nächsten Tag waren Hang und Garten wieder mit Laub bedeckt. Willi ging nur noch selten raus, er beobachtete das Ganze aus seinem Balkonfenster, nickte und legte sich wieder in sein großes Bett, vor sich der riesige Fernseher.

Zu seinem Geburtstag besuchte ich ihn dort, Fußöl für die nächsten sechs Jahre habe er geschenkt bekommen, witzelte er, und einen Brief vom Bürgermeister, der wegen der Pandemie nicht vorbeikommen könne, und vom Ministerpräsidenten, der davon schrieb, dass das Alter ja selten ohne Beschwerde sei, er aber hoffe, er feiere im Schoße der Familie.

»Und wie geht es mit dem Buch voran?«, begrüßte er mich, als ich ins Zimmer trat, mich an das Bett setzte, dunkelbraune Schränke, hellbraune Raufasertapete, beiger Teppich, ein wenig die Farben der Natur draußen, als Farbtupfer Bilder der Familie, auch von Charlie Bluhdorn. Im Herbst, einem Oktober wie diesem, hatte Willi von ihm Abschied genommen. Aus seinem Büro hatte Helga mir das Fotoalbum dieser letzten Reise herausgesucht, ein schwerer blauer Lederband, in Tinte hatte Willi die Fotos kommentiert. Dazu Zeitungsartikel, das blassblaue Grußpapier der Gedenkfeier im Waldorf Astoria. Seit Jahrzehnten hatte Willi es nicht in der Hand.

Ich blätterte auf. Nachruf der *New York Times*. Und Willi reiste im Kopf und in Worten zurück.

★ ★ ★

Alle hatten die Lüge geglaubt: die Mitarbeiter, die Aktionäre, selbst die ehrwürdige *New York Times*.

### Charles G. Bluhdorn, Kopf von Gulf & Western, stirbt mit 56

*Charles G. Bluhdorn, der aus einer kleinen Firma den Multimilliarden-Konzern Gulf & Western aufbaute, starb gestern auf einer Geschäftsreise; er war auf dem Heimweg von der Dominikanischen Republik nach New York.*

*Jerry Sherman, Sprecher von Gulf & Western, erklärte, dass Herr Bluhdorn, als er starb, an Bord eines Firmenflugzeugs war. Die Todesursache sei ein Herzinfarkt gewesen.*

Ach Charlie, wenn die wüssten …

Willi stieg in den Wagen. Wie oft war er diesen Weg gefahren, durch die Bronx, dann raus aus der Stadt, eine Weile am Atlantik entlang, auf halber Strecke einbiegen in Richtung Devil's Den Preserve, einem Naturreservat, und nach einer Stunde und fünfzehn Minuten: Ridgefield. Viele New Yorker Unternehmer, Musiker und Schauspieler hatten hier ihre Sommerresidenzen, Charlies Anwesen lag in der Florida Hill Road, wo die Hecken und Villen besonders mächtig waren. Achtundzwanzig Hektar maß es, uralte Bäume, ein Gehege mit Rotwild, Teiche, Brunnen, Pool und Tennisplatz, das Haus gemauert aus altem Stein, nur acht Zimmer befanden sich darin. Oft hatten Charlie und Willi bis in die Nacht zusammengesessen, Wein getrunken und geredet, übers Geschäft, natürlich, Charlie kannte nichts anderes, einmal nur in all den Jahren, in denen Willi ihm zur Seite stand, hatte er gesagt: »Willi, wir machen jetzt Urlaub. No business. Egal was passiert, ich will nicht gestört werden.« Und sie waren nach Saint-Tropez gefahren und hatten noch nicht ausgepackt, als das Telefon klingelte. Willi nahm den Hörer ab, hörte sich geduldig an, was die andere Seite vorzutragen hatte, und entgegnete: »Sorry, Charlie is not available.«

»Wer war es?«, fragte Charlie.

»Charlie, no business.«

Kurz darauf der nächste Anrufer. Willi spürte, wie Charlie aus dem Nebenzimmer herüberlauschte.

»Sorry, Charlie is not available.«

»Wer war es?«

»Charlie ...«

Das Telefon klingelte ein drittes Mal, diesmal wirklich etwas Wichtiges: ein Börsengeschäft, es ging um eine Million Gewinnchance.

»Soll ich abschließen?«, fragte der Broker.

Willi zögerte.

»Wer ist es?«, hörte er Charlie fragen.

»Äh, du hast gesagt, egal was passiert …«

»Wer ist es? Soll ich dich feuern?«

Und so war der Urlaub vorbei, bevor die Taschen ganz ausgepackt waren. In Badehosen wurden dann zwei Wochen lang Börsenkurse studiert, Firmenkäufe angeschoben.

Was war das für ein Leben gewesen: 150 Unternehmen, Zucker, Zigarren, Pferde, Rinder, Bücher, Filme. *Der Pate, Love Story,* klar, aber auch *Harold und Maude, Die Reifeprüfung, Chinatown, Der große Gatsby, Mord im Orient Express, Die drei Tage des Condor, Star Trek, Rosemaries Baby.* Besuche bei den Filmfestspielen, Cannes, Venedig, Berlin, die Oskar-Verleihung, Smoking, Privatjets, Champagner, die Freundschaft mit Roman Polanski.

Ja, und die Dominikanische Republik, das Dröhnen der Rinderhufe, der Geruch des Tabaks, der Besuch des Bundeskanzlers. Und Charlies: »Willi, take care of it.«

Lustig, auch Willi heißt Charles, mit zweitem Namen. So viel hatten sie gemein.

Die High-Level-Treffen, ihr Turm am Central Park, Bürogemeinschaft mit Charlie, ganz oben, drei Stockwerke über Jerry Sherman, der die *New York Times* und die Welt über Charlies Tod anschwindeln musste.

Ihre Gespräche, Charlies Erzählungen von seiner Kindheit in Wien, von seiner ersten Million, von seinen Kindern und den hundertjährigen Bäumen um sein Haus herum.

Vorbei, nie wieder. Charlie war tatsächlich tot.

Willi erinnerte sich an die Gedenkfeier, wo der frühere Präsident Gerald Ford die Hauptrede hielt und davon sprach, wie es war, als Charlie ihn das erste Mal besuchte, dass es war, als wehe ein frischer Wind in sein Büro, und Martin S. Davis, Charlies Nachfolger, sagte: »Arbeiten mit Charlie war, als reite man auf dem Schweif eines Kometen, es war ein wildes, berauschendes Abenteuer. Du wusstest, dein Leben würde nicht mehr dasselbe sein – und es würde nicht mehr dir gehören.«

* * *

Dann das Gedenken auf dem Friedhof. Willi erinnerte sich, als wäre es gestern gewesen.

Owen, der Chauffeur, bog an diesem Tag nicht in die Florida Hill Road ein, die Fahrt ging zum Friedhof, im Norden Ridgefields. Vor den Toren keine Fotografen und Kameras, es sollte ein stilles Gedenken werden, für die Familie, Freunde, Begleiter, acht Monate nach Charlies Tod, im Oktober, auf den Gräbern lagen die gleichen braungelben Blätter wie heute an seinem fünfundneunzigsten Geburtstag in Willis Garten.

Herzinfarkt! Kein Wunder bei Charlies Lebenswandel. Er schlief drei, vier Stunden am Tag, noch im Pyjama klemmte er sich hinters Telefon. Einmal vertelefonierte er in einem Schweizer Hotel in einer Nacht 12 000 Franken, als Willi ihn drauf ansprach, sagte er: »Weißt du, was ich dabei verdient habe?« Im Auto hatte er zwei Apparate und im Büro oft zwei Hörer gleichzeitig in der Hand, ein Foto hatte Willi davon zu Hause: Charlie, zwei Ohren, zwei Hörer. Wenn im Gulf & Western-Turm die letzten Lichter erloschen, schimmerte Charlies noch Stunden weiter. Nach Mitternacht, in München Abendbrotzeit, rief er gerne bei Willi an. Immer gab es etwas zu besprechen. Dass Paul, der Sohn, zu wenig Sinn fürs Geschäft zeige. »Reg dich nicht auf, Charlie.« Dass er sich mit Romy Schneider nicht sicher war, passt sie für *César und Rosalie?* »Sie ist gut drauf, Helga und ich waren mit ihr gerade im Plaza Athénée Kaffee trinken.«

Ja, und am Ende oft die ewige Frage: »Willst du nicht doch in die Dom Rep ziehen?« Ein Haus hatte Bluhdorn ihm schon besorgt, die Tennisvilla im Luxusresort Casa de Campo. Willi wäre näher bei ihm, nur drei Stunden mit der Gulfstream II nach New York. Und er könnte das dortige Geschäft weiterentwickeln. Charlie war größter Arbeitgeber auf der Insel, größter Landbesitzer und bester Steuerzahler, hatte 60 000 Rinder, 2000 Polopferde, betrieb die größte Zuckermühle der Welt und das Künstlerdorf Altos de Chavón, das es ohne Willi nicht geben würde.

»Wäre das nicht ein schönes Ausflugsziel für unsere Gäste, ein Café, wo sie einen Cappuccino trinken können?«, hatte Willi gesagt und auf einen Hügel gedeutet, als sie, vom Anblick verzaubert, mit dem Hubschrauber über das Delta des Chavón flogen. »Ja«, sagte Charlie. Aber wieso klein denken? Ein Café? Ein Dorf könnte dort entstehen. Im alten mediterranen Stil. Roberto Copa könnte es entwerfen, der Filmarchitekt, der mit Fellini und Visconti arbeitete. Und so bauten sie erst eine Straße, dann ein Dorf mit Amphitheater, das Frank Sinatra eröffnete. »Es gibt noch viel zu tun auf der Insel«, sagte Charlie.

Aber Willi wollte nicht. Sein Haus stand in München, ein schönes Haus. Darin lebte er mit Frau und Töchtern, wie stellte sich Charlie das denn vor, sollten die mit in die Karibik kommen? Oder er pendeln? Sein Leben entkoppeln, es nur noch an Charlie knüpfen? Der amerikanische Traum hatte

311

seine Kehrseite, Charlie und er hatten sich oft die Köpfe darüber heißgeredet. Willi wünschte sich, er hätte nicht nur Notizen, Bilder und Dokumente aufbewahrt, sondern auch mal Charlies Sprüche und Reden aufgenommen. Aber es existiert dieser Film eines französischen Teams, der zeigt, wie Charlie war. Ganz aufgeregt wurde Willi, als wir ihn auf YouTube ansahen:

Was ist der amerikanische Traum?, ist die erste Frage.

»Für mich«, antwortet Bluhdorn, »ist der amerikanische Traum die Überzeugung, dass nichts unmöglich ist. Nothing is impossible. Das ist ein Konzept, das in Europa nicht gut verstanden wird. Für mich ist der amerikanische Traum grenzenlos. It's like the moonshot.« Die Mondlandung.

Ist es leicht, ein Kapitalist zu sein?

»Nichts in meinem Leben war leicht.«

Arbeiten Sie hart?

»Yes, I do. And I enjoy.«

Was erwarten Sie von Ihrem Team?

Charlie macht eine lange Pause, er scheint zu denken, dass die Fragenden nichts von dem verstehen, was er zu erklären versucht. Er sagt:

»Wenn Sie mich fragen wollen, worum es bei alldem geht, könnte Sie Folgendes interessieren: Auch wenn ich einige der größten Übernahmen gemacht habe, die es in diesem Land je gab, so spiele ich, wenn ich ins Casino gehe, um gerade mal zwei Dollar. Im Spiel habe ich kein Glück. Und so beträgt darin mein bisheriges Gesamtinvestment 40 Dollar. Spielen ist für mich kein Vergnügen.«

Pause.

»Sicher, wir können darüber philosophieren, worum es im Leben geht. Mir verschafft Arbeit tiefe Befriedigung. Ich habe es nicht nötig, in ein Casino zu gehen, ich tue, was ich gerne tue, nämlich ein Firmenreich aufbauen. Und es gibt kein Gesetz, das mir das verbietet.«

Er lehnt sich zurück, weitet die Arme.

»Wenn ich morgen alles verliere, macht es nichts. Ich kann immer zur 86. Straße zurückgehen und mir für 35 Cent einen Hotdog kaufen. Und genauso denken meine Leute. Wir könnten dreistündige Geschäftsessen haben, haben wir aber nicht. Was wir tun, ist arbeiten. Und wenn es nötig ist, arbeiten wir vierundzwanzig Stunden am Tag. Oft rufe ich um vier Uhr morgens in Europa an. Das ist das Wunderschöne an der Zeitverschiebung. Sie können in zwei Richtungen arbeiten, vor und gegen die Zeit. So leben wir. Und so träumen wir, träumen davon, die Firma besser zu machen, profitabler.«

Pause.

»Profitabilität ist sehr wichtig für unsere 100 000 Aktionäre. Wir fühlen uns ihnen verpflichtet. Ohne sie können wir unsere Geschäfte nicht machen. Das ist das amerikanische System, das Sie verstehen müssen: Die Aktionäre sind die Herren, die Master, und wir sind ihrer Gnade ausgeliefert. Und jeden Tag wird abgerechnet. Die Frage ist nun: Wollen wir ihre willigen Sklaven sein? Ja, mit Vergnügen. So erreichen wir Dinge, von denen jeder glaubte, es wäre unmöglich. Wer konnte sich erträumen, dass wir das größte Zigarrenunternehmen kaufen? Dass wir die größten Filme aller Zeiten drehen? Paramount stand am Rande der Pleite, als wir sie übernahmen. Wir verkaufen die größte Menge an Zigarren, die in diesem Land je verkauft wurde. Dasselbe mit Zucker, mit Autoteilen. Und es ist der Spaß, der uns lenkt. Sie sagen immer: Geld wäre der amerikanische Gott. Da wäre ich mir nicht so sicher. Mein Team arbeitet nicht allein für Geld. Arbeit macht das Leben erst lebendig. Ich werde verrückt, wenn ich in Urlaub fahre.«

Hören Sie niemals auf?, fragt das Filmteam.

Bluhdorn lächelt. »Doch, sicher, wenn sie mich in die Erde hinablassen.«

* * *

Raus aus dem Wagen. Wenig nahm Willi wahr. Blätter leuchteten in der Herbstsonne, Indian Summer, zu warm für seinen beigen Trenchcoat. Wiesen, unzählige Gräber, ein Mann führte sie an Charlies Grab. Helga blieb einige Schritte zurück, alleine trat Willi vor.

»Ach, Charlie. Dir war doch nur ein wenig schwindlig.«

Willi hatte ihn begleitet auf dieser unseligen Reise in die Dominikanische Republik. Charlie war anders als sonst. Unleidlich, grantig, seine Ansagen kurz, seine Geduld noch kürzer. Willi verstand es nicht. Es lief doch gut für den Konzern, und es lief gut in der Dominikanischen Republik. Altos de Chavón hatte sich als goldene Idee erwiesen. Jeden Monat besuchten es 5000 Menschen. Der Blick über das Flusstal, das satte Grün drum herum, es war zum Schaufenster der Insel geworden und erfüllte die Einheimischen mit Stolz. Weiße Häuser mit roten Ziegeln, die Steine mit der Hand geschlagen, Galerien und Künstlerklausen, die besten Maler, Bildhauer und Fotografen stellten aus. Und das Archäologische Museum, 25 000 Kinder hatten es bereits besucht, etwas über ihre Kultur gelernt, die erst Kolumbus und später Bluhdorn veränderte. »Ich muss zugeben, es ist ein großartiger Ort«, sagte selbst Juan Bosch, Sozialist, damaliger Präsidentschaftskandidat, der dafür eintrat, den Besitz von Gulf & Western zu verstaatlichen.

Was also gibt es zu granteln?, dachte sich Willi, aber er entschied sich, nicht zu widersprechen, nicht wie sonst in den Clinch zu gehen, einmal, in der Schweiz, hatte er Charlie sogar mal aus dem Wagen geworfen. Nein, er schwieg. Es war etwas Unerklärliches in Charlies Verhalten, auch ihm gegenüber, seinem Bruder. Willi konnte es nicht ergründen, also zog er sich in die Tennisvilla zurück, saß es aus, bis Charlie anrief, ob er nicht mit auf der Yacht rausfahren wolle, er könne es gebrauchen. Willi freute sich, Sonne und Salzluft würden ihre Köpfe befreien, morgen musste er zurück nach München, das wäre ein gelungener Abschluss dieser unguten Reise.

Die Crew brachte etwas zu trinken und ließ sie in Ruhe, und die beiden schwiegen und betrachteten, wie die Insel kleiner wurde. Willi freute sich schon aufs Essen, aufs Pläneschmieden, er hatte einige Ideen, wie man mehr Europäer auf die Insel locken könnte, als Charlie auf einmal sagte:

»Willi, I feel dizzy – mir ist schwindlig. Fliegst du mit mir zurück?«

»Yes, of course.«

Und sie stiegen in den Messerschmitt-Hubschrauber, der auf dem Deck stand, und flogen zurück. Charlie legte sich hin, und am nächsten Morgen verabschiedete sich Willi, ein paar belanglose Sätze, ein »Erhol dich mal«, Willi wusste ja nicht, dass es die letzten sein würden. Vor fünf Jahren schon war er an chronischer Leukämie erkrankt, vor drei Jahren kam ein Lymphom dazu, er verheimlichte es, die Börse bestraft Krankheit, »eine Gallenblasen-Operation«, hatte er verlautet, als er ins Krankenhaus musste, bei seiner Rückkehr war sein

Haar dichter als vorher, nicht mehr nach hinten gekämmt. Er hatte seine Arbeit nicht eingeschränkt, nur war er ab und an in Besprechungen weggedöst. Charlie hatte sicher gespürt, dass er nicht mehr lange leben würde, er, der sein Leben lang an das Unmögliche geglaubt hatte. Willi war zwei Tage zu Hause, als das Telefon klingelte: »Charlie ist tot.«

Gestorben, so erzählten sie ihm, auf seiner geliebten Insel, so schnell und überraschend, dass keine Zeit war, ihn nach New York zu fliegen. Wie ihn überführen? Welcher Papierkram, welche Verwicklungen stünden bevor? Ein bisschen wie bei dem Billy-Wilder-Klassiker *Avanti, Avanti,* in dem ein Amerikaner in Italien stirbt. Wäre es nicht so traurig, es wäre ein eigener Film. Und so fiel die Entscheidung: Sie setzten Charlie in den Privatjet und meldeten in New York einen Herzanfall. Und so kam die Legende in die Welt.

Ach Charlie, mein Bruder. Der nur ein Jahr jünger war. Da lag er, kein Mausoleum, kein Prachtgrab, nicht mal Blumen eingepflanzt, nur eine Platte in der Wiese, darauf der Name, Charles G. Bluhdorn. Die Nüchternheit, Kargheit stieß Willi vor den Kopf. All sein Geld hatte Charlie nichts genutzt. Der Tod unterscheidet nicht zwischen Arm und Reich. Und Willi begann zu verstehen, warum Charlie so anders war bei ihrer letzten Reise. Er musste neidisch gewesen sein. Warum darf der leben? Im Rückblick fühlte es sich an wie Neid unter Freunden, unter Brüdern. Wieso kriegt er, was ich gerne hätte? Mehr Jahre, mehr Träume.

War es das wert, Charlie? Keinen Freund hattest du, als wir uns kennenlernten. Nur Geschäftspartner. Ist dies das Leben?

Als Willi sich umdrehte und ging, fühlte er sich – bei aller Trauer – wie der reichste Mensch. Seine Helga, ihre Töchter, ihr gemeinsames Leben, Lachen, Reden, Essen, Feiern, Reisen, das Haus, der Garten, das Gärtnern, das Sonnenbaden, Franziska, die erste Enkelin. Siebenundfünfzig war Willi jetzt, er wusste nicht, wie viele Jahre hinzukommen würden. Er wusste nur, dass er sie mit mehr erfüllen wollte als Arbeit, er wollte mehr, als einem Traum nachjagen, und sei es ein amerikanischer, er wollte das Jetzt feiern, und er wollte alt werden. Willi beschloss, sein Leben zu ändern.

Vom Grab weg fuhr er mit Helga zu den Niagarafällen, und drei Jahre später hörte er auf zu arbeiten. Den Zerfall von Gulf & Western beobachtete er aus der Ferne.

✳ ✳ ✳

Oft gingen mir Willis Geschichten im Kopf herum, sein Blick auf die Welt. Wenn ich von meinen Reisen zurückkam, von Gesprächen mit Bill Gates, Jeff Bezos und Ralph Lauren, sagte er, als er von deren Spleens und Sorgen hörte: »Siehst du, so viel ist bei denen gar nicht anders. Nur die Nullen vor dem Komma. Die können auch nur ein Schnitzel zu Mittag essen.«

Klar, natürlich, dachte ich. Aber diese naheliegende Einsicht war es nicht, die mich beschäftigte, auch nicht der Glamour in Willis Leben zwischen Privatjet, Oscar-Verleihung und Kaffeepause mit Romy Schneider, wobei ich sie unendlich gerne mal getroffen hätte. Es war irgendwas anderes, aber lange kam ich nicht darauf.

Erst als ich eines Abends mit Franziska darüber sprach, ging es mir auf, sie hatte ihre eigene Sicht auf Willi. Vor mehr als zehn Jahren, als wir uns noch nicht kannten, drehte sie Filme, porträtierte Menschen, filmte aus dem Orchestergraben die

Maestros Zubin Mehta und Kent Nagano, damals dachte sie darüber nach, einen Film über Willi zu drehen, für die Filmhochschule. Meine Recherchen hatten alles in ihr noch mal aufgewühlt. Sie kramte das Konzept heraus, das in einer Kammer hinter unserem Schlafzimmer, wo wir nachts die Mäuse nagen hörten, vor sich hin staubte, Willis Lebenslauf, kopierte Fotos, all das, was ich längst kannte, und sie sagte zu mir: »Weißt du, der Opa konnte alles hinter sich lassen. Von einem Tag auf den anderen. Er hatte seine Familie, seinen Garten, den Rest brauchte er nicht mehr. Und seine Familie und der Garten halten ihn seitdem am Leben.«

Ja, das war es. Das Faszinierende, Berührende an Willis Leben war weniger, was er hatte, es war vielmehr, wie leicht er, was er hatte, hinter sich ließ. Wie er sein Leben selbst bestimmte, Entscheidungen fällte. Wie jeder stand Willi im Leben an Scheidewegen. Und wenn es galt, entschied er sich richtig. Leicht wäre es gewesen, bei dieser ersten Begegnung Charlie Bluhdorn nach dem Mund zu reden, gerade in dieser Zeit, als Obrigkeit noch eine andere Bedeutung hatte, als Autoritäten unser Leben mehr bestimmten, man muss nur die Filme aus dieser Zeit anschauen, die Willi auf der Festplatte seines Fernsehers speichert, Komödien über Angestellte, die sich nicht trauen, sich ihren Chefs entgegenzustellen. *Das Appartement,* Billy Wilders wundervoller Oskar-Erfolg, noch in Schwarz-Weiß, mit Jack Lemmon und Shirley MacLaine, die Geschichte des kleinen Angestellten Baxter des New Yorker Versicherungskonzerns Consolidated Life. Baxter dient sich nach oben, indem er seinen Chefs den Schlüssel zu seinem Appartement überlässt, damit diese dort ihre Geliebten treffen können, während er sich auf einer winterlichen Parkbank im Central Park einen Schnupfen holt. Als er sich endlich mal mit vier Aspirin ins Bett legen will, schickt ihn der Personalchef, Mr Sheldrake, in die Kälte. Der trifft sich ausgerechnet mit Fran Kubelik, der Fahrstuhlführerin, in die sich Baxter verliebt hat. Baxter kuscht. Und wird am Ende zum Helden, als er Mr Sheldrake schließlich doch den Schlüssel verweigert und seinen Job verliert.

Oder der Paramount-Film *Ein Hauch von Nerz* mit Cary Grant und Doris Day, die Geschichte eines reichen Exzentrikers im Range eines Bluhdorns, der mit seinem Rolls-Royce durch eine Pfütze fährt und den Mantel einer arbeitslosen Frau ruiniert. Philip Shayne hält nicht an, aber als er zufällig sieht, wie die Frau in ein billiges Restaurant geht, schickt er seinen Finanzberater Roger mit ein paar Dollar zu ihr für die Reinigung. Roger ist die Schlüsselfigur in der Komödie, früher Universitätsdozent, von Shayne mit viel Geld in die Wirtschaft gelockt, Tag für Tag sitzt er beim Psychiater und jammert darüber, wie er seine Würde und Seele verkauft hat; obwohl er Philip Shayne hasst, kann er sich nicht von ihm lösen; wenn Shayne ihn demütigen will, erhöht er Rogers Gehalt, was diesen nur noch rasender macht. Um seinem Chef eins auszuwischen, ermutigt Roger die nass gespritzte Frau, Shayne die vier Dollar ins Gesicht zu werfen ...

Nein, Willi kuschte nicht wie ein Bud Baxter, als Bluhdorn ihm die ersten unbequemen Fragen stellte. Und er kuschte auch nicht, als er ihn zu seinem Mitarbeiter machte, seinem »Sklaven«, wie Willi manchmal witzelte, immer musste er auf dem Sprung sein, der Privatjet wartete schon, »Willi take care of it – kümmere dich drum.«

Aber in dem Augenblick, als es am meisten zählte, achtete er auf sich, auf seine Familie. Anders als Roger verkaufte er nicht seine Seele, hellwach war er, als Bluhdorn ihn auch räumlich an sich binden wollte. Er traf, was in unserem Leben selten genug ist, die scheinbar perfekte Entscheidung.

Entscheidungen, das wissen wir von dem Psychologen und Nobelpreisträger Daniel Kahneman, folgen einem Muster: Der Mensch schwankt zwischen zwei Systemen. Den unbewussten und den kontrollierten Prozessen, also zwischen Bauch und Kopf, Gefühl und Analyse. Je größer die Angst ist, desto mehr entscheiden die Menschen per System zwei, dem Kopf. Willi aber hatte keine Angst. Er hatte nichts zu verlieren, denn Status und Glamour bedeuteten ihm nichts. Seine Familie, Frau und Töchter, und sein Haus, das bedeutete ihm viel. So leicht war die Entscheidung. Und es stellte sich heraus, dass diese Entscheidung ihn – neben Zufällen und guten Genen – noch vier Jahrzehnte nach Charlies Tod am Leben halten sollte. Ohne seine Familie wäre er längst tot.

Das ist es, was ich in diesem Haus gelernt habe, von den Alten, Helga, Willi, vor allem Willi.

Treffe wichtige Entscheidungen nicht in einem Gefühl der Angst. In dem Augenblick, in dem ich angefangen habe, mir Sorgen über mein Alter zu machen, zu fürchten, ich könnte nicht lange genug für Sophia da sein, traf ich eine falsche Entscheidung. Ich wollte dem Altern mit neuer Medizin begegnen. Die alleine wird mir nicht helfen. Die kann nicht die erste, kann nur die zweite Antwort sein.

# 25

# Teilen und verdoppeln der Zeit

»Sophia und das Leben«

In der Küche. Sophia. Um sie Oma Susi und Oma Helga.
Zehn vor drei, Gassi-Zeit.

»Kommst du, Sophia?«, fragte ich.

»Nein. Ist langweilig.«

»Doch, mal schauen, was bei den Zicklein los ist.«

»Nix ist da los.« Sophias kleine obere Zahnlücke lachte
mich an. Wie ich das liebte. Die hatte sie von mir.

»Oma Susi?«

»Ja.«

»Was anschauen.«

»Was willst du?«

»Sandmännchen anschauen.«

Auf dem iPad. Sophia verschwindet gerne bei den Omas
und macht Sachen, die wir verbieten. Oma Helga ist zuständig für Schokolade (illegal, zumindest in diesen wangenfül-
lenden Portionen) und für das Vorlesen des uralten, zerfled-

derten Kinderbuchs, in dem eine Katze als »räudiger Fellsack« beschimpft wird (illegal, weil Sophia uns nun auch so nennt). Und Oma Susi für iPad-Geschichten, wie etwa über den kleinen König, der, lustig, findet Sophia, jemanden angerülpst hat, oder eben pädagogisch Korrektes wie das Sandmännchen. Für die Augen ist es trotzdem nicht gut.

»Nein, in fünf Minuten müssen wir los«, entgegnete ich.

Susanna beugte sich zu ihr runter. »Sophia«, sagte sie, »sei schlau. Du kannst jetzt fünf Minuten schauen – oder, wenn ihr zurück seid, länger, fünfzehn Minuten.«

»Jetzt«, entschied Sophia.

»Sie lebt im Jetzt.« Susannas Blick war weich wie Wachs.

»Sie hat recht«, sagte Helga. »Sie ist schlau.«

Ja, dachte ich, sie lebt im Jetzt. Und im Jetzt braucht sie mich. Nicht in zwanzig Jahren.

Ich erinnerte mich an Anna Machin, wie ich sie kennenlernte, als ich hörte, dass sie eine der wenigen auf der Welt ist, die über Väter forschen: Ob, wann und warum sie wichtig sind. Ich wollte was lernen, ein guter Vater sein. Sie erzählte mir, es unterscheide sich, wie Mütter und wie Väter ein Kind aufziehen.

»Die Evolution vermeidet Redundanz. Also sind die Rollen des Vaters und der Mutter unterschiedlich angelegt. Das Kind benötigt beide. Wenn die Eltern mit dem Kind interagieren, sehen wir bei der Mutter vor allem eine Aktivierung im limbischen System des Gehirns, wo die Gefühle sitzen, die Fürsorge, das Behüten. Die Beziehung zum Baby ist nach innen gerichtet. Bei dem Vater sehen wir eine Aktivierung im Neocortex, wo die soziale Kognition sitzt, die soziale Interaktion und Kommunikation, das Planen,

Anschieben, Herausfordern. Die Beziehung ist also nach außen gerichtet. Er hat den Drang, das Kind anzuschubsen, seinen Grenzen entgegen. Es geht darum, dass das Kind die Welt entdeckt, wie es mit Risiken umgeht, auch mit einem Versagen.«

Ich erzählte ihr, Franziska wundere sich, wie ich mit Sophia umgehe. Dass ich sage, es ist nicht kalt und ihr auch mal die Mütze ausziehe. Dass ich abends Quatsch mit ihr mache, wenn es eigentlich Zeit ist fürs Bett.

Und sie sagte: Es tut Sophia gut. Vielfalt in der Erziehung stärkt sie. Und dass Väter Bande zum Kind langsamer knüpfen. Mutter und Kind durchleben die Geburt zusammen, es löst vieles zwischen beiden aus, es ist ein chemischer Prozess, ein Austausch von Hormonen. Die Mutter hat einen Vorsprung, und der wächst durch das Stillen. »Väter bauen eine Verbindung durch Interaktion auf: indem sie etwas mit dem Baby tun. Und sie übertreiben die Interaktion. Er kommt nach Hause, hebt das Kind hoch und wirbelt es durch die Luft. Die Mütter verdrehen die Augen. Aber das ist die einzige Chance der Männer, eine ähnliche Bindung zu erlangen wie die Mutter beim Stillen. Durch das Toben, Kitzeln, Raufen werden wichtige Bindungshormone ausgeschüttet – bei Vater und Kind.«

Und sie sagte mir, als Vater hätte ich mich verändert. Meine Hormone, meine Psyche, alles, auch das Gehirn. Schon vor der Geburt. »Während der Schwangerschaft sinkt der Testosteronspiegel des Vaters. Das ist ein weltweites Phänomen, unabhängig von Kultur und sozialer Gruppe. Er steigt zwar nach der Geburt wieder – aber nie mehr auf den alten Stand.«

Warum?

»Je niedriger das Testosteron, desto besser bist du als Vater.

Du kannst dich in dein Kind einfühlen, seine Bedürfnisse lesen.«

Und sie erzählte mir, wie sich mein Gehirn verändert. Dass die sogenannte graue Masse wächst, du wirst einfühlsamer, organisierter – ein besserer Kümmerer. »Aber der eine grundsätzliche Unterschied zur Mutter bleibt: die Aktivierung im Neocortex, wenn Väter ihr Kind sehen. Der Drang, das Kind anzuschubsen. Bei schwulen Vätern werden übrigens beide Hirnareale verstärkt aktiviert, auch das Zentrum, wie sonst nur bei der Mutter. Im Gehirn entsteht eine neue Verbindung, mit der die Areale miteinander kommunizieren können. So können sie gleichzeitig die Rolle der Mutter und des Vaters übernehmen, sodass das Kind beides hat.« Das gilt auch für lesbische Mütter.

Und sie berichtete mir über ihr Buch *Papa werden. Die Entstehung des modernen Vaters.* Worin sie schrieb, Väter seien in manchen Lebensjahren für die geistige Gesundheit des Kindes wichtiger als Mütter. Ich konnte es schwer glauben. »Es stimmt aber«, sagte sie. »In bestimmten Lebensphasen eines Kindes ist die Mutter wichtiger – und in anderen der Vater. Wenn wir uns Untersuchungen über die langfristige geistige Gesundheit von Kindern ansehen, besonders während der Pubertät, so sind Kinder, die früher ein enges Band zum Vater hatten, deutlich robuster und gesünder. Der Vater ist mit seiner Rolle enorm wichtig dafür, das Kind widerstandsfähig zu machen.«

»Es gibt sehr viele Mütter«, widersprach ich, »die alleine wunderbare Kinder großziehen.«

»Es ist aber eine Ausnahme, dass diese Kinder keinen Kontakt zu Männern haben«, erklärte mir Machin. »Vielleicht sehen die Väter das Kind regelmäßig, oder es gibt den Onkel, den Großvater, den Stiefvater, Lebenspartner oder einfach nur den guten Freund, der zur Bezugsperson wird und Aufgaben des Vaters übernimmt. Und: Genauso wie sich das Gehirn eines schwulen Vaters oder einer lesbischen Mutter verändert, können Singlefrauen durch die Anpassungsfähigkeit des menschlichen Gehirns die Rolle des Vaters mit übernehmen. Es geht am Ende nicht um das Geschlecht, nur um die Funktion, die Hirnaktivierung, die das Kind an Grenzen führt – natürlich sinnvolle Grenzen, nicht Gefahren und Überforderung.«

Und sie erzählte mir, wann der Vater besonders wichtig ist. Wenn das Kind in den Kindergarten kommt und später, wenn es in die Schule geht. »Weil der Vater das Kind auf die Welt außerhalb der Familie vorbereitet. Wenn sich Väter in gewissen Kindheitsphasen wirklich kümmern, hat das verblüffende Folgen. Zum Beispiel hat es eine starke Wirkung auf die akademische Karriere Zwanzigjähriger, wenn ein Vater viel mit ihnen gelesen und geübt hat, als sie sieben waren. Das ist ein Effekt, den vorlesende Mütter nicht erzielen. Besonders wichtig scheint der Vater auch für die Ausbildung des Selbstbewusstseins und der Geschlechtsidentität zu sein.«

Und sie sagte, wie bedeutsam es sei, dass gerade Teenager Zeit mit dem Vater verbringen. »Der Vater hat einen weit größeren Einfluss als die Mutter darauf, wie das Kind den Wandel zum Erwachsenen bewältigt. Auf das Selbstvertrauen, die Unabhängigkeit und die Selbstständigkeit. Es ist wichtig, dass der Vater gerade dann Zeit mit den Kindern verbringt. Das ist bei Töchtern nicht immer leicht. Die können sehr kompliziert sein. Aber es hilft nichts. Und der Vater muss auch nichts Besonderes tun: nur Zeit miteinander verbringen. Miteinander spazieren gehen, gemeinsam kochen oder das Auto waschen, egal was. Nichts kann dem Kind diese gemeinsame Zeit ersetzen.«

Ja, kam Sophia nicht gerade in den Kindergarten? Am 21. September war ihr erster Tag. Sie brauchte mich jetzt, brauchte dieses Gassi-Gehen, auch wenn sie keine Lust darauf hatte, es ging ja auch nicht um dieses Gassi-Gehen, es ging darum zu verstehen, wie entscheidend das *Jetzt* für ihre Zukunft war. Jeder Tag zählte, jetzt, und in den nächsten zehn, fünfzehn Jahren, dann hatte ich Sophia das Wichtigste gegeben. Wer Zeit gewinnen will, dachte ich, sollte sie teilen. Und im Jetzt leben, im Augenblick. Keine Macht habe ich über die Zahl der Jahre, die ich mit Sophia verbringen kann, aber Macht über die Augenblicke, die ich ihr jetzt schenken kann. Und Augenblicke sind alles, was bleibt. Ich sah es, wenn Willi von früher erzählte. Er sprach nicht über Jahre, erinnerte sich nicht an Wochen, nicht mal an Tage, er erzählte von Augenblicken, allein sie waren geblieben, Ereignisse, kleine und große Erlebnisse, ein wenig Bluhdorn, Business und Glamour, aber vor allem Helga, seine Töchter und der Alltag in diesem Haus.

Und Sophia wird sich genauso erinnern, an Augenblicke, an dieses Haus. Die Chance, dass sie 104 wird, liegt bei 50 Prozent. Also kann ich, wenn ich es jetzt gut mache, auch im Jahr 2121 noch bei ihr sein, nicht nur in ihren Genen und ihrer Zahnlücke, auch in ihren Erinnerungen, ihrem Wesen, ihrem Selbstbewusstsein und Sprachvermögen, so wie mein Vater in dieser Sekunde, in der ich das schreibe, in mir ist, Horst, der beste Vater der Welt, liebevoll, geduldig, viel zu Hause, schon mit siebenundzwanzig Jahren mein Papa, Dozent an der Universität, Literatur, Romanistik in Seattle, Luxemburg und Saarbrücken. Bücher standen in jedem

Zimmer im Haus, ich höre ihn »Moby« zu mir sagen, höre ihn schimpfen, als ich ihm als Dreijähriger auf den Rücken sprang, während er im Kamin das Feuer schürte. Meine Erinnerung an ihn ist eine Abfolge von Augenblicken, vor wenigen Monaten etwa, als ich ihn angerufen hatte, auf der Heimfahrt vom Paddeln auf dem Starnberger See, und ihm von diesem Buch erzählte. Er ermutigte mich, mischte ein paar französische Gedanken hinein, »Il faut cultiver notre jardin« – aus *Candide oder der Optimismus,* Voltaires bekanntestes Buch, letzter Satz des Weltverbesserers Candide, der sich nach einer Irrfahrt durch Krieg, Krankheit, Leid und Tod seiner Ideale beraubt auf ein Landgut zurückzieht. Ein schlichter Satz mit doppelter Botschaft: Auch wenn Leid und Tod, das Elend der Welt, unabwendbar sind, der Mensch sollte immer versuchen, etwas zu ändern. Und: Wer was verändern will, sollte bei sich anfangen. Dank meinem Vater trage ich diesen Gedanken in mir, trage ich Frankreich und die französische Sprache in mir, Voltaire, von dem dieser Satz stammt, aus dem Buch mit dem gelben Umschlag, das ich seit meinem Studium bei jedem Umzug als Erstes in das neue Bücherregal räume, Nancy, Paris, Berlin, Hamburg, München, in das mein Vater als Student mit Bleistift seine Gedanken verewigte, es steht neben Antoine-François Prévost und Romain Gary. Und bei den Filmen ist es *Kinder des Olymp,* ein Werk in Schwarz und Weiß, zwei Jahre jünger als mein Vater, das im Gegensatz zu uns Menschen nicht altert.

Ja, und vier Wochen später, an seinem Geburtstag, hatte mein Vater im Schlaf einen Schlaganfall, mit neunundsiebzig Jahren, der lähmte seine Sprache, sein rechtes Bein, seinen rechten Arm. Er weinte, die Familie weinte, ich weinte – zu tief ist der Schmerz, um mehr darüber zu schreiben. Wir glauben an Erholung, er ist zu Hause, bei meiner Mutter, meine Geschwister Tina, Thorsten und Jens sind nicht weit. Er ist umsorgt, er versteht alles, ich durfte ihn über Monate nicht sehen. Corona hatte uns getrennt, eine Weile wird das Virus es noch schaffen, aber nicht mehr lange. Ab und an rufe ich Papi an, wie ich ihn als Dreijähriger nannte, vor dem ersten Anruf ging ich allein zu einer Wildwiese, setzte mich auf den Baumstamm, auf dem Sophia immer balancieren will, und erzählte ihm von seiner Enkelin, wie sie wächst, dass sie die Welt entdeckt und sie mich neu entdecken lässt, dass wir französische Bücher lesen, französische Lieder singen, »La familie tortue«, »Alouette«, dass sie unsere Zahnlücke hat, so viel hat sie von mir, also von ihm. Der Hörer lag neben ihm, meine Mutter hatte den Raum verlassen, nur er und ich, und ich sagte ihm, dass mich Sophia in meine Kindheit reisen lässt, zurück zu unseren Spielen, Eselreiten, Papi der Esel, Spazieren am Itzenplitzer Weiher, Melonen kaufen in La Tranche-sur-Mer, die geteilte Zeit, sie ist noch da, wie gestern. Ich sagte ihm, dass er weiter mit mir ist, in mir ist, auch jetzt, wo ich erwachsen bin, recht alt schon bin, fünfzig Jahre, weiter bin ich sein Kind, weiter trägt er mich. Die Sprachen, die er gelernt hat, die Bücher, die er gelesen, die er verfasst hat, sie haben seine Gene verändert, neu geschrieben, und sie haben meine Gene geformt, geschrieben, und sie schreiben auch bei diesem Buch mit, zum Glück. Er antwortete mir, nur »Ja« konnte er noch sagen, meine Mutter meinte, er solle es mal auf Französisch versuchen, aber er blieb bei Deutsch, bei »Ja«. Mein Vater kann auf unzählige Arten »Ja« sagen, es kann damit »Nein«, »Danke« und alles Mögliche ausdrücken, ein inneres Weinen, ein gemeinsames Erinnern, auch ohne Anna Machins Hinweise verstand er, Zeit mit mir zu teilen, Zeit mit mir zu verdoppeln, was heißt verdoppeln, zu vervielfachen, wieder einmal durchleben wir sie, ja. Und selbst zu scherzen vermag sein »Ja«, als wir über Mama reden, die in der Küche Schokoladenpudding kocht, weil er den gut essen kann, die aber auch mal schimpfen kann, wenn es nicht so geht, wie es sollte, in ihrem Kopf sollte, jaja, Mami, sie ist ungeduldig, auch dafür lieben wir sie, ja, Mama, wir lieben dich. Im Lachen und im Weinen.

# 26

# Family & Friends

»Kein ›Aua‹ in unserer Küche«

Was war da unten los?

Samstagfrüh, ich lag auf dem Sofa und schrieb, es war halb elf, eben war es noch ruhig, alle im Haus hatten verschlafen, sogar die Hunde. Helga, Susanna und Franziska hatten bis in die Nacht in meinem unfertigen Buch gelesen, »die Speisekammer!«, schreiendes Lachen. Auch Willi war erst spät eingeschlafen, gestern hatten Susanna und Franziska ihm Netflix eingerichtet, die Hunde, Sophia, ich, alle hatten sich palavernd in seinem Schlafzimmer versammelt, er lachend den grauen Haltegriff über seinem Pflegebett in der Hand, Franziska zauberte mit der kleinen schwarzen Fernbedienung.

»Was willst du sehen? *Der Teufel trägt Prada? Ziemlich beste Freunde?*«

»Ha, ziemlich beste Freunde«, rief Helga. Der Gelähmte und sein Pfleger. Wo der Pfleger den Gelähmten auch mal verulkt. »Wie der ihm üble Frisuren macht.« Gelächter.

»Werde ich bei Papa auch mal machen«, lachte Susanna, die häusliche Fachkraft für Rasuren und Haarschnitte. Wie dem auch war, die Familie hatte offenbar die richtigen Filme eingestellt, mit großem Untertitel, das war Willis wichtigster Wunsch. Als ich nachts um halb drei den Hund rausließ, brannte bei Willi noch Licht.

Auch ich hatte bis in die Nacht hinein gesumpft, hatte in eine australische Serie reingeschaut, *Altenheim für Vierjährige,* Nir Barzilai hatte mir davon erzählt. Ähnliche Formate gab es in England und Israel, erfolgreich und vor allem rührend.

Die Idee: Vierjährige besuchen über sieben Wochen ein Altersheim, um Leben hineinzutragen. Ärzte und Altersforscher beobachteten die Heimbewohner, ob und wie sie sich verändern, was dies mit ihrer Stimmung macht, ihrer Kraft, ihrem Wesen.

Meine Großmutter Hedi war in einem Altersheim, in derselben Straße, in der meine Eltern und mein Bruder leben. So hatte sie oft Besuch, es war ein guter Ort für sie. Aber sie klagte viel über die Alten um sie herum, nicht weil die etwas falsch machten, weil die Mischung nicht mehr stimmte. Und fast die Hälfte bekam keinen Besuch mehr, höchstens mal zum Geburtstag oder zu Weihnachten. Und so war es für mich ein Ort, wo ich niemals hinwollte.

Einmal lag ich in Helgas Zimmer auf einem Lammfell, die Füße auf ihrem Chi-Trainer, vom Schreiben taten mir Kopf und Rücken weh, die fürsorgliche Susanna hatte mich zugedeckt. Ich lag da also, vorm Wegdösen, neben mir saß Helga, ihr iPad auf dem Schoß, lesend, als sie auf einmal anfing, von ihrer Halbschwester Friedel zu sprechen, die sechzehn Jahre älter war als sie, die sie immer bewundert hatte. Friedel war so klug, sagte sie, so belesen, sie reiste durch die Welt, begegnete indischen Heilern, traf Albert Schweitzer, und sie hörte nicht nur zu, sondern hatte auch was zu sagen, alle Köpfe in einem Raum wandten sich ihr zu, wenn sie zu sprechen begann. Aber eines Tages begann ihre Kraft zu schwinden, und sie kam in ein Altersheim, »der Ort, wo du nach und nach verstummst«, sagte Helga, »wo der Geist einschläft«. Sie hatte Friedel oft besucht, ihr aus ihren Büchern vorgelesen, und bei Friedel kamen dann immer ein paar Worte zurück. Aber auf Dauer entglitt Friedel ihrer Schwester, glitt hinüber in das Reich zwischen Leben und Tod, um dann ganz zu gehen.

Sie sei so glücklich in diesem Haus, sagte Helga. Mit ihrer Familie. Ihren Töchtern. »Und auch mit euch. Die Sophia, heute beim Spazierengehen, so süß, wie sie singt, selbstvergessen, und was sie für Geschichten erzählt.« Sophia plante ein großes Kostümfest. Leonie als Prinzessin, Paula als Königin, Sophia selbst als Hund mit Pfotenstiefeln, Oma Susi als Einhorn, die Mama und die Oma Helga als die Schwestern vom Einhorn. Viele Minuten sprachen Sophia und Helga darüber, planten das große Fest, das in einem Altersheim nie stattfinden könnte. Es sei denn, wir als Gesellschaft würden uns von dem Experiment mit Vierjährigen in Altersheimen inspirieren lassen. Die Ergebnisse stellten die Verantwortlichen in einem kleinen YouTube-Film vor, drei Minuten, die einen staunen lassen.

Der Clip beginnt mit Bildern von Heimbewohnern, traurige, ernste Gesichter, »Depressionen und körperlicher Verfall beeinträchtigen viele ältere Australier«, erklärt ein Untertitel, bevor die Bewohner zu Wort kommen.

»Ich fühle mich manchmal sehr niedergeschlagen«, sagt eine Frau. – »Ich bin allein«, sagt eine zweite. »Sehr einsam.«

»Wenn man einsam ist«, erklärt dazu Susan Kurrle von der University of Sydney, Professorin für Altersmedizin, »geht man nicht raus, man macht keinen Sport, man hat keine soziale Interaktion. Es ist ein Teufelskreis, und es ist ein riesiges Problem, das in Australien jeden Tag zunimmt.«

Ein Dutzend Kinder kommen rein, Hand in Hand, schüchtern, so groß und so bunt angezogen wie Sophia, und die Gesichter der elf älteren Menschen leuchten auf.

Und es geht los, über sieben Wochen.

Malen. Vorlesen. Klatschen. Singen. Tanzen. Eierlaufen. Teig kneten. Ausflüge machen. Küken beim Schlüpfen beobachten. Wettrennen mit Gehstock und Rollator. Staffelübergaben. Die Kinder laufen mit, feuern an, überreichen selbst gemalte »Winner«-Plakate. Lachen, Berührung, auch Tränen.

»Ich freue mich so darauf, mit diesen wunderbaren Kindern zusammen zu sein«, sagt die Frau, die am Anfang über ihre Schwermut sprach.

»Dramatische Stimmungsaufhellung«, stellen die Ärzte fest, der Depressionswert in der Gruppe halbiert sich, sinkt von Rot auf Grün.

»Fühlen Sie sich glücklich?«, fragt die Ärztin einen der Alten, der anfangs besonders traurig aussah. »Yes, I do.« Er lacht.

»Fühlen Sie sich hilflos?«, fragt die Ärztin eine Frau. »Nein, ich bin nicht hilflos. Ich bin unabhängig.«

Die Ärztin zeigt den Bewohnern ihre Diagramme: Verdoppelung der Schritte an jedem Tag. Verbesserung des Gleichgewichtssinns um 50 Prozent. Mehr als drei Viertel der Heimbewohner fallen Aufstehen und Setzen leichter. Die Griffstärke verdoppelt sich. »Ihre Kraft hat um fünfzehn

Kilogramm zugenommen«, sagt die Ärztin mit ungläubigem Ton zu einer Frau.

Und all das in sieben Wochen. Und es muss nicht die eigene Familie sein. Schön, wenn es so ist, aber wer keine mehr hat oder lieber mit Freunden lebt, der Wahlverwandtschaft, der »chosen family«, wie die Engländer sagen, für den wirkt der Zauber genauso, es müssen nur die biochemischen Prozesse angeregt werden, die Generationen vereint, zusammen ist man weniger alt.

Als ich endlich ins Bett ging, wusste ich noch besser, was Sophia im Haus verändert. Wie ginge es Willi, wie Helga und Susanna, wenn dieses kleine Wesen nicht hier wäre, all das Lachen und die Verrücktheiten wegfielen. Auch wenn die Ältesten, Helga und Willi, nie einsam waren, ihre Kinder haben, die Besuche ihrer erwachsenen Enkel, der Alltag mit einem Kleinkind ist etwas anderes. Es ist der Natur stärkstes Verjüngungsmittel. Wenn schon eine siebenwöchige Kur dies bei Heimbewohnern bewirkt, wie wohltuend auf ihre Biomarker war wohl Sophias 200-Wochen-Kur seit unserem Einzug?

Neugierig ging ich runter, in den Lärm hinein. Franziska, Susanna, Helga und Willi saßen um Sophia herum. Franziska war, Befehl von Sophia, das Flugzeug, musste Sophia heranbringen. Die Kleine stieg aus, in der Hand einen gelben Luftballon. Sie warf ihn Willi zu, »Volleyball«, rief sie und hüpfte und sprang. Der Luftballon kam zurück, und Sophia warf ihn Helga zu, und so ging es weiter, von Willi zu Helga zu Sophia, eine halbe Stunde, bis Sophia im Übermut mit dem Kopf gegen den Schrank knallte und Franziska sie erschrocken in die Arme nahm. Sophias kleine Augen füllten sich mit Tränen, aber sie machte sich los und hielt sie zurück. »Kein Aua«, sagte sie. Weitermachen. Mit Helga und Willi. Und die beiden hatten gerade auch kein Aua.

★ ★ ★

Mit einem Dutzend Professoren hatte ich auf meiner Suche im vergangenen Jahr gesprochen, mit Medizinern, Genetikern, Chemikern, Soziologen, Anthropologen, in vielem waren diese sich nicht einig, stritten zum Teil richtig. In der Wissenschaft gibt es nicht die eine Wahrheit, erst der Wettstreit der Ideen führt zu Erkenntnissen, eine Slagboom und ein Sinclair brauchen einander. Aber in einer Sache sprachen sie mit einer Zunge, ohne Ausnahme, ohne Widerspruch: Wer gesund und glücklich bleiben will, sollte Menschen um sich sammeln. Und das Zusammenleben von Generationen ist der Königsweg.

»Wir haben selbst schon darüber nachgedacht«, sagte David Sinclair. Gerade in der Pandemie machte er sich Sorgen um seine Schwiegereltern in Deutschland. Und jeden Abend chattete er mit seinem Vater in Australien. »Ich schätze die Weisheit der Älteren. Geschichte wiederholt sich. Wenn man ältere Generationen um sich hat, können sie einem erzählen, wie es war, als sie jung waren und das Gleiche erlebt haben. Wir müssen diese Weisheit zurückbringen, wir haben unsere Vierundzwanzig-Stunden-Nachrichten und Politiker, die nur ein paar Jahre zurückschauen. Das ist der Grund, warum uns Katastrophen wie diese Pandemie, die alle paar Generationen geschehen, kalt erwischen. Wir beginnen immer wieder bei null. In der Welt, aber auch in der Familie. Wenn einer in Schwierigkeiten gerät, die Beziehung zerbricht … Ältere

Menschen haben das wieder und wieder gesehen und könnten Ratschläge geben. Aber dazu müssen sie auch in der Lage sein. Ein Grund mehr, daran zu arbeiten, sie gesund zu halten.«

»Und es funktioniert in beide Richtungen«, sagte er weiter, »es ist bekannt, dass es körperlich und geistig gut für ältere Menschen ist, eine Familie zu haben. Eines der größten Gesundheitsprobleme sind Einsamkeit und Depression, die ältere Menschen treffen, wenn wir sie an einen Ort ohne Verwandte oder Freunde abschieben. Das ist wirklich grausam. Schaut man sich die Orte auf der Welt an, wo die Menschen am längsten leben, gesünder und glücklicher sind, dann sind das die, wo Familien zusammenbleiben. Älteren Menschen geht es dann besser, und sie leben länger.«

In Großbritannien arbeitete er an einem Projekt mit, wo ältere Menschen in neu geschaffenen Gemeinschaften leben, Menschen, denen es nicht mehr gut geht, die keine Familie haben, sie werden medizinisch betreut, teilen Wohnraum mit fremden Familien.

Er erzählte mir von den »Blauen Zonen«, weltbekannt, die fünf Gebiete, in denen Menschen sehr alt werden, Landstriche und Inseln in Italien, Japan, Kalifornien, Costa Rica und Griechenland. Die Blauen Zonen gehen auf eine Recherche des Entdeckers und Autors Dan Buettner zurück, der seine Erkenntnisse 2005 in *National Geographic* veröffentlichte. Die Blauen Zonen wurden von der Wissenschaft bis ins Detail untersucht, und lustigerweise sind wir offenbar gerade dabei, eine eigene zu gründen. Die Geheimnisse des Alterns lauten: Arbeit im Garten, gesunde Ernährung, viel Gemüse, wenig Zucker und Fleisch, und, einer der wichtigen Gründe, dass die Generationen eng zusammenleben.

»Für die Hundertjährigen in den Blauen Zonen kommt

die Familie an erster Stelle«, schrieb Buettner. »Das heißt, alternde Eltern und Großeltern in der Nähe und im Haus zu behalten. Das senkt auch die Sterblichkeit und Krankheitsrate der Kinder im Haus. Diese Kinder bekommen viel Zeit und Liebe.«

Lange Minuten sprach Sinclair noch mit mir über unser Modell, »ich halte es für wunderbar, wirklich«.

Eline Slagboom, die Holländerin, die ihre Familie für ihre Mutter kochen lässt, gegen ihre Einsamkeit und Depression, sie sagte zu unserem Zusammenleben: »Was Sie tun, körperlich für Ihre Eltern und Großeltern tun, ist, Stress wegzunehmen, Depressionen wegzunehmen, einen Grund zu geben, aus dem Bett aufzustehen. Die Großeltern kümmern sich ja auch um Sophia, und wenn es nur darin besteht, ein Honigbrot zu schmieren oder ein ordentliches Mittagessen zu kochen. Ich bin davon überzeugt, dass bereits das einen großen Unterschied macht.«

Oder Nir Barzilai, der die großen Studien an Hundertjährigen macht. Mehrere Generationen unter einem Dach? »Ich höre viel darüber, ich war gerade in Davos auf dem World Economic Forum, hielt dort einen Vortrag, und genau darüber wurde dort viel nachgedacht: wie man die älteren Menschen integrieren kann. Dieses schöne Programm, diese Serie über Vierjährige in Altenheimen. Es war ein Wunder, was mit den älteren Menschen geschah, aber auch mit den Vierjährigen: Sie haben Mitgefühl gelernt. Oh, du willst spielen? Aber er braucht Hilfe, um aus dem Stuhl zu kommen. Also greift das Kind seine Hand. Und sie liebten diese älteren Menschen, die ihnen wieder so viel Liebe und Zuneigung gaben. Das ist ein Modell, an das wir denken sollten, Altenheime und Kindergärten zusammenzulegen.«

Und Steve Horvath, der Erfinder der Uhr des Lebens. »Ich lebe auch in einem Mehrgenerationenhaus«, sagte er gleich. Mit den Schwiegereltern, sein Modell ist ungewöhnlich. Sechs Monate lebt der Schwiegervater bei ihnen, er ist neunundachtzig, und sechs Monate die Schwiegermutter – ein Rollplan. »Ich verstehe genau, wovon Sie reden. Und ich sehe es genauso. Jeder profitiert davon. Ich glaube, das ist die natürliche Lebensweise des Homo sapiens. Alle Generationen leben zusammen. Ich arbeite mit Leuten zusammen, die Stressfaktoren und ihre Wirkung auf das Altern untersuchen. Da gibt es wunderbare wissenschaftliche Arbeiten, sie zeigen, wie Stress, etwa posttraumatische Belastungsstörungen, das biologische Alter erhöhen.«

Eine dieser Frauen, die solche Studien macht, ist Isabelle Mansuy, Professorin für Neuro-Epigenetik an zwei Hochschulen in Zürich, hochgelobt für ihr Buch *Wir können unsere Gene steuern!*, in dem sie erklärt, wie wir selbst unsere Gene zum Klingen bringen. Wir können es beeinflussen, dadurch, was wir essen, wie wir leben, mit wem wir uns umgeben – alles spielt eine Rolle. Als ich mit ihr über ihre Forschung und über meine Familie redete, begann sie, von sich zu erzählen, sehnsüchtig: Ihre Tochter und deren Mann haben ein kleines Kind, und so gerne würde sie mit ihnen zusammenziehen. Auch weil sie, als ihre Tochter klein war, so hart an ihrer Karriere arbeitete, ihr Mann sich mehr kümmerte. Dürfte sie mit Tochter und Enkelkind zusammenleben, es würde das ein wenig gutmachen, sie für das Verpasste entschädigen.

Das Forschungsfeld, wie soziale Erfahrungen unsere Epigenetik steuern, sei jung, sagte sie. Viel wisse man bereits über die Folgen von Krieg oder Missbrauch auf die Gene, dass sie vererbt werden. Aber neue Studien würden zeigen, dass sie sich wohl umkehren lassen, durch Liebe, Sicherheit, Freude. Und natürlich wirke ein glückliches Mehrgenerationenhaus auf die Epigenetik, die Programme, die unsere Gene, die Hardware, zum Laufen bringen.

Ein Mehrgenerationenhaus scheint die Uhr zu beeinflussen, die in uns tickt. Bei Kindern, die sich sozial entfalten können, viel Liebe von verschiedenen Menschen erfahren, tickt sie offenbar langsamer. Auch schüttet dies »pro-soziale Moleküle« aus, die dem Kind erleichtern, Freunde und Vertraute zu finden. Und überhaupt, sagt die Neurologin und Genetikerin, kann ein Mehrgenerationenhaus eine überschießende Quelle guter Hirnreize sein. Mansuy verwendet den Begriff »enriched environment«, was heißt, dass das Gehirn von außen angeregt wird, durch Begegnung, Berührung, Gespräche – und genau das ist ein Mehrgenerationenhaus, eine Bereicherung für die Sinne und Synapsen in Jung und Alt. »Das Leben in einer solchen ›reichen‹ Umgebung, ist mit vielen positiven Faktoren verbunden und sehr vorteilhaft für die Gesundheit«, erklärte Mansuy. Das Leben schlägt eben – bildlich gesprochen – nicht nur Narben in unser Erbgut, es hätschelt es auch, umhüllt es mit heilenden und schützenden Verbänden, oder wie die Fachfrau es nennt: »eine Art epigenetischer Signatur der angereicherten Umgebungen«.

* * *

Wie es wohl meiner Mama so ging?

Ich rief sie an. Eine Stunde redeten wir. Über ihre Sorgen, der Schlaganfall meines Vaters, ich hörte ihre Stimme beben, konnte sie nicht in den Arm nehmen. Ich fühlte mich so weit weg.

Eines war mir immer bewusst, während ich das Buch schrieb. Nicht jeder kann zusammenleben. Pflege im eigenen Haus verändert alles. Auch wir pflegten Willi, aber es war zu leisten. Es gibt den Augenblick, wenn es kippt, wenn die Familie es nicht schaffen kann.

Nie wäre es möglich gewesen, zu meinen Eltern zu ziehen. Meine Arbeit war in München, nie könnte ich im Saarland leben, in der Nähe meiner Eltern und Geschwister, die ich gerne um mich wüsste. Drei Sätze muss ich nur mit meinem Bruder Thorsten sprechen, und schon bin ich wieder Kind, in vertrauter Welt. Nein, nicht jeder kann mit seiner Familie zusammenziehen.

Aber die Welt dreht sich weiter. Das alte Familienmodell könnte auch ein Modell unter Freunden sein, ein staatliches Modell wie die Kinder im Altersheim, am besten noch ein Tierheim daneben, die Wirkung von den Hunden auf Helgas Fitness war nicht zu unterschätzen, mit den Hunden geht sie fast täglich Gassi, im Wald. Und wenn Sophia dabei war und die Unartigkeit der Hunde nachahmte, hatte sie echt eine Aufgabe. Zum Glück begleitete sie dabei ihre Freundin Ruth, der während der Pandemie fast jede Gesellschaft geraubt wurde, die Sophia die Peppa-Wutz-Tasse geschenkt hatte und sich ein ganz klein wenig als dritte Oma fühlte. Die Menschen, die ich traf, dürsten nach Gemeinschaft, die Leih-Omas bei der Caritas, wo ich meinen Altersanzug ausgeliehen hatte, fürchteten die Einsamkeit mehr als die Pandemie.

Die Zeit für neue Modelle hat begonnen. In den USA ist die Zahl der Mehrgenerationenhäuser in die Höhe geschnellt, jeder fünfte Amerikaner lebt in einem solchen – so viele wie zuletzt in den Fünfzigerjahren. Und die Zahl stammte aus dem Jahr vor Corona. Sie steigt vermutlich gerade deutlich. Wegen der Pandemie sind 20 Prozent der Amerikaner umgezogen oder kennen einen, der umgezogen ist, so eine Studie der Meinungsforscher von Pew Research in Washington – weil sie den Job verloren haben, nicht mehr pendeln und reisen konnten oder sich einsam fühlten. Meist zogen sie zur Familie. Oder zu Freunden.

Und in Deutschland, wo 90 Prozent der Menschen eh schon der Ansicht sind, dass ihnen die Familie das Wichtigste ist, sagt ein Viertel der Menschen, dass ihnen durch die Pandemie diese noch wichtiger geworden ist.

Diese Erfahrung mit Einsamkeit und Tod, wie wir sie seit dem Zweiten Weltkrieg nicht gemacht haben, lässt auch jüngere Menschen anders denken. Nämlich wie Menschen, die vor dem Ende auf ihr Leben zurückblicken. Und der wichtigste Erfolgsmesser ist: Wie viel meiner geschenkten Zeit habe ich mit meinen Lieben verbracht? Mit Freunden und Familie?

# 27

# Winter

## »Und Susannas Tränen«

Eiche, Buche, Kastanie standen nackt und grau. Auch aus Willis Gesicht wich die Farbe, kahl und ein wenig gerupft sah er aus, wie die Bäume, nur blasser, weiß.

Nachts wärmte rotes Licht unseren Hühnerpuff, lachten Susanna und Helga, aber auch sie waren stiller geworden. Jeder im Haus arbeitete vor sich hin, ich an dem Buch, Susanna an Facebook-Seminaren, Franziska mit der Harfe, Helga in Küche und Garten. Im Keller fiel ihr die Tür entgegen. Oh, wie wünschte sie sich manchmal ein Haus, das neu und geputzt dastand, in dem alle Fenster schlossen, die Heizung nicht nur zwei Stufen kannte – kalt und brüllend heiß – und die Badewanne breit und gemütlich war, dass sie ihre Räucherstäbchen anzünden, sich ein Glas Primitivo einschenken, Musik andrehen und in den Abend hineinträumen konnte. Und vielleicht einen neuen Herd …

Sie legte mal wieder eine Breze auf die Herdplatte, Trick

von Susanna, um sie kurz aufzubacken. Als sie von den Hühnern zurückkam, piepsten die Rauchmelder, ein Geruch wie nach einem Großbrand zog sich durch das Haus. Nur Willi war es wurscht – seit seiner Gesichtslähmung roch er nichts mehr. Wir schlossen oben unsere Tür.

Ein langer Winter stand bevor.

Er begann noch schön, mit einigen Sonnentagen im November, wir legten uns mit Decken auf die Liegen in den kahlen Kreis, wo im Sommer das Schwimmbad stand. Dann kam das Martinsfest, Sophia hatte Laternen gebastelt, und Lisa und Marcus besuchten uns mit ihren Kindern, sie brachten Stockbrot mit. Ich kochte Glühwein und ein Chili, und wir stellten einen Tisch in den Garten. Franziska feuerte das Holz in der rostigen Riesenschüssel an, die wir aus einem der sieben Schuppen herangeschleppt hatten, die Hunde reckten die Nasen: Das sah vielversprechend aus.

Kleiner Umzug durch die Straße, Susanna und Helga mit Sophia an der Hand. Eigentlich müsste sie arbeiten, sagte Susanna, doch lieber hielt sie ein Stockbrot ins Feuer.

Die Harfe, alle versammelt um Franziska. »Sonne, Mond und Sterne«, »Rabimmel Rabammel Rabumm« und schließlich, Idee eines kleinen Fußballfans: »Stern des Südens«, Hymne des FC Bayern. War mal gespannt, was sie dem Nikolaus vorsingen würden, unserem Nachbarn, wenn der im Dezember in dem rot-weißen Kostüm vorbeikommt, das wir ihm bestellt hatten.

Wir freuten uns auf Weihnachten, hofften, dass der Lockdown Mitte Dezember vorbei wäre. Franziska wollte im Ortscafé spielen, das vor einem Jahr eröffnet hatte, mit kleiner Bühne und Inklusionstag, an dem Menschen mit Behinderungen bedienten. Hans, der es mit seiner Familie betrieb, der Musik liebte und selbst in einer Band spielte, hatte Heizpilze gekauft. Nur nicht einschüchtern lassen von dem unheimlichen Virus! Schon im Sommer hatte er Luftfilter an die Decke gehängt, kleine Turbinen, über dem Tresen, dem großen Tisch, der Sitzecke, wo ich so gerne saß und schrieb, um mich herum ein wenig städtisches Leben.

»Was machst du jetzt nur?«, scherzte Hans, als er, wie angeordnet, im November vorerst zusperrte. Er hatte verfolgt, wie das Buch wuchs, sich Seite für Seite füllte. »Ich werde das Buch wohl absagen müssen«, witzelte ich zurück. Da wussten wir noch nicht, dass aus den erwarteten Lockdown-Wochen Monate würden.

Kein Weihnachtsmarkt mit Karussell für Sophia, keine Ausflüge nach Walchensee, Alpbach, keine Kinderkonzerte, Sophia nicht mehr im Kindergarten, das Haus im Nebel oder Regen. Wir saßen in den kleinen Zimmern, mit Laptop und Harfe, Büchern und Legosteinen, und die Wände rückten Tag für Tag näher. Luft, Weite, wie sehnten wir uns danach, nur Sophia blieb fröhlich und unbeschwert, auch wenn ihr der Kindergarten fehlte. Lief sie eben im Wohnzimmer hin und her, legte Musik auf und tanzte, bis ich nach unten ging, zu Willi in die Küche.

»Lorenz«, sagte er, »ich muss etwas sagen.« Er schaute ernst, seine Hand zitterte. »Ich kann das nicht mehr. Dieses Hüpfen und Springen. Immer über meinem Kopf.«

Susanna und Helga erstarrten.

»Im März wird es besser«, sagte Susanna, um die Luft zu entladen.

»Mir ist es ernst«, sagte Willi.

Ich schwieg und hörte erst einmal zu.

»Ich kann es nicht ändern, ich steigere mich da rein. Fünf

oder zehn Minuten, das macht mir nichts, aber in der Früh, nachmittags, abends …«

»Ich verstehe dich«, sagte ich. »Aber Sophia ist drei Jahre alt. Ich kann sie nicht festbinden, sie muss sich bewegen.« Und nach weiterem Nachdenken: »Wie können wir das lösen?«

Was uns im Frühling erspart geblieben war, das Gefühl der Enge, das Eingesperrtsein, das Familienfeindliche des Virus – nun traf es auch uns.

»Ich bin dem ausgeliefert«, sagte Willi. »Ich kann ja nicht aus meinem eigenen Haus ausziehen.«

»Sie kann im Gang laufen«, erwiderte ich. Das war nicht über seinem Schlafzimmer.

»Wir geben dir ein Handy mit großen Tasten, da kannst du oben anrufen, wenn es dich stört«, schlug Susanna vor.

»Und sie kann unten bei mir tanzen«, sagte Helga.

Ich ging hoch zu Franziska, und wir schufen für Sophia eine »Pitsche-Patsche«-Runde, wie Franziska es nannte, am Bad, am Wasser vorbei, und wir schoben Arbeit in den Abend, um mit ihr morgens schneller rauszukönnen, Willis Vormittage, Nachmittage und Abende entspannten sich.

Eine halbe Stunde hatten wir damals in der Küche darüber gesprochen, im Guten, und als Sophia dazukam, war es noch besser geworden, Willi lächelte sie schon wieder an, machte seine Späße mit ihr, streckte die Zunge raus, und nach einer Woche hatte es sich gefügt. »Danke«, sagte Willi nur – und doch trug ich dieses Gespräch Wochen mit mir herum.

Mich beschlich ein Gefühl, das ich vorher nie empfunden hatte. Völlig natürlich hatten wir uns in dem Haus eingefunden, in Helgas und Willis Haus, immer war mir das bewusst gewesen, aber nie hatte es sich so angefühlt, es war einfach ein Familienhaus. Nun, in der Not, war es aus der Balance geraten. Sicher, erst einmal rückten wir zusammen, machten einander Mut, kauften füreinander ein, liehen einander die Ohren, schenkten uns Lacher und unternahmen viel. Gerne saßen wir zusammen oder fuhren alle in den Wald, Helga, Susanna, Franziska, ich, und hielten abwechselnd Sophia an der Hand und waren glücklich, wie es war. Aber in der Enge mussten wir die Grenzen neu ziehen, zwischen mein und dein, wir und ihr, zwischen den Generationen. Und wir mussten uns neu in den anderen einfühlen, wir in Willi, dem wir auf dem Kopf herumtrampelten, aber Willi auch in uns, ein Kind, ausgesperrt aus dem Kindergarten, das dazu so wenig andere Kinder treffen soll, wie es nur geht. Wir mussten es gemeinsam schaffen, gelang das nicht, würde sich das Familienhaus in ein Haus mit uns als Dauergästen verwandeln. Und Dauergast möchten wir nicht sein. Der Zauber des Hauses war das Einverständnis. Für alle musste es schön sein. Ein Geben und Nehmen. In der Balance.

Würden wir es hinkriegen?

Das Virus machte es uns nicht leicht.

Helga fehlten Tanz und Musik wie nie zuvor.

Susanna gefangen in ihren eineinhalb Zimmern, nicht mal mehr in die Hundeschule durfte sie.

Ich versunken in der Arbeit, ein Dutzend Interviews für einen wichtigen Essay für meine Zeitung, in solchen Hochphasen verschwand ich früher bis Mitternacht an meinem Schreibtisch im Büroturm, nun saß ich im Damenzimmer, das Netz war schlecht, wieder und wieder brachen die Videokonferenzen ab, also schlich ich zum Arbeiten in unsere Küche, Tür zu, mit schlechtem Gewissen, Sophia und Franziska ausgesperrt, heimlich, dass Sophia es nicht merkt, wieder runter ins Homeoffice, wo sie aber auch jede Sekunde reinkommen konnte, strahlend, »Papa besuchen«, »Was schreiben«, »Was anschauen«, »Was vorlesen« oder einfach nur auf dem Sofa hüpfen, und je öfter sie reinkam, desto länger saß ich abends am Computer, bis in die Nacht hinein. Auch in der Früh hatte ich angefangen, gleich nach unten zu huschen, Türe zu, weiterarbeiten, versteckt vor meinen Liebsten, so wie es nicht sein sollte, zehnmal nicht sein sollte, bei dem, was ich in den letzten Monaten gelernt hatte. In mir brannte es, das Gewissen drückte, hier die Familie, dort, was ich noch alles zu schreiben hatte. Wenigstens blieb ich gegen Sophia warm und geduldig, sie lehnte sich mit ihrem kleinen Körper gegen mich, und ich fühlte mich eins mit der Welt, einer schönen Welt. Vorlesen? *Das Eselchen und der kleine Engel*? Gerne. *Papa Brumm*? Natürlich. Auch noch *Die Streithörnchen,* die am Ende doch Freunde wurden? Okay. Und mittags kochte ich für sie, nachmittags ging ich mit ihr Gassi, ich zweigte ihr so viele Minuten ab, wie ich nur konnte, doppelte, dreifache, vierfache Zeit, gemeinsam, also von unschätzbarem Wert.

Aber Franziska! Ihre Arbeit? Konzerte und Musikantentreffs waren verboten in der Pandemie. Ihr Kind? Immer zu Hause, die Hauptlast bei ihr. Ihr Mann? In Gedanken, die Nase im Laptop. Oder Gassi mit Sophia, wo sie selten mitkam, weil sie auch mal Luft brauchte, zum Atmen, Musikhören, Baden, Ruhen, Harfe spielen. Als eine Anfrage für einen Fernsehauftritt kam, sich Lampenfieber in die Corona-Vereinsamung mischte, brach es aus ihr heraus. Nein, so nicht.

Generationenhaus, das alte Modell, uneingeschränkt gut mochte es sein, aber nur, wenn man es nicht lebte wie ein altes Modell. Du musst es leben wie im 21. Jahrhundert. In Balance, auch in der Rolle zwischen Mann und Frau.

Und dann, wenn alle wackeln, gebeutelt von der Pandemie, wenn ein Stein fällt, reißt er alle mit sich. Wir kamen von einem Spaziergang zurück, Sophia schlief, ich trug sie hoch, bettete sie, unten hörte ich laute Stimmen. Susanna und Helga hatten Franziska vor der Tür abgepasst.

Kanal verstopft. Am Wochenende.

Das war bestimmt die Sophia. Hat zu viel Papier ins Klo geworfen.

Wieso Sophia? Na, früher war nie was verstopft.

»Tolle Logik!«, sagte ich. Bevor wir hier einzogen, gab es auch keine Pandemie. War Sophia daran auch schuld?

Zwei Tage ungewöhnliche Stille im Haus. Verdrießlich gingen alle in die Büsche. Endlich der Klempner. Diagnose: Pflanzen aus dem Erdreich hatten ein Rohr verstopft.

Und schließlich beim Rasieren. Susanna mit Apparat bei Willi, Franziska saß dabei. Susanna erklärte ihr, wie wir, wenn wir gebaut haben, den Garten gestalten könnten. Franziska fuhr hoch. Ob sie wolle, dass wir ausziehen?

Streit. Bis Willi rief: »Mund halten, alle.«

Franziska floh zu mir, Susanna mit den Hunden in den Wald.

Am Abend stiegen wir runter zu ihr ins Appartement. Ausnahmsweise durfte Sophia sich das iPad nehmen, sie kuschelte sich in den Sessel.

»Was ist los?«, wollten wir wissen.

Helga hörte es in der Küche, trat hinzu.

»Wisst ihr überhaupt, wie das für mich ist?«, sagte Susanna.

Tränen fielen aus ihren Augen.

Zu wenig Stühle, wir saßen auf dem Boden, Helga lehnte an der Heizung.

Für keinen, erklärte Susanna, sei es so eng wie für sie. Ihre

Tinkturen-Küche – improvisiert. Ihr Bücherregal – zu klein. Ihr Kleiderschrank – Raumteiler zwischen Schreibtisch und Bett, ein Tuch als Tür. Die Haustür, die nun, weil alle immer da waren, so häufig ging – viel zu nah. Keiner denke daran, die Zwischentür zu schließen. Ihre geliebte Siesta? Immer wolle ein Hund rein oder raus. Ein Seminar live auf Facebook – hinter ihr würde Helga durch die Aufnahme schleichen.

Sie wolle doch nur planen. Es war doch die Idee, noch ein Haus zu bauen. Eigentlich zwei Häuser. Irgendwann. Zwei Häuser, groß genug für uns alle. Und jetzt würde sie gerne die Häuser zeichnen, den Garten planen, die Pläne einreichen. Ein nächster Schritt.

Sie wusste: Franziska wollte das nicht, noch nicht. Ihre Tochter und ich hatten von sieben Jahren gesprochen, als wir einzogen. Willi würde hundert sein, Sophia ein Schulkind, unsere Wohnung oben zwingend zu klein, unsere Familienwelt so verändert, dass sich auch unser Zusammenleben verändern müsse.

Susanna würde es gerne beschleunigen.

»Was denkst du, Helga?«, fragte ich.

»Weißt du, Lorenz«, antwortete sie, »ich würde gerne in ein Haus ziehen, in dem einem nicht die Tür entgegenfällt. Schön und modern. Ich bin fünfundachtzig. Ich habe nicht mehr so viel Zeit.«

Eine Stunde saßen wir zusammen. Vier Generationen, hockend auf dem Boden. Und wir redeten, weinten, lachten. Und ein wenig planten wir auch. Planten unser Bleiben. Unser Zusammenbleiben. Unseren gemeinsamen Aufbruch.

# 28

# Wir im Wir

## »Und Franziska und ich«

Hanna und Jonas kamen zu Besuch, mit ihrer Mutter. »Ist die Sophia da?« Kaffee, Spielen, Kinderprogramm; als es langsam dunkel wurde, wollte Hannas Mutter wieder los. Franziska musste noch Harfe üben, ihr Auftritt im Fernsehen rückte näher. Ja, und Heiligabend würde sie in der Kirche spielen, der einzige Ort, in dem Musik erlaubt war. »AdventCulture« in der Münchner St. Maximilian-Kirche, Pfarrer Rainer Schießler wollte »nichts ausfallen, sondern sich was einfallen lassen«, dreißig Gottesdienste zwischen dem ersten Advent und Heilige Drei Könige sollten Musiker begleiten, aus Pop, Klassik, Volksmusik. Franziska half bei der Organisation ein wenig mit und wollte auch spielen, an Heiligabend. Die Harfe stand im Wohnzimmer, der alten Bücherstube.

Nach Hause gehen? »Neeeiiin.« Hanna und Sophia, die beiden Mädchen, kaperten die Couch neben der Harfe. Das war's mit Harfe-Üben. Und auch für meine Arbeit. Jonas tapste zum Instrument, griff nach den Saiten.

Wollen wir singen?

»Jaaaa.«

»Kling, Glöckchen, klingeling«, »Lasst uns froh und munter sein …« – erst noch begleiteten sie mit Klöppel und Glockenspiel, dann hüpften die Mädchen so hoch sie konnten auf dem Sofa, mit roten Wangen, zwei Stunden gingen so dahin. Susanna kam hoch, stand lachend in der Tür, Jonas schaukelte ins Treppenhaus und seine Mutter hinterher.

»Jetzt riecht es im Haus auch noch nach Plätzchen«, rief sie. »So romantisch.«

Helga backte unten Vanillekipferl; in einer Glasschale mit Puderzucker bestäubt sollte sie später welche hochbringen. Das waren die Stunden, die Augenblicke, die aus dieser gemeinsamen Zeit bleiben würden, die eine größere Kraft hatten als die Corona-Zwänge, als die Enge, der Streit um Platz und Ruhe, der uns in Wellen immer wieder heimsuchte. Willi, Helga, Susanna, wir alle hatten uns wieder zusammengefunden, es hatte uns nur noch nähergebracht.

So wie diese Kinderstunden flossen, floss auch der Dezember dahin, Kränze basteln, Tannenbaum sägen. Während Willis Frühstück saß Sophia ihm gegenüber auf dem Ofen, und Franziska schnitt ihr die Haare, fünf Scheren neben sich, keine gut genug, bis auf eine. »Meine Schere ist die beste«, sagte Willi stolz.

Heiligabend saßen alle Älteren im Haus vor dem Live-Stream der Musikmesse, ich war vor Ort, versteckt neben dem Altar, mit Sophia auf dem Arm, dankbar für diese Stunde, Franziska, gesenkter Blick, springende Locken, hundertjährige Harfe, ihre Musik klang in die Herzen hinein, ich musste kurz tief atmen, die Tränen zurückdrängen. Wir. Wir zwei.

Als Franziska schwanger war, gingen wir in einen Kurs, um uns auf die Geburt vorzubereiten. Vorträge, Atemtechnik. Franziska hatte noch eine Stunde dazugebucht: »Kind bekommen, Paar bleiben«. Wir hatten schon auch Angst vor dem Unbekannten.

Und als wir hier einzogen, kroch diese Angst wieder in mir hoch. Einmal saß ich in unserer alten Wohnung am Goetheplatz, ich liebte diese Wohnung, groß, licht, an der Wand ein riesiges Foto, das Franziska in Myanmar aufgenommen hatte, zum Sonnenaufgang, die Pagoden in Bagan. Wir waren auf dem Weg zu einem Flugplatz, in dem das Gepäck mit einer Sackkarre zum Flieger gebracht wurde, der Pilot flog auf Sicht, die Winde und Wolkenlöcher warfen uns wild umher, bei der Landung musste er zwischen Hügeln hindurch, den Flieger schräg stellen. Ich saß also in dieser Wohnung, in der so viel von uns beiden steckte, und dachte an den Umzug und nahm einen Zettel und schrieb ein kleines Gedicht:

*Wir,*
*Wie bleiben wir: Wir?*
*Wir zwei.*

Ich hatte mit Anna Machin darüber gesprochen, kurz vor unserem Einzug, und sie nahm mir ein wenig die Angst. Ihr habt es sowieso schwer, sagte sie, ihr habt ein Kind. Sie selbst kenne das, jeder kennt das, du lebst zusammen, aber bist ständig in der Elternrolle, keine Pause. Jeder muss aufpassen. »Die Eltern als Fundament der Familie müssen sich um ihre

352

Beziehung bemühen, müssen auf sie achtgeben, sie bejahen. Sonst kann es geschehen, dass sie in zwei Elternteile zerfallen, abgekapselt, ein Team nur, wenn die Kinder etwas brauchen. Es ist wichtig, sich nach der Geburt neu zu verbinden. Pausen zu finden für sich zu zweit.«

Ja, und Großeltern im Haus können diese Pausen schaffen. Du bekommst etwas geschenkt.

Noch eine zweite Frage hatte ich mir vor dem Einzug gestellt, ein wenig später, als Sophia schon auf der Welt war, als wir noch zu dritt in unserer Wohnung waren, unser Nest, mit Selma gegenüber, der liebevollen Türkin, die, wären wir an der Theresienwiese wohnen geblieben, so gerne Ersatzoma für Sophia gespielt hätte. Diese zweite Frage war eine Erweiterung der ersten: Wie bleiben wir in der Großfamilie Kleinfamilie? Dass das Große das Kleine nicht erdrückt?

Wir fanden einige Antworten: die geschlossene Tür, das Kuscheln zu dritt am Morgen, eigene Küche, eigenes Auto, alles, was uns auch mal abschottet – und leicht jaulte ich auf, wenn Grenzen überschritten wurden. Nichts in diesen drei Jahren hatte mir mehr wehgetan als Sophias erster Geburtstag, als wir unsere Wohnung bis zwei Uhr nachts mit Luftballons und Girlanden schmückten und ich an diesem Sonntag verschlief, erschrocken über das leere Bett neben mir, um halb neun aus dem Schlafzimmer kam und Helga, Susanna und Franziska begegnete, die schon mit Sophia ihren Geburtstag eröffnet hatten, mit *meiner* Tochter.

Es gibt sie, die Kehrseiten, du musst sie halt erkennen und darüber reden und Antworten finden. Für die Liebe kann es Gold wert sein, wenn Großeltern im Haus sind, allein wie viel Streit nie zwischen Franziska und mir aufflammte, weil wir in unsere Tage nicht auch noch den Hund eintakten mussten, das süße Wesen, das Franziska unbedingt haben wollte, das nun aber an mir hing und das in der Pansen kochenden Susanna ihr Ersatzfrauchen gefunden hatte. Ich musste Leonie während meiner Recherchereisen eben nicht Franziska an die Backe hängen, die eh kaum mehr Zeit für sich selbst hatte. Aber das ist kein Selbstläufer und hat auch seine Tücken. »Vor allem«, so Machin, »wenn man in einem fremden Haus ist. Du kannst nicht mal eben sagen: Hey, lass uns das oder das mit dem Haus machen, wie es Paare gerne tun. Das nimmt Ihnen etwas von Ihrer Macht.«

Auch das war es, was in mir drückte, als Willi über Sophias Gehüpfe geklagt hatte. Ich verstand ihn, und in unserer Münchner Wohnung hätte der Nachbar darunter vielleicht auch gesagt: »So nicht!« Aber hätten wir unser eigenes Haus … So viel schwang mit in dieser schwelenden Aussicht. Mit allen Generationen zusammenbleiben? Ja, sicher, darum ging es nicht. Aber wie? Für Franziska und mich war es auch eine Frage der Liebe. Wir im Wir.

\* \* \*

Bald eine Stunde ging die Messe schon, Sophia wollte zu ihrer Mama, wir zündeten eine Kerze an, für Opa Horst, der sein erstes Weihnachten verbrachte, ohne dass er sprechen konnte. Und noch eine Kerze und noch eine, und Sophia bekam Hunger. Ich hatte eine Banane im Auto, ein paar Minuten warten, bis die Messe vorbei war, und ab nach Hause zum Tannenbaum, zum Kaufladen, den Franziska hergerichtet hatte, mit kleiner Kasse, Spielgeld, Hundekeksen, Milchfläschchen und Mini-Radieschen. Gebaut hatte ihn vor sechzig Jahren Willi, für seine Kinder, für seine Familie, und er wird wohl noch da sein, wenn Sophia Kinder bekommt. Das zweite große Geschenk war ein Spielzeug-Pony, setzte man sich darauf und trat mit den Füßen in die Steigbügel, bewegte es sich nach vorne. Es klopfte ans Fenster, Fany, Franziskas alte Freundin, mit der sie in der Lilienstraße in einer WG lebte, als ich mich in Franziska verliebte. Sie ist Cellistin und hat die Musiken für die Messen zusammengestellt, unterstützt von Franziska. »Sie spielen noch ein wenig weiter«, sagte sie. Eine alte Bauernmesse, zwei Harfen, Zither, singen würde Franziskas Vater. Der Pfarrer hatte es sich so gewünscht.

Sophia und ich fuhren vor. »Dem Christkind helfen.« Sie packte ein, ich googelte, wie man Hirschfilet zubereitet. Susanna suchte ein Glöckchen, quoll über vor Stolz über ihre Franziska, die Willi und Helga und sie live auf YouTube verfolgt hatten. »Ich bin dahingeschmolzen. Wie ein Engel sah sie aus. Meine Tochter.«

Es ist schön, wenn das in der Familie genauso gesehen wird wie der Müllsack, der aus dem zweiten Stock hinter dem Haus landete, leider auch platzte, einige Maisstrunke freigab, die Paula fraß und wieder rauskotzte. Und es ist schön, wenn Eltern dies ihren Kindern, egal wie alt sie sind, genauso gerührt und laut sagen können. Elternliebe ist einzigartig, natürlich und folgt anderen Gesetzen als die Liebe unter Paaren. Aber einen Grundsatz hat jede Liebe der Welt gemein. Sie sollte gehegt werden, auch in der Großfamilie, ansonsten verkümmert sie wie der Lavendel in unserem winterlichen Garten.

»Ich erforsche die Liebe seit fünfzehn Jahren«, sagte Anna Machin. »Was ich aus der Forschung mit nach Hause genommen habe, ist, wie wichtig körperliche Berührungen sind, für alle Beziehungen, auch platonische zu Freunden, Verwandten oder den Kindern.« Nichts kann Nähe ersetzen, auch nicht das Telefon oder Videokonferenzen, spätestens Corona hat es uns gelehrt. Mehr als die meisten seiner Worte ist mir der Augenblick gewahr, in dem ich Willis Hand zum ersten Mal streifte, seine glatte, ledrige Haut. Und mit Susanna verbindet mich der Augenblick, als ich in Panik nach Hause kam, in unserem ersten gemeinsamen Winter, ich hatte in einem Tuch Sophia vor der Brust, im Wald war ich mit ihr spazieren gewesen, in der Hand einen Schirm, um sie vor dem Schnee zu schützen, und an einer Gabelung lauerte, unter dem Schnee, eine Eisplatte, so schnell war ich hingeschlagen, dass ich nicht mal einen Arm heben konnte, nach vorne, auf Sophia drauf. Sie weinte, ich in Schock, ein älterer Herr lief zu Hilfe, begleitete uns nach Hause, zehn lange Minuten, den Schirm und die Hundeleine in der Hand. Sophia schwieg, ich atmete kaum mehr, wusste nicht, schläft sie, oder ist sie verletzt? Franziska und Helga hoben sie mir aus dem Tuch, schauten, begutachteten, weckten sie, alles gut, der Daunenanzug und die beiden Mützen hatten sie geschützt, mein Gewicht nicht voll auf sie drauf. Franziska trug sie raus, kümmerte sich, ich stand da und fing an zu schluchzen wie ein Kind, und Susanna nahm mich in den Arm.

Es sind diese Augenblicke, die den Unterschied machen.

Und unter Paaren sind sie zehnmal wichtig, sagte mir Machin. Die Natur hat ihre Tricks, mithilfe von Glückshormonen bringt sie Liebende zusammen. Und mit noch stärkeren Mitteln bindet sie uns aneinander. »Die Evolution möchte, dass Paare über viele Jahre zusammenbleiben. Der wohl wichtigste Grund ist das Kinderkriegen. Im Gegensatz zu anderen Säugetieren bringen wir unser Kind sehr früh auf die Welt, es muss nach der Geburt viel länger geschützt und versorgt werden. Dafür braucht es beide Eltern. Deshalb ist Liebe wie eine Sucht angelegt, getrieben von Beta-Endorphin, welches das Gehirn ausschüttet. Beta-Endorphin ist wie Heroin, ein natürliches Opiat. Liebe setzt es frei, es ist wie ein Schuss, immer wieder. Fehlt nun der Partner, vermissen wir ihn, empfinden Stress, wir sind auf Entzug. Diese Entzugserscheinungen treiben uns zurück zum Partner, halten uns zusammen. Fehlt in einer Beziehung das Lachen, die Berührung, der Sex, der Kontakt, wirkt das wie eine Entziehungskur. Wir entwöhnen uns, lassen ab. Das ist der Grund, warum man an Beziehungen immer arbeiten muss.«

Bei solchen Worten bekam ich erneut ein schlechtes Gewissen. Mehr Zeit wollte ich auch Franziska schenken. Ob sie sah, dass ich für sie kochte?

Ofen an, Hirsch angebraten, Kartoffeln aufgesetzt, Susanna machte den Salat, Helga lenkte Sophia ab, Willi schaute Filme.

Endlich, das Auto, die Haustür, ihre Schritte auf der Treppe, die ich aus Tausenden heraushören würde, erst langsam, dann immer schneller. Franziska. Erst jetzt fühlte ich mich komplett.

# 29

# Die Wippe

Der alte Mann aus Japan – und die sieben Generationen

Oh, Post aus Japan.

*Sehr geehrter Herr Lorenz Wagner,*
*Grüße aus Akita – ganz oben im Norden Japans.*
*Ich bin ein alter deutscher Mann. Ich kann noch Deutsch*
*sprechen, ein bisschen eingerostet, ja.*
*Aber, sorry, mein iMac bevorzugt die englische Sprache.*
*Ich auch – nachdem ich die meiste Zeit meines Lebens in New*
*York City gelebt und gearbeitet habe, und anderen Orten. Jetzt*
*bin ich endlich hier oben in Japan, der Heimat meiner letzten*
*Liebe.*
*Ich genieße es immer noch, jeden Tag ein paar Internetartikel zu*
*lesen in der deutschen, britischen und amerikanischen Presse.*
*Als Architekt hatte ich das Vergnügen, mit Philip*
*Cortelyou Johnson und auch mit I. M. Pei über viele Jahre*
*zusammenzuarbeiten.*

*Nein, es war nicht einfach, aber ich habe es genossen, an
einigen großartigen Gebäuden mitzuarbeiten, die Sie
vielleicht schon gesehen haben. Einige Beispiele in NYC:
MoMA, das Museum of Modern Art, das AT&T-
Gebäude an der Madison Ave und das ovale »Lipstick«-
Gebäude.*

*Nun: Vor ein paar Wochen hörte ich Ihr SZ-Magazin-
Interview mit Dr. Anna Machin über Liebe mit sechzig.*

*Auch wenn ich jetzt einundneunzig Jahre alt bin, ist die Liebe für
mich – nein –, für uns alle immer noch sehr wichtig.*

*Ich wollte gerne hören, was Sie beide uns Internet-Hörern über
die Liebe erzählen können.*

*Wenn ich mich richtig erinnere, wurde in »Liebe und Leben«
kurz das Thema Balance erwähnt.*

*Ähnlich wie die Auf- und Ab-Bewegungen und die Balance,
die zwei Kinder auf einer Wippe erleben und auf einer Wippe
genießen, eine einfache KINDER-WIPPE.*

*Mit anderen Worten: Sie sprachen über die HEBELGESETZE
der PHYSIK.*

*Das hat mich sehr interessiert. Ich interessiere mich für die
BALANCE und WIE man sie ERREICHT.*

*Und, wenn ich mich nicht irre, gab es einige Worte oder Sätze
darüber, was mit der LIEBE geschehen kann, die auf der Wippe
balanciert.*

*Die Physik erklärt uns, wie man das Gleichgewicht zweier
gegensätzlicher Kräfte erreicht, die sich an gegenüberliegenden
Hebelarmen befinden.*

*Nach Ihrem Interview habe ich ein Dreißig-Zentimeter-Modell
einer Wippe gebaut. Ich habe mich sehr bemüht, aber ich konnte
die beiden Hebelarme und die beiden entgegengesetzten Kräfte
nicht ins Gleichgewicht bringen.*

*Das nächste Modell vergrößerte ich auf eine Spannweite von etwa zwei Metern.*

*Wieder merkte ich, wie schwierig es ist, meine Wippmaschinen in eine exakte oder wenigstens 98-prozentige Balance zu bringen.*

*Ich frage mich, was Dr. Machin und Sie selbst genau über diesen Aspekt der LIEBE gesagt haben.*

*Um auf den Punkt zu kommen: Ich frage mich, ob ich einen Ausdruck – eine Kopie Ihres Interviews – bekommen könnte.*

*Zumindest einen kurzen Auszug von Ihren und Dr. Machins »Balance«-Worten und -Sätzen.*

*Sollte ich für einen Ausdruck bezahlen müssen, würde mein Bruder in Elmshorn die Kosten dafür übernehmen.*

*Ich hoffe sehr, dass ich eine positive Antwort erhalte.*

*Auf jeden Fall DANKE für das Interview.*

*Und meine kleinen grauen Zellen sagen dasselbe zu Ihnen:*

*Danke und Arigato Gozaimasu!*

*Ante Breve Obligado*

*...*


Gerührt saß ich da. Und ich begann zu schreiben:

*Sehr geehrter Herr ...*

*ich hoffe, es geht Ihnen gut. Passen Sie auf sich auf in diesen Zeiten.*

*Sie finden den Artikel angefügt. Natürlich müssen Sie nichts bezahlen.*

*Ihr Brief hat mich berührt, eine wunderbare Idee, die Modelle einer Wippe zu bauen, und interessant, dass es keine Möglichkeit gab, ein Gleichgewicht zu erreichen.*

*Vielleicht liegt es daran, dass romantische Liebe zwar wichtig ist, so erklärte es mir zumindest Dr. Machin, es aber keine gute Idee ist, nur auf diese Form der Liebe zu vertrauen. Wörtlich sagte sie mir:*

*»Meine Forschung lehrt mich, dass ich alle Formen der Liebe in meinem Leben erkenne und schätze. Viele widmen der Suche nach romantischer Liebe zu viel Zeit oder vergessen darüber die andere Liebe, die sie umgibt – und die sie ebenfalls zum Überleben brauchen. Hoffentlich haben Sie viele Freunde, denn ein Leben ohne romantische Liebe ist leichter als eines ohne Freunde. Sie sind wichtig für die Gesundheit, das Wohlbefinden. Freunde sind die erste Beziehung in Ihrem Leben, die Sie selbst wählen. Mit Freunden haben Sie Liebe in Ihrem Leben. Und es gibt noch viel mehr Liebe um Sie herum: Ich habe drei Hunde, ich liebe dadurch mehr. Manche Menschen haben die Liebe zu Gott, und Gott gibt ihnen Liebe zurück. Es gibt die Liebe der Kinder, Eltern, Großeltern. Romantische Liebe zu haben ist schön und wichtig, aber wir im Westen haben die Tendenz zu glauben, sie sei die wichtigste Liebe. Ist sie nicht. All you need is love – somewhere.«*

*Dr. Machin sagt, man sei gesegnet, wenn man fünfzehn Menschen um sich weiß, zu denen man eine enge Beziehung hat. So gesehen kann Ihre Wippe oder die Waage der Liebe gar nicht ins Gleichgewicht kommen, wenn nur zwei Menschen darauf Platz nehmen. Für ein Gleichgewicht bräuchte es mehr.*

* * *

Ich liege auf meiner Couch, der furchtbaren, geliebten Couch. Ich höre Leonie zu meiner gebrochenen kleinen Zehe schnarchen, ich bin damit wieder an der Badewanne hängen geblieben, Sophia und Susanna haben sie verarztet.

Sophia mit einem lila Prinzessin-Elsa-Pflaster, Susanna mit einer ihrer geheimnisvollen Salben. Mit unseren Wehwehchen halten wir sie ganz schön auf Trab, gestern früh musste sie gleichzeitig Willi behandeln, der ein Gefühl der Schwäche hatte, Sophia, die sich in den Finger geschnitten hatte, und Leonie, die einen Niesanfall bekam. Mit ihren Mittelchen rannte Susanna von Zimmer zu Zimmer, wobei Sophia die tapferste unter den dreien war.

Willi schaut fern, Franziska hört Musik, Sophia tapst mit Susanna die Treppe runter, in der Hoffnung, das iPad zu kapern, nur Helga höre ich nicht, aber ich sehe sie durch das Fenster. Sie läuft zu den Hühnern, das wärmende Rotlicht anschalten. Es schneit, wie es seit Jahren nicht geschneit hat, dicke Flocken, schon den ganzen Tag. Helga trägt nur einen Pulli, elegant, schwarz und weiß, dazu Sophias Kinderregenschirm, quietschbunt, mit einem Teddybären darauf.

Ich habe sie liebgewonnen.

Ich weiß noch, als wir in der Küche saßen, wir wohnten noch nicht hier, Franziska war im sechsten Monat schwanger. Theresa, Johanna, Sophia? Noch hatten wir keinen Namen für unsere Tochter. Auf einmal sagte Helga den Namen ihrer Mutter, die sie nie kennenlernen durfte. Wir schauten uns an. Ja, so nennen wir sie.

Es war nicht Sophia. Das wurde ihr zweiter Name. Ich verwende ihn in diesem Buch, weil Gesicht und Name unserer Tochter in der Familie bleiben sollen.

Als Helga uns den Namen ihrer Mutter nannte, dachten wir uns nichts weiter dabei – außer, dass er wunderschön ist. Und es schön ist, einen Familiennamen weiterzutragen. Nach den Jahren in diesem Haus sehe ich mehr darin.

Wir Europäer sagen, dass ein Mensch ein Alter von fünf

Generationen erreicht und sie in sich trägt. Großeltern, Eltern, du selbst, Kinder, Enkelkinder – mit allen gelebt, alle ein Teil von dir. Das wird sich verschieben. Franziska und ich haben die Chance, sechs Generationen alt zu werden, Sophia sieben Generationen. In ihrem Namen lebt Helgas Mutter, geboren 1911, bis ins 22. Jahrhundert.

Viele Urvölker sprechen seit jeher von sieben Generationen. Erstmals hatte mir Audrey Tang davon erzählt, eine ungewöhnliche Frau, so klug, dass mich das Gefühl beschlich, mein Gehirn wüchse, während ich mit ihr sprach. Fabelgerüchte gab es um Tangs IQ, mit acht Jahren, ohne Rechner, nur mit Stift und Papier, hatte sie sich das Programmieren beigebracht. Später hatte sie Firmen gegründet, mit Kryptowährungen ein Vermögen gemacht und Apple bei der Erfindung von »Siri« beraten, Franziskas geliebtem iPhone-Dienst, bei dem sie einfach ins Handy spricht und der daraus eine Textnachricht macht. 2014 hatte Tang an die Kollegen im Silicon Valley eine Kurznachricht geschrieben: »Ich muss abreisen, die Demokratie braucht mich.« Kurz darauf saß sie im Flugzeug nach Taipeh. Die Demokratie – das waren die »Sonnenblumen-Studenten«, die gegen ein Gesetz und Taiwans Annäherung an China aufstanden. Sie hatten das Parlament besetzt, und Tang sprang ihnen zur Seite, mit ihren Mitteln. Sie verschaffte ihnen schnelles Internet und trug ihre Gedanken ins Land hinaus. Bald gingen Hunderttausende auf die Straße, die Regierung gab nach. Zwei Jahre später kam eine neue Regierung an die Macht und holte Tang ins Kabinett. Sie sollte Taiwan in die digitale Zeit führen, die Demokratie durch die Digitalisierung stärken, aber auch vor ihren Gefahren schützen, Hackern, Fake News, sozialer Spaltung.

Es begann eine Zeit der Transparenz, Fachgespräche mit Mitarbeitern veröffentlichte Tang im Netz, die Bürger wurden in die Politik einbezogen, Schüler und Lehrer maßen etwa die Qualität von Luft und Wasser. Taiwan wurde die offenste Gesellschaft Asiens. Und legte damit den Grundstein für ihr Corona-Wunder. Als ein Taiwanese die Virus-Warnung des chinesischen Whistleblowers Li Wenliang teilte, nahm es die Regierung ernst. Keine vierundzwanzig Stunden später, Neujahr 2020, standen an den Flughäfen Ärzte in Schutzmasken, und als die WHO und Europa noch schliefen, errichtete Taiwan einen Krisenstab und stellte Millionen Masken her. Tangs Helfer bauten eine App, die live anzeigte, welche Apotheke sie lagerte. Dazu verpflichtete Taiwan – demokratisch legitimiert – die Bürger, eine App zu laden, und überwachte so die strenge Quarantäne. Taiwan kam gut durch das Jahr, und Tang dachte schon an die Zeit danach. Sie zitierte Leonard Cohen: »There's a crack in everything / that's how the light gets in.« Corona mag Risse in die Gesellschaft gebracht haben, sagte sie. Aber durch diese dringt Licht.

»Die Pandemie ist ein großer Verstärker«, fuhr sie fort. »Die neue Welt ist erst mal nur die verstärkte alte Welt.« In sozialen Gesellschaften stärke sie das Soziale, in Diktaturen das Autoritäre. Auf der Welt seien die Anschauungen im Wettstreit. Tangs Erwartung: Wessen Ideen die Pandemie besser bekämpfen, der wird die neue Welt prägen. »Es sind goldene Zeiten für soziale Erneuerer.«

In der Suche nach Antworten schaute die Welt auf Taiwan und konnte über Corona hinaus viel lernen. Über Gerechtigkeit und neue Wege, die Menschen in Entscheidungen einzubeziehen.

Tangs aufregendste Neuerung griff eine der großen Sorgen unserer Zeit an: die Spaltung der Gesellschaft. Und sie erneuerte Politik. Unsere Demokratie sieht so aus, dass Parteien Programme entwickeln und zur Wahl stellen. Tangs Politik tut das Gegenteil: Erst fragt sie die Bürger, daraus formt sie das Programm. Damit überträgt sie »Mechanism Design« in die Politik, die Spieltheorie, für die es 2007 den Wirtschaftsnobelpreis gab: erst das Ziel festlegen, dann den Weg (Mechanismus). Klassisches Beispiel ist Basketball: Aus dem Wunsch, das Spiel zu beschleunigen, folgte die Regel, ein Angriff dürfe nur vierundzwanzig Sekunden dauern. Oder Erziehung: Beide Kinder sollen zufrieden sein. Also darf das erste den Kuchen teilen, das zweite wählen.

Tang hatte die Theorie auf unsere Welt übertragen, wie es wohl Menschen tun, die sich mit acht per Bleistift das Programmieren beibringen. Sie entwickelte ein soziales Medium, das sich von Twitter oder Facebook unterscheidet. Die heben Beiträge hervor, die Aufregung erzeugen, also gerne Krawall. Tangs Plattform Join dagegen stärkt Beiträge, die – quer durch die Filterblasen – Zustimmung finden. So fragte Taiwan die Bürger nach dem Taxidienst Uber. Klassische Bürgerbefragung wäre: Ja oder Nein? Taiwan aber fragte nach Wünschen, Gefühlen. Ein Wettbewerber mit gutem Service wäre schön, sagten die Befragten, aber Uber solle die Fahrer sozialversichern. Es verbesserte Uber und die Taxibranche zugleich. Ob Meerespolitik oder Diplomatie gegenüber der USA – die Hälfte der Einwohner, zwölf Millionen, machte und macht bei Join mit. »Mechanism Design«, sagte Audrey Tang, »ist Inklusion.«

Neben Teilhabe und der Überwindung von gesellschaftlicher Spaltung beschäftigt sich Tang viel mit Nachhaltigkeit und dem Kreislauf des Lebens – und eben einer Denkweise, die von den Urvölkern inspiriert ist und in der neuen Politik mehr und mehr an Gewicht gewinnt: das »Sieben-Generationen-Prinzip«.

Es geht zurück auf die Haudenosaunee in Nordamerika, fünf Stämme, die sich zusammengeschlossen hatten, ihr Land lag fruchtbar zwischen dem Ontariosee und dem Sankt-Lorenz-Strom. Ihre Zivilisation war hoch entwickelt, aber sie lebten über Jahrhunderte im Krieg, bis ein Friedensstifter die Häuptlinge versammelte. Er band fünf Pfeile zusammen und erklärte so die Macht des Zusammenhalts. Ein Pfeil ließ sich zerbrechen, fünf verbundene Pfeile – jeder Stamm einer – nicht. Die Haudenosaunee, bei denen die Frauen die Macht besaßen, schufen darauf einen Rat, eine repräsentative Demokratie, die über den Frieden wachte und dem Einzelnen große Freiheit schenkte. Als im 18. Jahrhundert die britischen Kolonialisten mit den Haudenosaunee verhandelten, priesen diese die friedliche Kraft ihrer Staatsform, und ein Gesandter von Maryland, Pennsylvania und Virginia merkte auf: Benjamin Franklin. Er studierte deren Demokratie näher und legte einen Plan für die Union der britischen Kolonien Nordamerikas vor. So wurden die Haudenosaunee die Keimzelle für Amerikas Verfassung.

Haudenosaunee heißt »Leute des Langhauses«. Sie lebten in Häusern von zwanzig bis fünfzig Metern Länge, Heim für viele Familien, immer zwei teilten sich eine Feuerstelle, so wurde das Langhaus zum Ort der Großfamilie, zum Kern ihrer Kultur, denn in diesen Häusern wurde sie von einer Generation an die andere weitergegeben.

Ihre lebendige Kultur umfasste für die Haudenosaunee sieben Generationen. Die gegenwärtige Generation lernt von den drei davor – und gibt weiter an die drei folgenden.

Entscheidungen wurden so getroffen, dass sie das Wissen der alten, aber immer auch die Folgen für die nächsten Generationen einbezog. Dieses Prinzip zugleich erhaltend und verändernd, nachhaltig und verantwortungsvoll.

Neue politische Bewegungen, gerade Umweltaktivisten, schätzen das Prinzip und brachten den Begriff »Sieben-Generationen-Verantwortung« in Mode. Sie fordern, bei wichtigen Entscheidungen sieben Generationen vorauszudenken, eben so weit wie eine Kultur reicht. Mir erscheint das weltfremd, wer kann so weit in die Zukunft schauen, aber die Weisheit, dass jede Generation eine Verantwortung in beide Richtungen trägt, nämlich drei Generationen zurück und drei Generationen nach vorne, die leuchtet mir ein und berührt mich. Der Idee, dass wir nicht nur die Verantwortung dafür tragen, ein Vermächtnis zu bewahren, sondern auch eines zu schaffen. Und ich erkenne mit diesem Wissen einen tieferen Sinn darin, dass ich Sophia diese französischen Bücher vorlese, die mein Vater mir ins Herz gepflanzt hat, ohne zu wissen – wir erfuhren es erst vor drei Jahren durch die Recherche meines Bruders Jens –, dass wir einer bretonischen Familie entstammen, Napoleons Krieg uns Wagners, früher Routiers, nach Deutschland brachte. Und ich verstehe besser die innere, ehrfürchtige Stille, die mich umfängt, wenn Franziskas Vater Franz mit seiner Harfe vorbeikommt, in Kopf und Fingern Stücke und Lieder, die nie aufgeschrieben wurden, Wildererlieder, Waidlerisches, Musik, die nach Wald, Schnee und Aberglaube klingt, nach Zauberwesen und Arbermandeln, den schneeverschneiten Bäumen im Bayerischen Wald.

Aus diesem Haus werden wir viel in unser späteres Leben mitnehmen, unermesslich, was ich in diesen drei, vier Jahren gelernt habe, für Franziska und Sophia war es aber von noch größerem Wert, sie haben ihre Wurzeln gestärkt, durften drei Generationen nach hinten leben und können Dinge weitertragen, die verloren gegangen wären, die nun in ihnen weiterleben, Sophias Rufname, die Porzellantradition, die alte Filmwelt, Haus und Garten, die viel mehr sind als nur das, und der Sinn für Familie, den Willi und Helga, die beide ohne Mütter aufwuchsen, leben, wie ich es in keiner Familie erlebt habe, allein wenn Helga an Weihnachten für dreißig Menschen ihr Reh zubereitet, das in Schichten gegessen oder in Corona-Zeiten zum Abholen an die Tür gestellt wird, die unzähligen Kuchen, täglichen Anrufe, vielen Besuche der Kinder und Enkel. Die beiden leben in und durch ihre Familie, ihre direkte Familie, ihre Kinder, aber auch durch den Alltag mit uns, die tägliche Dosis menschliche Medizin. Gerade sitzt Franziska drüben bei Willi und richtet ihm nochmals Netflix ein, am Fuß des Bettes Sophia, in der Hand ein Honigbrot und bis in die Spitzen ihrer winterlich-honigblonden Haare darüber begeistert, dass Opa Willi jetzt auch *Heidi* sehen kann, der Glückspilz.

Dieses Zusammenleben fühlt sich gesund und natürlich an, im Einklang mit der Weisheit der Haudenosaunee und den futuristischen Gesellschaftsmodellen einer Audrey Tang. Und Hoffnung flammt in mir auf, wenn ich die »Fridays for Future«-Bewegung beobachte und feststelle, wie sich die Schüler vor allem mit ihren Großeltern vereinigen, wenn ich die Freude sehe, mit der der vierundachtzigjährige Nobelpreisträger Gerhard Ertl über diese Jugend spricht. Ja, wir leben in einer Zeit des Umbruchs, in der Medizin, in der Gesellschaft, und um sie verantwortlich zu bewältigen, sollten wir drei Generationen zurück und drei Generationen nach vorne denken, ob wir über das Klima reden, über

Gerechtigkeit, über Genetik oder Stammzellforschung. Und das können wir nur, wenn sich die Generationen begegnen. Die alte Generation verstehe ich erst, seit ich mit Willi und Helga unter einem Dach lebe. Nähe ist der Schlüssel.

★ ★ ★

Diese Nähe wurde uns genommen, von einem Virus. Alt und Jung wurden getrennt, verständlich, richtig, Nothilfe in der Katastrophe, Schutz vor Krankheit und Tod.

Aber unmenschlich, und auf Dauer bringt Trennung mehr Krankheit und Tod als das Virus selbst. Isolation ist Gift, tötet Menschen, tötet Kultur, tötet Gesellschaft.

Nach der Pandemie muss sich das Zusammenleben zwischen Alt und Jung neu ordnen.

Und im besten Fall im Sinne des Mechanism Design, dem nobelpreisgekrönten Prinzip, das Tang mit einem Wort zusammengefasst hat: Inklusion, also dem Grundprinzip einer gerechten Gesellschaft, in der Jung und Alt, Stark und Schwach einander helfen. Mechanism Design: Erst frage ich die Menschen nach ihren Wünschen. Daraus leite ich das Ziel ab. An diesem Ziel richte ich die Maßnahmen aus.

Auf dieses Haus bezogen: Unser Wunsch ist es zusammenzubleiben, vier Generationen vereint. Aber wir haben auch den Wunsch nach Freiraum, der durch die Pandemie gewachsen ist. Weil wir einander nicht anstecken wollen. Und weil sich zwei widersprechende Grundbedürfnisse zu nahe kommen, ausgerechnet die unserer Katalysatoren, den beiden, auf denen dieses Modell aufgebaut ist, der Jüngsten und des Ältesten. Sie sind unsere Schwächsten. Müssen in einer Gemeinschaft geschützt werden. Das ist der Sinn von

Gemeinschaft. Wir wollen also Nähe und Freiheit zugleich. Und die Lösung ist leicht, sie liegt in der Architektur des Hauses. Wollen wir auf Dauer zusammenbleiben, müssen wir Räume für beides schaffen, Schutzzonen, um Willis Ruhe vor Sophias Gehopse zu schützen, und Sophias Gehopse vor Willis Ruhe, denn beides ist gesundheitlich wichtig. Für uns wird der Weg ein weiteres kleines Haus sein und Orte in den Häusern, in denen wir uns alltäglich begegnen können.

Hätten wir keinen Platz für ein Haus, würden wir versuchen umzubauen. Mit meinem *SZ*-Kollegen Patrick Bauer sprach ich einmal mit einem japanischen Architekten, Sou Fujimoto, der bekannt wurde, weil er mit vielen Nischen und wenigen Mauern baut, so wie es im engen Japan oft nötig ist, und wo sich auf kleiner Fläche trotzdem Freiraum schaffen lässt.

Zusammen und auseinander, so natürlich wie das Atmen, ein und aus, Jugend atmet, Alter atmet.

Und vielleicht wäre das auch ein Modell für eine neue Gesellschaft, inklusiv und in der Balance.

# 30

# Frühling

## »Leben & Tod«

Neben der Eingangstür steht noch unser Tannenbaum. Helga hat den Weihnachtsschmuck entfernt und Ostereier drangehängt, in allen Farben. Und eines legt sie in den Garten. »Das hat der Osterhase verloren«, sagt sie, als Sophia es findet. Viele nachdenkliche Runden muss Sophia danach kreisen, der Osterhase hat schon mal den Garten erkundet. Franziska schüttelt den Kopf, Anfang März.

Unser Frühling beginnt früher als der im Kalender. Unser Frühling ist da, sobald die Krokusse den Haushügel tupfen. Gelb, weiß, lila, violett. Hunderte, frei in der Wiese verstreut. Sophia setzt sich dazwischen.

Glanzkäfer, erste Florfliegen, am Himmel Meisen, Finken, im Baum ein Mäusebussard, auf dem Schornstein steckt eine Amsel ihr Revier ab, wehe, ein anderes Männchen traut sich her, weit reißt sie den gelben Schnabel auf, reckt den Schwanz, setzt zum Luftkampf an.

Noch fallen die Schatten lang, wiegt kühler Wind die blassen Schilfhalme und die bunten Ostereier, noch traut sich Willi nicht vor die Tür. Aber wir schütteln schon die Polster aus, schwingen eine Decke auf den Gartentisch und atmen die Brise, die den krautigen Winterduft fortträgt.

Und nach einigen Tagen Sonne wird es Zeit im April, den Garten zu putzen. Ganz wie mein Vater sagte: »Il faut cultiver notre jardin.« Rechen, Heckenschere, Gartenkralle und Gießkanne stehen bereit, Franziska recht letztes Laub und braune Äpfel von der Wiese, Susanna schneidet die Wildrosen, Helga mulcht das Erdbeerbeet, Sophia fährt, begleitet von den Hunden, mit ihrer kleinen Schubkarre zum Komposthaufen und füllt ihn mit Muttererde. Auf zum Beet und zu den Tonkübeln! Mit dem Pflanzholz Löcher gestochen und blassgrüne Bohnen reingelegt. Und im Beet: Radieschen. Tomaten. Erbsen.

Gegossen, die ersten Sprossen, Sophia mit klopfendem Herz. Fast so laut wie damals, als das Zicklein auf die Welt kam, als ihr das Leben begegnete.


Auch Willi traut sich nun hinaus, erst war Susanna in sein Zimmer gegangen, »nein, ich mag nicht«, dann ich, »nein Lorenz, vielleicht später«, schließlich Franziska, in ihrer Art, die gar nicht erst fragt. Sie hat ihn rechts am Arm, Susanna links, schwere Tage hat er hinter sich.

Die Besuche der Pflegerin, die nun am Morgen kommt, zum Waschen und Anziehen, um Helga zu entlasten. Hilfe zulassen kostet erst mal Kraft.

Und das neue Medikament, für die Wolkensohlen, es nahm ihm die Schmerzen, aber auch jede Neugier, über Tage döste er vor sich hin, bis Susanna sagte: Nein!

Und ein kleiner Infekt, Husten. Wie er nach Helga rief. Wie ein Kind. Leid tat er uns, leid wie ein Kind.

Und dann der Tod seiner Fichte, 150 Jahre alt, vier Männer und zwei Sägen haben sie geholt.

Ich weiß noch, wie Willi und ich vergangenen Sommer unter ihr saßen und er mir von seinem Garten erzählte. Sein Garten hieß: seine Bäume. Alle zählte er mir auf, die beiden Eichen, die seit Generationen Eichhörnchen nähren. Die Kastanie am Eingang. Die Linde auf der Grundstücksgrenze. Die Buchen. Der Ahorn. Die Goldfichte, der erste Baum, den er selbst gepflanzt hatte, klein stand sie damals in der Gärtnerei und blühte ihn an. Der Apfelbaum, auch selbst gepflanzt, dabei eignet sich unser Moränenboden, viel Kies und Wasserdurchlauf, nicht für Nutzbäume. Mehr als zehn Baumsorten sind in seinem »Park«, wie er es nannte, versammelt. Und der größte Baum, der älteste, das Oberhaupt: die Fichte.

Ach, herrje.

Willi litt schon, bevor die Säge kam. Auch Susanna und Helga saßen niedergedrückt in Susannas Appartement, Rücken gebeugt, Mundwinkel nach unten.

»Ach«, sagte Helga, »der Willi trauert, und ich trauere auch, ich stehe darunter und schaue nach oben, sie hat mich immer geschützt, wenn ich nach hinten ging, zu den Hühnern.«

»Ich trauere auch«, entgegnete Susanna, »ich versuche, an was anderes zu denken.«

»Hat sie wirklich Borkenkäfer?«, fragte Helga.

»Ja, ich bin heute noch mal schauen gegangen und habe die Käfer mit den Bildern verglichen. Der Förster hat recht.«

»Dann ist es so«, sagte Helga. Und nach einer Pause: »Auch Bäume müssen sterben.«

Als die Männer kamen, versteckte sich Willi in seinem Zimmer und schaute nicht zum Fenster raus. Er wollte dem Tod nicht begegnen, nicht so.

In der Früh kletterte einer in den Wipfel, 25 Meter hoch, Seile wurden gespannt, die weiten Äste abgesägt, bis nur noch der gestutzte Stamm dastand, die Spitze fiel zur Kaffeezeit, die Mitte um vier, das letzte Stück kurz vor der Dämmerung, Sophia klammerte sich um meinen Hals, Haus und Boden zitterten, wie ich es nie erlebt hatte.

In der ganzen Straße roch es nach den Wunden der Fichte, nach Holz, nach Sägespänen, eine ganze Woche lang.

Und eine ganze Woche war Willi weder zum Frühstück noch zum Nachmittagskaffee zu uns gestoßen. »Ich habe beschlossen«, sagte er zu Helga, »ich bin jetzt bettlägerig.«

Er brach uns das Herz. Und wir beschlossen was anderes.

Gestützt auf Tochter und Enkeltochter, gehüllt in die grobe grüne Wolljacke, die Helga ihm zu Weihnachten schenkte, tritt er in den Garten, der Rollator bleibt unbenutzt, die beiden führen ihn zur Liege, die an der Stelle steht, wo die Sonne am meisten wärmt, zehn Meter vom Baumstumpf, genau dort, wo einmal unser Haus stehen wird, unter uns heben die Wurzeln noch den Boden. So schwach habe ich Willi nie gesehen, es ist diese Schwäche, die dein Gesicht verfremdet, die Augen tieferlegt, die Haut verschattet, den Körper seines Fleisches beraubt. Franziska wickelt eine Decke um Willi, um den Nacken, neben dem Gesicht die einzig blanke Stelle. Tränen füllen seine Augen, dieses Loch im Gartenhimmel.

Und dann kommt Sophia heran, sie stellt einen kleinen Stuhl vor Willis Füße und, mit Franziskas Hilfe, in feiner Reihe, einen zweiten Stuhl, einen dritten, einen vierten und fünften. Und ich muss mich ganz nach vorne setzen und sie dahinter, »du bist der Lokomotivführer«.

Tuff, Tuff, Tuff, die Eisenbahn, wer will mit der Eisenbahn fahrn? Alleine fahren will ich nicht, da nehme ich den Opa mit.

Und die Oma Susi, und die Oma Helga, und die Mama, die Sophia und den Papa. Und wir alle singen mit, und ich fühle Willi hinter mir lächeln, lange Minuten sitzen wir so da, als Sophia längst ihr Spielzeugpferdchen striegelt und es mit Sägespänen füttert, »weißer Schokolade«, und wir atmen den Geruch des Baumes, und wir reden über den Baum, Helga über seine Tränen, den Harz, und Susanna über diese schwarzen Flecken, den Harzbrand, Franziska über die mächtigen Stammstücke, die sich neben uns türmten, über die glatten Scheiben, die uns die Männer rausgeschnitten haben. »Daraus«, sagt sie, »wollen wir uns einen Tisch bauen für unser neues Haus.« Und Willi hebt den Blick und sagt: »Das ist schön. Dann ist er ja noch da.« Und seine Züge werden friedlich.

Wie groß der Garten jetzt ist, ohne dieses Nadeldach. Wie viel Licht in den Garten fällt. Ja, im Himmel klafft ein Loch, wie zerrissen ist er. Aber es dringt Licht hindurch. So ist das Leben, der Lauf der Dinge, den wir Menschen, selbst die Klügsten unter uns niemals ändern werden.

Ab und an stehe ich auf der Straße und schaue nach oben, zum Haus hinauf. Das gebrechliche Dreiecksgesicht lächelt mich an. Klüger bin ich als an dem Tag, an dem wir Sophia in unser neues Heim trugen. Ich kann die Notizen, Bilder und Studien im »Damenzimmer« wegräumen.

Neben den Dokumententürmen liegt ein letztes geschlossenes Paket. Aus den USA, Horvaths Uhr. Könnte damit messen, wie alt ich wirklich bin, wie schnell meine Uhr tickt, ob ich mir Gedanken machen sollte. Öffnen werde ich es nicht. Will es gar nicht wissen. Habe auch keine Zeit. Die nutze ich zum Leben. »Sophia! Franziska! Fertig mit schreiben.«

# Danksagung

Danke
Sophia, für jede einzelne Minute
Helga für deine Wärme und deine Speisekammer
Susanna für dein Lachen, Hundehüten und Blutabzapfen
Willi für deine Worte, die mich mein Leben lang begleiten
    werden
Birgit & Horst, meine geliebten Eltern
Christine, Jens, Thorsten, Johannes und Franz, dass ich Teil
    eurer Familien sein darf
Und danke Franziska für deine Liebe

Danke
Stephanie Taverna für diesen Spaziergang und das
    Vertrauen
Marion Preuß für dein großartiges Lektorat, für deine
    Geduld und Freude am Lachen
Regina Carstensen für die einfühlsame Redaktion
Alfio Furnari, dass du mich gestärkt und dem Buch die
    Richtung gegeben hast
Meinem Verlag, Goldmann, und meiner Agentur,
    Landwehr

Danke – für die wissenschaftlichen Einblicke und wunderbaren Gespräche

Prof. Dr. Nir Barzilai,
Direktor des Instituts für Altersforschung am Albert Einstein College of Medicine in New York und Direktor des National Institutes of Health's Nathan Shock Centers in Altersbiologie.

Prof. Dr. Steve Horvath,
Professor für Humangenetik und Biostatistik an der University of California, Los Angeles

Dr. Anna Machin,
Evolutionsanthropologin an der Abteilung für experimentelle Psychologie der Universität Oxford, Autorin des internationalen Bestsellers »*Life of Dad*«

Prof. Dr. Isabelle Mansuy,
Professorin für Neuroepigenetik an der Universität Zürich, Stv. Leiterin des Instituts für Neurowissenschaften der ETH Zürich und Mitglied der Europäischen Akademie der Wissenschaften

Prof. Dr. David Sinclair,
Professor für Genetik an der Harvard Medical School, Cambridge, und Co-Direktor des Paul-F.-Glenn-Centers zur Aufklärung der biologischen Mechanismen des Alterns

Prof. Dr. P. Eline Slagboom,
Professorin und Leiterin des Bereichs für molekulare Epidemiologie an der Universität Leiden. Leiterin der »Leiden Longevity Study«

Und Danke für die Beratung, das Gegenlesen und die Peer Review dieses Buches

Prof. Dr. Andreas Ladurner,

Lehrstuhlinhaber für Physiologische Chemie und Vorstand des Adolf-Butenandt-Instituts der Medizinischen Fakultät der Ludwig-Maximilians-Universität München

# Unsere Leseempfehlung

224 Seiten
Auch als E-Book
erhältlich

Dass Sabine Bode älter wird, merkt sie daran, dass sie an der Käsetheke »junge Frau« genannt wird oder die Friseurin fragt: »Na, wollen wir's mal ein bisschen frecher machen?« Aber das macht nichts, denn Älterwerden ist gut. Man hat keine Hemmungen mehr und strotzt vor Selbstbewusstsein. Unverblümt nimmt die Komikerin Familie und Freunde, die Werbung und den eigenen Körper aufs Korn und zaubert dem Mittelalterweib von heute ein herzliches Lachen ins Gesicht. Es gibt so viel, was frau ab 50 einfach nicht (mehr) braucht und muss! Vor allem darf sie sie selbst sein und pfeift auf Selbstoptimierung.

www.goldmann-verlag.de
www.facebook.com/goldmannverlag

**GOLDMANN**
Lesen erleben

Um die ganze Welt des
# GOLDMANN-*Sachbuch*-Programms
kennenzulernen, besuchen Sie uns doch
im Internet unter:

## www.goldmann-verlag.de

*Dort können Sie*
nach weiteren interessanten Büchern *stöbern*,
Näheres über unsere *Autoren* erfahren,
in *Leseproben* blättern, alle *Termine* zu Lesungen und
Events finden und den *Newsletter* mit interessanten
Neuigkeiten, Gewinnspielen etc. abonnieren.

Ein *Gesamtverzeichnis* aller Goldmann Bücher finden
Sie dort ebenfalls.

Sehen Sie sich auch unsere *Videos* auf YouTube an und
werden Sie ein *Facebook*-Fan des Goldmann Verlags!

www.goldmann-verlag.de
www.facebook.com/goldmannverlag

**GOLDMANN**
Lesen erleben